U0572968

BLUE BOOK

智库成果出版与传播平台

广州教育蓝皮书
BLUE BOOK OF GUANGZHOU EDUCATION

广州学生科学素养发展报告（2023）

REPORT ON THE DEVELOPMENT OF SCIENTIFIC LITERACY OF
STUDENTS IN GUANGZHOU (2023)

研　　　创／广州市教育研究院
主　　　编／方晓波
常务副主编／张海水　胡志桥
副　主　编／侯煜群　马学军　陈　卓
　　　　　　周颖芊　李展贤　杨　莉

社会科学文献出版社
SOCIAL SCIENCES ACADEMIC PRESS (CHINA)

图书在版编目（CIP）数据

广州学生科学素养发展报告 . 2023 / 广州市教育研究院研创；方晓波主编 . --北京：社会科学文献出版社，2023.8
（广州教育蓝皮书）
ISBN 978-7-5228-2315-7

Ⅰ . ①广⋯　Ⅱ . ①广⋯ ②方⋯　Ⅲ . ①科学知识-义务教育-教学研究-研究报告-广州-2023　Ⅳ .
①G633.72

中国国家版本馆 CIP 数据核字（2023）第 152440 号

广州教育蓝皮书

广州学生科学素养发展报告（2023）

研　　创 / 广州市教育研究院
主　　编 / 方晓波

出 版 人 / 冀祥德
责任编辑 / 陈　颖
责任印制 / 王京美

出　　版 / 社会科学文献出版社 · 皮书出版分社（010）59367127
　　　　　地址：北京市北三环中路甲 29 号院华龙大厦　邮编：100029
　　　　　网址：www.ssap.com.cn
发　　行 / 社会科学文献出版社（010）59367028
印　　装 / 天津千鹤文化传播有限公司

规　　格 / 开　本：787mm×1092mm　1/16
　　　　　印　张：21.75　字　数：326 千字
版　　次 / 2023 年 8 月第 1 版　2023 年 8 月第 1 次印刷
书　　号 / ISBN 978-7-5228-2315-7
定　　价 / 168.00 元

读者服务电话：4008918866

主编简介

　　方晓波　中共党员，法学博士，特级教师，正高级教师，广州市教育研究院党委书记、院长，广东省政府督学，广东教育学会副会长，广州实验教育集团校总校长，《教育导刊》主编，华南师范大学校外博士生导师，院博士后创新基地合作导师。深耕教研领域逾三十载，是全国知名教研专家，原任湖北省教学研究室常务副主任，2017 年作为基础教育高层次人才引进广州。国家社科基金项目主持人，获 2023 年基础教育国家级教学成果奖一等奖（排名第一）。主编国家课程教材 4 套，撰写论文 60 余篇、学术著作 10 部。近五年来，主持的广州全学科智慧阅读项目获广东省教学成果特等奖（广州基础教育领域唯一奖项）。

摘　要

2021年6月，国务院印发《全民科学素质行动规划纲要（2021—2035年）》，指出科学素质是国民素质的重要组成部分，是社会文明进步的基础。提升科学素质，对于公民树立科学的世界观和方法论，对于增强国家自主创新能力和文化软实力、建设社会主义现代化强国，具有十分重要的意义。2023年5月，教育部等十八部门联合印发《关于加强新时代中小学科学教育工作的意见》，系统部署在教育"双减"中做好科学教育加法，支撑服务一体化推进教育、科技、人才高质量发展。

长期以来，广州市致力于开展中小学教育质量综合评价探索。自2014年始，广州市作为教育部的改革实验区，启动义务教育阶段学生综合素质评价改革（即广州阳光评价）。2019年，广州市入选首批全国"智慧教育示范区"。为贯彻落实中共中央、国务院印发的《深化新时代教育评价改革总体方案》，高质量完成建设"智慧教育示范区"的总目标，建立科学的教育评价体系，广州市继续深化评价改革，将"广州阳光评价"创新升级为"广州智慧阳光评价"。

2020年，广州智慧阳光评价在总结往年广州市中小学生综合素质测评成果的基础上，再次开启对测评指标体系迭代更新，结合新高考对未来人才培养需求，关注对学生学科素养的培养，在测评形式上结合国际PISA（国际学生评估组织）评价模式，测评体系新增数学素养、科学素养、阅读素养三大领域。其中，科学素养测评部分，升级为"广州智慧阳光评价·科学素养测评"。广州智慧阳光评价·科学素养测评结合PISA、TIMSS（国际数学与科学趋势研究）两大著名测评项目，根据对科学素养的结构划分以及国内外对科技人才培养的要求，将科学素养分成科学知识、科学能力和科学态度与责任三大方面，同时调查科学教育教学方式状况，综合运用因子分析、K-均值聚类、多重线性回归、增值性评价等方法进行科学素养测评。

本书主要基于2022年广州智慧阳光评价·科学素养测评数据，立足于广州市义务教育阶段学生科学素养测评结果，综合充分、全面的信息描述学生的发展状况，深入分析解读科学素养的影响因素，有助于了解学生现有科学素养发展水平，为学生科学素养发展提供精准指引和建议，为学校科学教育教学的精准改进提供方向和路径。

目 录 ↖

Ⅰ 总报告

B.1 2022年广州市义务教育学生科学素养发展报告

······················· 方晓波　李展贤　陈　卓 / 001

　　一　广州智慧阳光评价·科学素养测评 ······················· / 002

　　二　2022年广州市义务教育学生科学素养情况 ················· / 007

　　三　发展建议 ··· / 025

Ⅱ 影响因素篇

B.2 学习能力对广州市初中生科学素养影响调查报告

······················· 周颖芊　张海水 / 030

B.3 学习动机对广州市中小学生科学素养影响调查报告

······················· 李展贤　赵路妹　方晓波 / 047

B.4 学业负担对广州市小学生科学素养影响调查报告

······················· 周颖芊　侯煜群　方晓波 / 072

B.5 学校认同对广州市中小学生科学素养影响调查报告

······················· 杨　莉　张晓洁 / 088

B.6 教师教学方法使用与广州市初中生科学素养关系调查报告

………………………… 涂秋元　麦裕华　庞新军　姚正鑫 / 105

Ⅲ　跟踪研究篇

B.7 2020~2022年广州市义务教育学生科学素养调查报告

………………………………… 方晓波　李展贤　陈　卓 / 121

Ⅳ　教学变革篇

B.8 基于科学监测数据的广州市初中物理教研改进调查报告

………………… 谢桂英　涂秋元　姚正鑫　庞新军　黄小燕 / 157

B.9 "探索娃在研究"项目式学习提升广州市小学生科学

素养调查报告………………………………… 邓　贝　郑　琪 / 172

B.10 "双减"背景下科学素养测评在小学科学生活化教学实践中

应用调查报告

　　——以广州为例 ………………………… 黄婉君　刘少君 / 191

B.11 "语文+科学"跨学科融合式大单元教学实施调查报告

………………………………………………………… 夏　玲 / 205

Ⅴ　区域篇

B.12 广州市花都区：科学素养测评促进初中生科学思维发展报告

………………………………………… 徐敏红　杨焕娣 / 221

B.13 广州市南沙区：2022年义务教育学生科学素养测评分析报告

………………… 李展贤　杨　莉　陈　卓　周颖芊　张海水 / 234

VI　学校篇

B.14 荔湾区环市西路小学：学校科学素养测评分析报告

…………………………………………… 罗志荣　刘素忠 / 251

B.15 荔湾区金兰苑小学：学校科学素养测评分析报告

…………………………… 肖　玲　黎慧娟　梁敏玲 / 270

B.16 海珠区大江苑小学：学校科学素养测评分析报告

…………………………………………… 陈绮蕙　李蕴芝 / 287

B.17 白云区永兴小学：学校科学素养测评分析报告

…………………………………………… 陈幼玲　黎燕婷 / 301

Abstract ……………………………………………………………… / 315

Contents ……………………………………………………………… / 317

皮书数据库阅读**使用指南**

总 报 告
General Report

B.1

2022年广州市义务教育学生
科学素养发展报告

方晓波 李展贤 陈卓*

摘 要： 2022 年，广州智慧阳光评价·科学素养测评对全市 24882 名义务教育阶段学生进行了测评。本报告基于对科学知识、科学能力、科学态度与责任等各级指标的深入分析，发现科学素养与测评等级呈现正相关阶梯式特征，科学素养与学习能力、学习动机、学习策略、学校文化正相关，与学业负担呈负相关关系，广州市各行政区学生的科学素养水平存在一定差异。为了促进科学教育提质增效，广州市应进一步建设高素质专业化的教师队伍、构建良好的家庭科学教育生态、建立学校科学教育常态长效机制、健全校外公共科学教育设施配置，持续优化对学生科学素养的培养工作。

---

* 方晓波，法学博士，广州市教育研究院院长，正高级教师，主要研究方向为思想政治教育、教育政策；李展贤，广州市教育研究院教师、中山市中山纪念中学教师，主要研究方向为教育评价；陈卓，广州市教育研究院智慧阳光评价项目组成员，主要研究方向为教育评价。

关键词： 义务教育　科学素养测评　科学教育　广州市

一　广州智慧阳光评价·科学素养测评

（一）发展概况

2020 年 10 月，中共中央、国务院印发《深化新时代教育评价改革总体方案》，提出完善立德树人体制机制，扭转不科学的教育评价导向。2021 年 3 月，教育部等六个部门联合印发《义务教育质量评价指南》，强调要加快建立以发展素质教育为导向的义务教育质量评价体系。2021 年 6 月，国务院印发《全民科学素质行动规划纲要（2021—2035 年）》，指出科学素质是国民素质的重要组成部分，对于公民树立科学的世界观和方法论，对于增强国家自主创新能力和文化软实力、建设社会主义现代化强国，具有十分重要的意义。2022 年 10 月，党的二十大报告首次将教育、科技、人才进行统筹部署、整体谋划，从基础性、战略性支撑的角度强调教育、科技、人才一体发展。2023 年 2 月，中共中央总书记习近平在主持中共中央政治局第三次集体学习时强调，要在教育"双减"中做好科学教育加法，激发青少年好奇心、想象力、探求欲，培育具备科学家潜质、愿意献身科学研究事业的青少年群体。

长期以来，广州市致力于开展中小学教育质量综合评价探索。自 2014 年开始，广州市作为教育部的改革实验区，启动义务教育学生综合素质评价改革（即广州阳光评价）。2019 年，广州市入选首批全国"智慧教育示范区"。为贯彻落实中共中央、国务院印发的《深化新时代教育评价改革总体方案》，高质量完成建设"智慧教育示范区"的总目标，完善立德树人体制机制，扭转不科学的教育评价导向，建立科学的教育评价体系，建设充满创新活力的教育生态，重构义务教育质量评价系统，广州市继续深化评价改革，将"广州阳光评价"创新升级为"广州智慧阳光评价"。

2020 年，广州智慧阳光评价在总结往年广州市中小学生综合素质测评成果的基础上，再次对测评指标体系迭代更新，结合新高考对未来人才的培养需求，关注学生学科素养的发展，在测评形式上结合国际 PISA（国际学生评估项目）评价模式，测评体系新增数学素养、科学素养、阅读素养三大领域，正式启动广州智慧阳光评价·科学素养测评。广州智慧阳光评价·科学素养测评结合 PISA、TIMSS（国际数学与科学趋势研究）两大著名测评项目对科学素养的结构划分以及国内外对科技人才培养的要求，将科学素养分成科学知识、科学能力和科学态度与责任三大方面，同时调查科学教育教学方式状况，综合运用因子分析、K-均值聚类、多重线性回归、决策树、增值性评价、多水平线性模型等方法进行科学素养测评。2020~2022 年，已连续三年对广州市义务教育阶段学生的科学素养进行监测，其中 2022 年监测学生为 24882 人，三年中被连续监测的学生达 22232 人。

（二）测评指标内涵

科学素养作为国际科学教育的一个基本目标，是当前科学教育改革中普及科学和提高科学教育质量这两大目标的基石。

科学素养的内涵在不断扩展、丰富和动态发展，国内外对科学素养的理解呈多元化。不同的国际组织对科学素养有各自的表述，目前国际上有 PISA、TIMSS 两个著名的科学素养测评项目可提供参照。PISA 将科学素养定义为"作为一名具有反思力的公民能够运用科学思维参与相关科学议题的能力"，并且认为拥有良好科学素养的个人应具备科学地解释现象、设计和评价科学探究、科学地阐释数据和证据三种能力，这些能力是现代科技社会对学生科学素养发展的必然要求。TIMSS 虽然没有指出科学素养的一般概念，但强调"学生在面对有关疾病治疗、气候变化和技术应用等各种问题时，应该能够在坚实的科学基础上采取行动"，以满足科技社会对人们能力和更高阶段学习的要求，并从科学内容、科学认知和科学实践三个方面对其进行评价。虽然两者对科学素养内涵的侧重点不同，但都强调科学探究与实践，重视学生科学能力的养成。

基于我国对科技人才培养的要求，结合两大测评机构对科学素养结构的划分，广州智慧阳光评价·科学素养测评将科学素养测评分成科学知识、科学能力和科学态度与责任三大方面，各科学素养指标划分如图1所示。

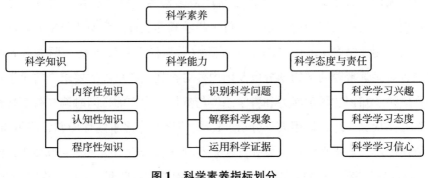

图1 科学素养指标划分

本测评除了监测科学素养各指标维度发展状况，还调查了学习投入、学生自身发展、教师教学行为、学校文化等因素，相关指标维度的内涵解释如表1所示。

表1 科学素养、非科学素养各指标解释

内容	指标维度	内涵
科学知识	内容性知识	评估学生对事实、关系、过程、概念和设备等知识的识别能力。包括识别或陈述事实、关系和概念，识别特定有机体、材料和过程的特征或特性，识别科学设备和程序的适当用途，识别和使用科学词语、符号、缩写、单位和比例
	认知性知识	评估学生是否拥有将科学知识与特定环境结合生成解释、解决实际问题的能力。包括使用图表或模型演示过程找到解决问题的方法，利用科学概念来解释文本、表格、图片和图形信息，运用科学原理观察并解释自然现象
	程序性知识	评估学生是否拥有运用推理、分析等方法得出结论，使用证据和科学理解来分析、综合和概括，将结论扩展到新领域的能力。包括回答不同因素或相关概念的问题，测量和控制的变量，评估调查结果是否有足够的数据支持结论，证明因果关系

续表

内容	指标维度	内涵
科学能力	识别科学问题	评估学生在特定情况下应用科学知识,科学地描述或解释现象,进行预测的能力
	解释科学现象	评估学生能够识别科学问题与非科学问题,对科学问题进行检验、论证并提出改进意见的能力
	运用科学证据	评估学生解释科学结论、理解结论背后的假设和推理、反思科学技术发展给社会带来的意义的能力
科学态度与责任	科学学习兴趣*	学生积极参与科学活动,对科学有好奇心和求知欲,具备科学学习过程中的情绪和动机
	科学学习态度*	学生通过了解科学的特点和价值,形成坚持真理、修正错误、严谨求实的科学态度,形成科学价值观和成长型思维
	科学学习信心*	学生在学习过程中,体验获得成功的乐趣,锻炼克服困难的意志,建立自信心(自我效能感)
学习投入	时间投入	学生完成科学作业所花费的时间
学生自身发展	学习能力	学生获得知识、发现问题、解决问题的能力,这些方面与智力息息相关
	学习动机	引发与维持学生的学习行为,并使之指向一定学业目标的一种动力倾向。它是直接推动学生进行学习的内部动因,是决定学习行为和学习质量的关键因素
	学习策略	学生在学习活动中有效学习的程序、规则、方法、技巧及调控方式
	学业负担	学生身心所承受的一切与学习活动有关的负荷量,包括学习的物理负荷量和学习的心理负荷量
教师教学行为	教师主导教学	教师采用教师讲解、课堂讨论和学生提问等形式组织并完成一堂结构完整、内容清楚和信息丰富的课程
	师生双向反馈	在教学中有效的反馈是双向的,即教师给予学生有关学习的意见和建议,学生收到后对自己的学习行动有所调整再将信息反馈给教师
	适应性教学	教师能根据班级学生的实际需求、知识储备和能力,弹性地"剪裁"其课堂教学内容,包括满足对某些主题和知识点有困难的单个学生的需求
	探究实践	教师在课堂上鼓励学生发表观点、多方法多角度解决问题、将科学问题与实际情境相结合,来开发学生的科学思维和推理能力
学校文化	学校文化认同*	学生对学校历史、文化在认知上的理解、情感上的支持赞同以及行为上的践行

*全书后文统一简称:科学兴趣、科学态度、科学信心、学校认同。

（三）计分与分数标定

广州智慧阳光评价·科学素养测评采用类 PISA 形式，运用测试标准和等级水平分析学生表现。根据学生成功完成的任务类型，可以将学生分为不同的科学水平。根据学生在素养测评上的表现，将学生分为六个水平（A-F级）（见表2）。其中，达到最高等级（A 级和 B 级）的学生能够熟练掌握知识点或技能，独立进行分析和推理，并在生活场景中将知识点灵活运用；中等级（C 级和 D 级）的学生基本能够掌握知识点或技能，在一定条件下可以进行分析或推理，能够将部分知识或技能应用在生活场景中；基础等级（E 级和 F 级）学生尚未掌握或仅掌握部分知识点或技能，无法在生活中运用相关知识点或技能。

表 2　科学素养测评等级划分

水平	达到该水平的学生能够做什么
A 级	A 级学生可以从物理、生命、地球和空间科学中汲取一系列相互关联的科学思想和概念，并使用内容、程序和认知性知识，为新的科学现象、事件和过程提供解释性假设或作出预测；在解释数据时，可以区分基于科学理论、证据的论点和基于其他考虑的论点；能够评估复杂的科学实验、进行实地研究或模拟设计
B 级	B 级学生可以使用抽象的科学思想或概念来解释不熟悉或更复杂的现象、事件；能够利用理论知识解释科学信息或作出预测；可以评估科学探索的方法，识别数据解释的局限性，解释数据中不确定性的来源和影响
C 级	C 级学生可以使用更复杂或更抽象的知识，解释生活中的事件和过程；可以在受约束的环境中进行科学实验，能够证明实验设计的合理性；可以解释从实验中提取的数据，得出适当的科学结论
D 级	D 级学生可以利用中等复杂的科学知识来识别或解释生活中熟悉的现象；在不太熟悉或更复杂的情况下，可以用相关的提示来构建解释；能够利用科学知识进行简单的实验；能够辨别科学问题和非科学问题，找出简单的支持科学主张的证据
E 级	E 级学生能够运用科学知识或数据解决简单科学实验中的问题；可以利用基本的或日常的科学知识，从简单的图标或数据中得出一个有效结论
F 级	F 级学生在支持下，可以进行不超过两个变量的结构化科学调查；在科学问题中能够识别简单的因果关系、解释简单的图形或数据；无法使用科学知识对简单科学现象做解释

二 2022年广州市义务教育学生科学素养情况

2022年，广州市开展第三次智慧阳光评价·科学素养测评工作。本次科学素养测评原始数据中五年级学生人数为21995人，九年级学生人数为14271人，剔除科学水平为#N/A①的人数后，五年级学生人数为14662人，九年级学生人数为10220人。各行政区具体参测情况如表3所示。

表3 2022年全市及各区科学素养参测情况

行政区	小学学校（所）	五年级学生（人）	初中学校（所）	九年级学生（人）
A区	20	1703	9	676
B区	11	1194	7	824
C区	11	665	8	932
D区	4	336	13	773
E区	8	921	1	112
F区	13	1351	14	1491
G区	13	1418	8	893
H区	21	2248	17	1609
I区	19	1975	8	861
J区	7	809	3	345
K区	18	2042	16	1704
合计	145	14662	104	10220

（一）科学素养整体表现

1. 五年级科学素养表现

五年级科学素养在472.98~532.98分数段的学生较集中（见图2），K

---

① #N/A指没有科学素养分数。

区、I 区、G 区、D 区、C 区高水平学生（A、B 级）占比高于其他区（见图 3），以 D 区科学素养平均值最高（见表 4），B 区平均值最低且低水平（E、F 级）学生占比高于其他区，D 区、K 区学生标准差较大，B 区、E 区科学素养平均值较低，且学生标准差较小。

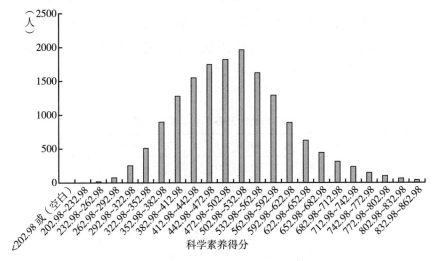

图 2　五年级科学素养得分各分数段汇总

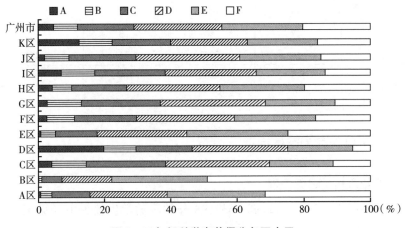

图 3　五年级科学素养得分各区水平

表4　五年级科学素养得分各区描述统计

区域	平均值	最大值	最小值	标准差
A 区	460. 71	824. 68	241. 89	85. 70
B 区	422. 76	739. 79	228. 84	77. 49
C 区	545. 16	802. 80	202. 98	103. 06
D 区	596. 82	842. 11	323. 85	119. 02
E 区	475. 82	718. 69	283. 16	79. 73
F 区	504. 07	794. 97	276. 34	87. 31
G 区	520. 93	773. 96	280. 78	84. 10
H 区	495. 99	842. 11	244. 75	96. 91
I 区	522. 97	817. 28	269. 83	100. 36
J 区	505. 36	796. 77	236. 83	86. 08
K 区	532. 50	842. 11	226. 96	114. 03
广州市	504. 95	842. 11	202. 98	102. 88

2.九年级科学素养表现

九年级科学素养分数集中程度比五年级更广，集中在 418. 13～568. 13（见图4），各区科学素养低水平（E、F 级）学生占比均较高，其中 F 区低水平学生占比相对较低（见图5）。F 区、I 区、C 区科学素养平均值高于其

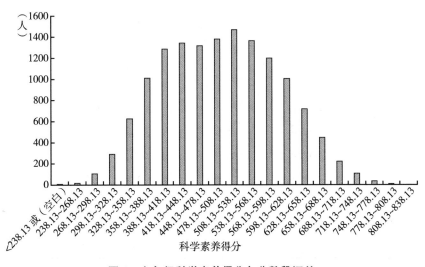

图4　九年级科学素养得分各分数段汇总

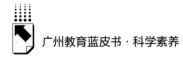
他区，其中 C 区、I 区学生标准差较大。A 区科学素养平均值低于其他区，
且学生标准差较小（见表5）。

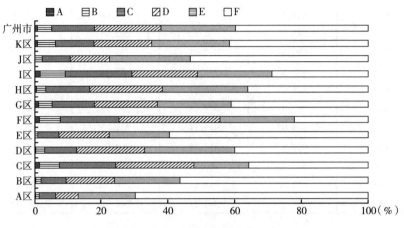

图 5　九年级科学素养得分各区水平

表 5　九年级科学素养得分各区描述统计

区域	平均值	最大值	最小值	标准差
A 区	428.55	729.29	256.15	84.28
B 区	452.95	769.49	252.14	94.31
C 区	511.76	772.10	238.13	104.37
D 区	488.51	741.83	238.13	87.67
E 区	447.96	666.49	280.03	85.17
F 区	530.32	792.89	269.11	90.53
G 区	486.06	798.77	256.15	99.63
H 区	497.96	776.15	238.13	90.11
I 区	522.96	776.51	278.66	102.17
J 区	461.75	714.09	238.13	93.78
K 区	490.80	776.15	252.14	99.84
广州市	493.22	798.77	238.13	98.72

（二）科学素养具体表现

1. 科学知识表现

（1）具体分析科学素养各水平学生在科学知识上的表现，发现五年级各水平学生在内容性知识和认知性知识上，呈现"阶梯式"差异特征。在程序性知识上，D级、E级、F级程序性知识差异较小，最大差异表现在A级>B级>C级（见图6）。九年级各水平学生在程序性知识上差异不大，主要差异表现在内容性知识和认知性知识上，各等级学生呈现"阶梯式"的水平差异（见图7）。

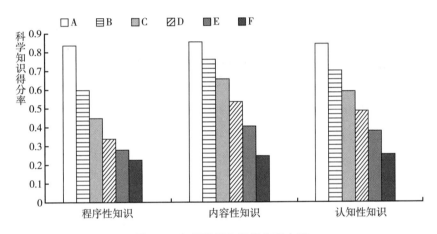

图6　五年级科学知识得分率水平

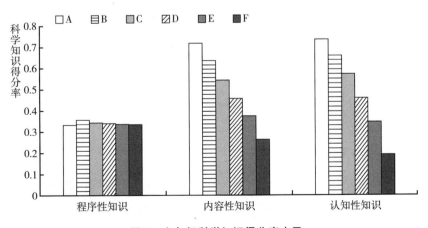

图7　九年级科学知识得分率水平

（2）具体分析科学素养各区学生在科学知识得分率上的表现，发现广州市五年级学生科学知识得分率表现为内容性知识>认知性知识>程序性知识。D区、I区、K区各项科学知识得分率均高于市均值，A区、B区、E区各项科学知识得分率均低于市均值。各区在内容性知识得分率上差异较大，D区内容性知识得分率最高，为0.60，B区内容性知识得分率最低，为0.34。

广州市九年级学生科学知识得分率表现为内容性知识>认知性知识>程序性知识，其各项科学知识得分率均低于五年级。C区、F区、I区各项科学知识得分率均高于市均值。各区的认知性知识得分率差异较大，F区认知性知识得分率最高，为0.42，A区认知性知识得分率最低，为0.24（见表6）。

表6　五、九年级各区科学知识得分率

区域	五年级			九年级		
	程序性知识	内容性知识	认知性知识	程序性知识	内容性知识	认知性知识
A区	0.30	0.43	0.39	0.32	0.30	0.24
B区	0.29	0.34	0.34	0.30	0.34	0.29
C区	0.36	0.55	0.50	0.35	0.40	0.37
D区	0.49	0.60	0.55	0.32	0.36	0.35
E区	0.32	0.45	0.41	0.32	0.32	0.28
F区	0.38	0.52	0.46	0.37	0.41	0.42
G区	0.34	0.54	0.50	0.33	0.39	0.34
H区	0.35	0.49	0.46	0.33	0.39	0.35
I区	0.39	0.53	0.50	0.36	0.41	0.40
J区	0.36	0.50	0.46	0.35	0.36	0.29
K区	0.44	0.54	0.52	0.31	0.38	0.34
广州市	0.36	0.49	0.46	0.33	0.38	0.35

2.科学能力表现

（1）具体分析各水平学生在科学能力得分率上的表现，发现五、九年级学生科学素养水平越高其科学能力越高，并呈现"阶梯式"特征（见图8、图9）。

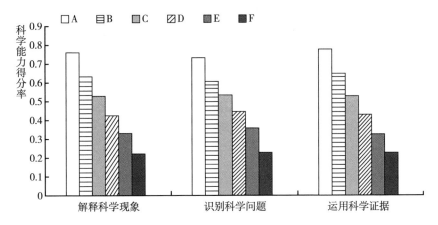

图8 五年级科学能力得分率水平

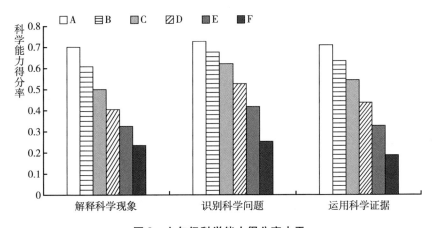

图9 九年级科学能力得分率水平

（2）具体分析各区学生在科学能力得分率上的表现，发现广州市五年级学生各项能力得分率均在0.46左右，表现较均衡，其中C区、D区、G区、I区、K区各项科学能力得分率均高于市均值，A区、B区、E区、H区均低于市均值。九年级学生识别科学问题得分率较高，为0.41，解释科学现象、运用科学证据能力得分率较低，均为0.34，F区、C区、I区各项科学能力得分率均高于市均值，E区、A区各项科学能力得分率均较低（见表7）。

表7 五、九年级各区科学能力得分率

区域	五年级			九年级		
	解释科学现象	识别科学问题	运用科学证据	解释科学现象	识别科学问题	运用科学证据
A 区	0.39	0.40	0.39	0.28	0.30	0.24
B 区	0.32	0.36	0.33	0.29	0.35	0.28
C 区	0.54	0.55	0.52	0.37	0.45	0.37
D 区	0.61	0.59	0.64	0.32	0.41	0.34
E 区	0.40	0.44	0.42	0.28	0.32	0.28
F 区	0.46	0.48	0.46	0.38	0.48	0.40
G 区	0.49	0.49	0.49	0.34	0.40	0.33
H 区	0.45	0.46	0.45	0.35	0.42	0.33
I 区	0.49	0.50	0.49	0.38	0.46	0.39
J 区	0.46	0.48	0.45	0.31	0.36	0.28
K 区	0.51	0.50	0.53	0.34	0.42	0.33
广州市	0.46	0.47	0.47	0.34	0.41	0.34

3.科学态度与责任表现

（1）分析科学态度与责任同科学素养得分关系，学生科学态度与责任各水平分布与科学素养得分呈正向关联性，科学信心、科学兴趣、科学态度水平越高，科学素养得分表现越高（见图10）。

（2）从各区学生科学态度与责任各水平得分占比看，五年级学生科学信心、科学兴趣、科学态度高水平占比均高于九年级学生。D区五、九年级学生科学信心、科学兴趣、科学态度高水平占比均高于其他区，且低水平学生占比相对低于其他各区。A区、B区、E区学生科学信心、科学兴趣、科学态度较低水平占比相对较高（见表8）。

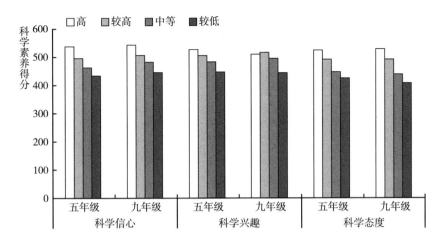

图10 五、九年级科学态度与责任各水平得分

表8 五、九年级各区科学态度与责任各水平占比

单位：%

区域	科学信心							
	五年级				九年级			
	高	较高	中等	较低	高	较高	中等	较低
A 区	33.12	37.23	14.68	14.97	7.25	39.94	25.89	26.92
B 区	28.22	36.77	14.32	20.69	8.50	45.27	23.06	23.18
C 区	41.80	40.00	11.43	6.77	14.59	43.56	24.68	17.17
D 区	60.12	27.98	6.55	5.36	20.96	44.89	19.66	14.49
E 区	27.04	39.52	19.33	14.12	6.25	41.96	26.79	25.00
F 区	46.19	35.83	10.58	7.40	14.89	44.53	22.94	17.64
G 区	51.55	36.39	7.76	4.30	14.78	46.25	22.51	16.46
H 区	39.23	36.48	14.46	9.83	14.17	46.61	22.93	16.28
I 区	47.14	35.44	10.43	6.99	17.19	47.50	22.76	12.54
J 区	44.50	37.58	10.75	7.17	16.23	39.13	23.77	20.87
K 区	40.99	38.93	12.44	7.64	12.50	42.31	25.29	19.89
广州市	40.89	36.94	12.43	9.75	13.92	44.37	23.46	18.24

区域	科学兴趣							
	五年级				九年级			
	高	较高	中等	较低	高	较高	中等	较低
A 区	28.95	35.76	17.91	17.38	13.61	22.34	35.80	28.25
B 区	30.07	30.32	19.51	20.10	8.50	24.88	46.97	19.66

续表

科学兴趣

区域	五年级				九年级			
	高	较高	中等	较低	高	较高	中等	较低
C 区	32.03	41.35	18.65	7.97	11.59	31.87	39.70	16.85
D 区	58.63	30.06	6.85	4.46	20.05	34.15	34.15	11.64
E 区	24.32	36.59	23.45	15.64	8.93	20.54	39.29	31.25
F 区	39.08	37.53	13.84	9.55	12.47	33.74	40.24	13.55
G 区	40.83	40.13	13.05	5.99	15.23	32.14	37.85	14.78
H 区	33.10	35.36	19.44	12.10	13.18	32.82	38.97	15.04
I 区	37.16	37.97	15.54	9.32	16.61	35.77	33.45	14.17
J 区	35.85	38.94	16.69	8.53	13.62	27.25	33.91	25.22
K 区	37.07	36.92	17.92	8.08	12.21	29.93	40.67	17.19
广州市	34.91	36.65	17.17	11.27	13.38	31.02	38.85	16.76

科学态度

区域	五年级				九年级			
	高	较高	中等	较低	高	较高	中等	较低
A 区	42.10	40.52	7.52	9.86	26.48	49.11	7.10	17.31
B 区	38.53	39.95	7.96	13.57	19.17	63.96	6.55	10.32
C 区	56.84	36.69	3.16	3.31	34.12	53.11	3.76	9.01
D 区	70.54	23.81	2.98	2.68	38.81	50.71	4.92	5.56
E 区	47.12	40.28	5.97	6.62	16.96	58.04	8.04	16.96
F 区	60.03	31.09	3.48	5.40	37.89	55.47	3.49	3.15
G 区	55.08	37.52	4.23	3.17	33.26	54.65	4.48	7.61
H 区	50.00	40.57	4.89	4.54	33.75	57.43	3.79	5.03
I 区	60.20	32.35	4.05	3.39	44.02	46.57	3.14	6.27
J 区	62.18	31.03	4.33	2.47	34.78	48.70	5.80	10.72
K 区	50.24	41.53	4.26	3.97	27.99	58.80	5.81	7.39
广州市	52.24	37.27	4.97	5.52	32.83	55.00	4.73	7.45

（三）科学素养区域均衡表现

1. 五年级区域均衡表现

从五年级参测学生的科学素养均衡表现看，各区分布在三个区域（见图11），分别为：（1）左下区域。特征为科学素养得分低于市均值且校间差异低于市差异系数，分别有 H 区、B 区、A 区、E 区，其中 E 区校间差异最小。（2）右下区域。特征为科学素养得分高于市均值且校间差异低于市差异系数，分别有 I 区、C 区、G 区，其中 G 区校间差异最小。J 区、F 区科学素养得分基本与市均值持平，且校间差异均较低。（3）右上区域。特征为科学素养得分高于市均值且校间差异高于市差异系数，有 K 区、D 区。左上区域，特征为科学素养得分低于市均值且校间差异高于市差异系数，五年级无行政区落在此区。

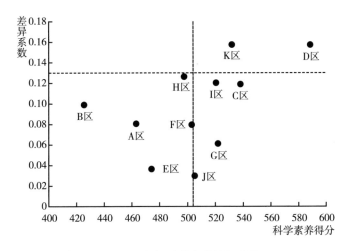

图 11　五年级科学素养校间差异

2.九年级区域均衡表现

从九年级参测学生的科学素养均衡表现看，各区分布在四个区域（见图 12），分别为：（1）左下区域。特征为科学素养得分低于市均值且校间差异低于市差异系数，分别有 A 区、E 区、J 区、D 区、G 区，其中 E 区校间差异最小。（2）右下区域。特征为科学素养得分高于市均值且校间差异低于市差异系数，分别有 H 区、F 区。（3）右上区域。特征为科学素养得分高于市均值且校间差异高于市差异系数，分别有 K 区、I 区、C 区，以 C 区校间差异最大。（4）左上区域。特征为科学素养得分低于市均值且校间差异高于市差异系数，有 B 区。

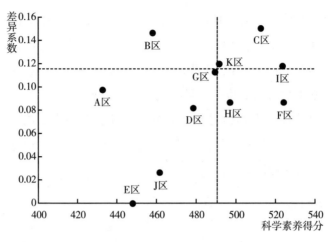

图 12　九年级科学素养校间差异

（四）科学素养影响因素

1. 性别发展差异

（1）广州市五年级学生整体在科学能力表现上，性别差异不大。主要特点有：E区、F区、G区、J区男生解释科学现象得分率高于女生较多，F区男生运用科学证据得分率高于女生较多（见表9）。

表 9　五年级各区科学能力得分率性别差异

区域	解释科学现象		识别科学问题		运用科学证据	
	男	女	男	女	男	女
A 区	0.39	0.39	0.39	0.40	0.39	0.38
B 区	0.32	0.32	0.36	0.36	0.33	0.33
C 区	0.49	0.51	0.50	0.51	0.48	0.49
D 区	0.56	0.55	0.52	0.52	0.61	0.59
E 区	0.41	0.38	0.44	0.44	0.43	0.41
F 区	0.47	0.43	0.49	0.47	0.47	0.44
G 区	0.51	0.47	0.49	0.48	0.50	0.48
H 区	0.46	0.45	0.46	0.47	0.45	0.45
I 区	0.50	0.48	0.50	0.50	0.50	0.49
J 区	0.47	0.44	0.48	0.48	0.45	0.45
K 区	0.51	0.51	0.50	0.51	0.52	0.53
广州市	0.46	0.45	0.46	0.47	0.46	0.45

（2）广州市九年级学生整体在科学能力表现上，解释科学现象方面性别差异不大，识别科学问题、运用科学证据上，男生得分率低于女生。其中，B区、C区、H区、J区、K区男生识别科学问题得分率低于女生较多；B区、D区、E区、H区、I区、J区、K区男生运用科学证据得分率低于女生较多（见表10）。

表10 九年级各区科学能力得分率性别差异

区域	解释科学现象		识别科学问题		运用科学证据	
	男	女	男	女	男	女
A区	0.28	0.28	0.30	0.31	0.25	0.24
B区	0.29	0.29	0.33	0.37	0.27	0.30
C区	0.37	0.36	0.42	0.46	0.35	0.37
D区	0.32	0.31	0.39	0.42	0.31	0.34
E区	0.29	0.27	0.31	0.32	0.27	0.30
F区	0.39	0.37	0.47	0.49	0.39	0.40
G区	0.35	0.33	0.40	0.41	0.34	0.33
H区	0.34	0.35	0.39	0.44	0.32	0.35
I区	0.37	0.38	0.44	0.47	0.37	0.41
J区	0.30	0.32	0.32	0.40	0.27	0.30
K区	0.34	0.34	0.39	0.43	0.31	0.34
广州市	0.34	0.34	0.40	0.43	0.33	0.35

2. 学习投入

分析完成科学作业时间与科学素养得分的关联，发现五年级完成科学作业时间在30分钟以内的学生，科学素养得分表现最高，随着完成科学作业时间的延长，科学素养得分呈现下降趋势，完成科学作业时间在90分钟以上的学生，科学素养得分最低，全市有1.65%的学生完成科学作业时间在90分钟以上，其中B区占比高于其他区，占3.39%。九年级完成科学作业时间在31~60分钟的学生，科学素养得分表现最高，全市有29.45%的学生完成科学作业时间在31~60分钟，其中F区、J区占比高于其他各区，分别有34.89%、32.63%。随着完成科学作业时间延长，科学素养得分呈现下降趋势，全市有 11.56% 的学生完成科学作业时间在 90 分钟以上，其中 A 区、E 区占比高于其他各区，分别有 17.53%、14.29%（见图 13、表 11）。

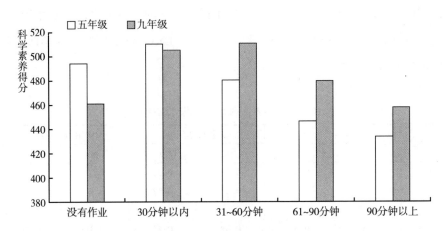

图 13 完成科学作业时间水平差异

表 11 五、九年级各区完成科学作业时间占比

单位：%

	各区学生完成科学作业时间占比									
	五年级					九年级				
区域	没有作业	30分钟以内	31~60分钟	61~90分钟	90分钟以上	没有作业	30分钟以内	31~60分钟	61~90分钟	90分钟以上
A 区	31.09	51.55	11.77	3.21	2.38	14.71	29.87	23.33	14.56	17.53
B 区	27.01	54.28	12.11	3.22	3.39	13.69	33.54	29.35	12.82	10.60
C 区	28.96	56.41	11.61	1.21	1.81	16.03	33.04	27.30	10.73	12.89
D 区	6.36	78.18	14.24	1.21	0.00	14.27	34.89	27.89	11.41	11.54
E 区	39.43	47.82	9.59	2.07	1.09	20.54	33.93	20.54	10.71	14.29
F 区	26.38	62.12	8.36	2.07	1.07	7.52	38.35	34.89	11.59	7.66
G 区	4.18	86.25	7.51	1.49	0.57	12.26	36.10	28.60	10.78	12.26
H 区	45.11	43.28	7.83	2.14	1.65	14.36	33.00	28.90	11.68	12.06
I 区	33.81	54.70	8.24	1.63	1.63	12.82	38.81	27.51	10.37	10.49
J 区	20.64	61.31	13.35	2.47	2.22	16.77	29.04	32.63	10.18	11.38
K 区	10.89	76.45	10.04	1.19	1.43	13.16	32.17	30.99	11.81	11.87
广州市	26.74	59.83	9.75	2.03	1.65	13.11	34.26	29.45	11.62	11.56

3.学生自身发展

从学习能力、学习动机、学习策略、学业负担不同水平学生的科学素养表现看，学习能力、学习动机、学习策略与科学素养表现呈现正向关联，学生自身学习能力、学习动机、学习策略水平高，科学素养表现也较高，而学业负担与科学素养表现呈现负向关联，学生学业负担水平高，科学素养表现则较低（见图14、表12）。

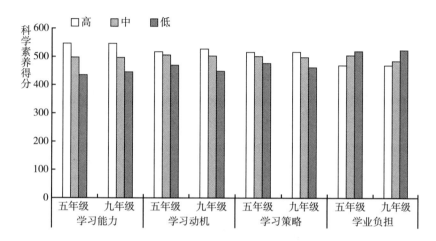

图14 五、九年级各水平学习能力、学习动机、学习策略、学业负担的科学素养得分

表12 五、九年级各区学习能力、学习动机、学习策略、学业负担各水平占比

单位：%

| 区域 | 学习能力 | | | | | |
| | 五年级 | | | 九年级 | | |
	高	中	低	高	中	低
A 区	6.20	71.93	21.88	8.49	63.06	28.45
B 区	2.58	70.17	27.25	14.41	68.56	17.03
C 区	8.01	84.25	7.73	16.24	71.31	12.45
D 区	4.57	88.33	7.10	10.97	81.60	7.43
E 区	2.88	79.40	17.72	6.35	76.19	17.46
F 区	6.43	86.45	7.12	12.71	78.95	8.33
G 区	5.15	88.69	6.15	9.73	75.60	14.67
H 区	4.45	83.59	11.96	12.74	76.86	10.40

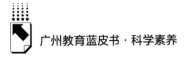

续表

学习能力						
区域	五年级			九年级		
	高	中	低	高	中	低
I 区	10.56	80.36	9.08	14.61	71.75	13.64
J 区	6.60	84.94	8.46	11.70	67.73	20.57
K 区	6.55	81.65	11.80	12.55	78.70	8.75
广州市	6.01	81.11	12.88	12.34	75.47	12.19

学习动机						
区域	五年级			九年级		
	高	中	低	高	中	低
A 区	26.70	33.48	39.82	10.45	42.04	47.50
B 区	30.78	27.48	41.74	13.19	52.37	34.44
C 区	31.20	39.73	29.07	20.14	51.82	28.04
D 区	59.52	30.12	10.36	33.48	46.75	19.77
E 区	21.68	37.68	40.63	16.19	48.57	35.24
F 区	39.78	38.09	22.13	25.46	53.45	21.09
G 区	33.47	39.27	27.26	23.29	51.18	25.53
H 区	30.86	36.01	33.13	22.91	55.22	21.87
I 区	36.64	35.92	27.43	24.77	51.28	23.95
J 区	32.63	41.00	26.37	20.61	45.10	34.29
K 区	37.13	38.00	24.87	21.75	52.36	25.89
广州市	34.23	36.07	29.70	22.50	50.98	26.51

学习策略						
区域	五年级			九年级		
	高	中	低	高	中	低
A 区	28.70	36.61	34.69	12.92	46.85	40.22
B 区	30.74	33.79	35.47	16.41	55.47	28.12
C 区	29.64	40.94	29.42	21.73	52.65	25.62
D 区	63.77	25.69	10.54	31.80	49.32	18.88
E 区	20.86	35.22	43.92	11.82	49.09	39.09
F 区	38.05	36.49	25.45	25.17	51.04	23.78
G 区	30.73	36.85	32.41	27.02	52.68	20.29
H 区	31.66	34.77	33.57	24.50	50.14	25.37
I 区	37.38	33.43	29.20	27.98	49.54	22.48
J 区	35.41	35.89	28.69	22.64	48.03	29.33
K 区	34.16	37.60	28.24	22.73	47.65	29.62
广州市	34.20	35.44	30.36	23.77	50.18	26.06

续表

区域	学业负担					
	五年级			九年级		
	高	适中	较轻	高	适中	较轻
A 区	44.26	28.02	27.72	35.15	52.42	12.42
B 区	45.66	23.82	30.52	30.94	47.31	21.74
C 区	28.94	36.95	34.11	30.56	44.89	24.55
D 区	9.89	24.38	65.72	24.77	37.47	37.76
E 区	47.05	35.34	17.62	33.61	53.78	12.61
F 区	24.35	33.03	42.62	24.69	41.27	34.04
G 区	28.61	34.39	37.00	27.05	45.29	27.66
H 区	36.10	30.93	32.97	23.87	47.47	28.66
I 区	29.17	32.06	38.77	27.03	44.27	28.70
J 区	26.99	36.56	36.46	33.77	49.62	16.60
K 区	28.36	33.51	38.13	30.74	43.11	26.16
广州市	32.27	31.59	36.14	28.17	44.73	27.10

4. 教师教学行为

分析学生所感受的科学学科教师教学方式使用情况，五年级学生感受教师四种教学方式使用频率上，教师主导教学、探究实践使用频率较高，适应性教学、师生双向反馈使用频率较低。九年级学生感受教师使用教学方式上存在差异，主要表现在教师主导教学使用频率较高，师生双向反馈频率较低。E 区教师各项教学方式使用频率（除五年级教师教学主导、探究实践外）均低于其他区（见表 13）。

表 13　五、九年级各区教师教学行为使用得分率

区域	教师教学行为							
	五年级				九年级			
	适应性教学	师生双向反馈	教师主导教学	探究实践	适应性教学	师生双向反馈	教师主导教学	探究实践
A 区	0.66	0.65	0.68	0.69	0.64	0.62	0.66	0.64
B 区	0.68	0.67	0.71	0.71	0.64	0.60	0.67	0.64
C 区	0.64	0.66	0.80	0.76	0.66	0.60	0.72	0.67

续表

教师教学行为								
区域	五年级				九年级			
	适应性教学	师生双向反馈	教师主导教学	探究实践	适应性教学	师生双向反馈	教师主导教学	探究实践
D 区	0.81	0.82	0.82	0.84	0.71	0.67	0.73	0.71
E 区	0.61	0.60	0.73	0.71	0.63	0.59	0.63	0.60
F 区	0.69	0.69	0.76	0.76	0.70	0.63	0.78	0.70
G 区	0.69	0.69	0.79	0.77	0.70	0.64	0.75	0.70
H 区	0.68	0.68	0.75	0.75	0.67	0.61	0.73	0.66
I 区	0.72	0.71	0.81	0.80	0.71	0.66	0.77	0.71
J 区	0.70	0.71	0.78	0.78	0.67	0.60	0.71	0.66
K 区	0.73	0.71	0.77	0.76	0.67	0.62	0.70	0.66
广州市	0.69	0.68	0.76	0.75	0.68	0.62	0.72	0.67

注：教师教学方式各有优势，教师在选择应用教学方式时建议结合学生现状、教学内容主题特征灵活调整配合使用。

5. 学校文化

从学校认同各水平学生的科学素养表现分析看，学校认同与科学素养表现存在正向关联，越高学校认同的学生科学素养表现越高（见图15、表14）。

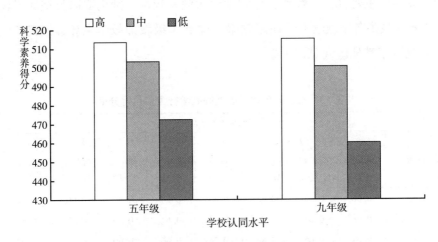

图 15 五、九年级各水平学校认同的科学素养得分

表14　五、九年级各区学校认同各水平占比

单位：%

| 区域 | 学校认同 | | | | | |
| | 五年级 | | | 九年级 | | |
	高	中	低	高	中	低
A 区	13.70	66.73	19.57	11.50	53.75	34.75
B 区	13.65	64.20	22.15	12.25	64.31	23.44
C 区	13.03	71.63	15.34	20.02	58.76	21.22
D 区	27.63	68.44	3.93	28.46	55.28	16.26
E 区	8.13	69.19	22.69	8.74	59.22	32.04
F 区	16.83	70.00	13.17	24.43	58.37	17.19
G 区	13.76	71.21	15.03	24.16	60.34	15.51
H 区	14.27	64.43	21.30	22.70	60.45	16.85
I 区	14.68	69.67	15.65	25.00	56.04	18.96
J 区	15.53	71.28	13.19	20.00	55.63	24.38
K 区	15.32	70.57	14.10	17.62	58.68	23.70
广州市	14.87	68.64	16.49	21.10	58.35	20.56

三　发展建议

（一）建设高素质专业化的科学教师队伍

1. 学习科学教育最新理论，不断发展专业技能

科学课程要求教师向学生传授科学知识、培养科学探究能力、渗透科学情感和态度。为此，科学教师应树立终身学习意识，积极参与理论学习与研修培训，通过深入学习科学教育最新理论，深刻理解和把握科学素养的内涵及其教育价值，将科学素养目标融入教学工作中。一线教师需要审视自身科学素养存在的不足，在科学教学实践中不断发展专业技能，巩固专业知识，完善知识结构，切实提升课堂教学质量。在日常教学中，学生应通过科学教学实践提高科学探究能力，掌握科学探究的基本思维方式，增强独立制订科

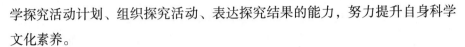

学探究活动计划、组织探究活动、表达探究结果的能力，努力提升自身科学文化素养。

2.创新课堂教学模式，激发学生学习动机

义务教育科学教学中，学生常感受到教师主导教学，科学素养水平较低的学生学习动机也相对较低。为此，教师应结合学生能力现状、教学内容、主题特征，针对学生心理发展特点，尊重学生的差异性，建立民主、和谐的师生关系，保持课程实施的性别敏感，灵活调整教学方式，组织丰富多样的科学探究活动，激发学生的学习动机，强化热爱科学的情感态度，培养学生科学能力，促进学生科学素养发展。

3.优化科学课程的作业设计，减轻学生过重作业负担

义务教育学生完成科学作业的时间随年级增加不断增长，但完成作业时间和科学素养水平并非完全线性关系，会出现时间延长而科学素养下降的情况。教师应根据不同学生的水平，因材施教合理地布置科学作业，以素养为导向，完善单元作业的设计、实施、评价、反馈、反思等各环节，推进作业减负增效。此外，在缩短作业时间的同时保障校内学习的高效性，合理规划学生的课余时间和休息时间，形成校内外的良性互动，有效推进义务教育"双减"工作。

（二）构建良好的家庭科学教育生态

1.家长应学习家庭教育知识，给予孩子成长情感支持

家长应不断学习家庭教育知识，采用严慈相济的教养方式。家庭除了提供学习条件等客观因素支持，还应给予孩子成长所需的情感支持，更多关注未成年子女品德、科学探索精神和创新意识的培养以及良好学习习惯、行为习惯、生活习惯的培养。

2.家长应与教师进行沟通交流，转变"唯分数论"评价观念

家长应利用学校与家长的沟通方式，积极参与家庭教育指导活动，通过参加家委会、家长会、专题讲座等形式，建立良好的双向互动交流，了解孩子的个性和潜力，营造良好的家校合作氛围，家校合力促进学生发展。家长应转变"唯分数论"评价观念，对孩子进行充分、准确和有效的评价，培

养孩子对问题的判断力和独立自主能力，理性地思考和判断问题，进而形成正确的价值观，主动探索科学问题，辩证地看待科学问题，以促进孩子科学素养的提升。

3. 家长应利用课外资源，开展多种途径的家庭科学活动

家长应充分利用网络资源进行学习实践，提升自身科学文化素养，利用好更广泛且丰富的课外资源，如图书馆、博物馆、美术馆、展览馆、科技馆、标本馆、科研院所、动物园、植物园、自然保护区、公园、线上云平台等资源，通过开展家庭科学实验、家庭研学式活动、线上科普学习活动、自然教育活动等科学活动，延展学生课外科学探究的空间，丰富学生学习的方法与途径，促进学生科学素养的发展。此外，家长还应与孩子共同参与科学活动，加强亲子之间的交流与理解，促进学生心理健康成长。

（三）建立学校科学教育常态长效机制

1. 培养科学教育师资，促进教育教学提质增效

通过骨干教师展示优秀示范课例、科学教师同伴互助，聚焦科学课堂教学方式变革，开展反馈式备课、磨课、听课、评课，推动及时调整教学策略，促进教师队伍成长。同时，积极搭建交流学习平台，组织开展以全面育人为导向的全覆盖教研活动，形成有效的校本教研机制。

2. 落实科学教育理念，丰富校本课程教学资源

依据课标制定教学内容，结合地域文化特色和生态环境优势，根据办学特色设计课程结构，丰富课程内容，扩充课程资源，拓展科学课程形式，构建多元、个性化的科学素养培养课程体系，开发具有自身特色和创新性的校本课程。学生在自主、合作、探究的校本课程中，掌握科学知识和科学方法，培养科学思维能力和科学探究能力，将课堂所学知识与实践相结合，发展创新精神和实践能力。

3. 提升校园文化氛围，建立科学教育长效机制

加强五育并举育人体系建设和校园环境文化建设，积极组织并支持师生开展丰富多彩的科普活动，如建立科学社团、组织科学竞赛、开展科学观察

等活动，拓宽学生科学素养培养路径。同时，营造温馨和谐、健康向上的校园文化氛围，增强学生学校认同感，不断提升师生科学素质，鼓励教师和学生参加各级各类科技竞赛，构建科学教育常态长效机制。

（四）健全校外公共科学教育综合保障

1. 科学配置教育资源，促进学校科学教育发展

教育行政部门应加大对发展薄弱地区教育资源的配置力度，大力实施教师学历提升工程，加大对义务教育学校高学历师资供给以及高学历教师流动支持，实现师资质量均衡配置。加大对学校科学教育设备设施的补偿性投入，如建立科学实验室、布局科学文化景观等。

2. 健全馆校合作机制，拓展课外教育的广度与深度

科学素养的培育不局限于校内和教材知识，需要不断丰富课外教育资源。科技馆作为课外教育强有力的补充，具有科教资源丰富、科研设施完善的优势，可围绕综合实践活动和探究式学习开展科学教育活动。为此，应健全馆校合作机制，促进科技馆资源融入教育体系，促进馆校共建。如基于对科学课程标准的理论剖析，结合学生认知规律和学校教育教学需要，设计开展博物馆系列活动课程，开展馆校研学活动，完善馆校教学体系。

3. 丰富公共科学活动，开展社区科学教育活动

科学教育需要家庭、学校、社会三位一体，其中家庭教育是基础，学校教育是关键，社会教育是延伸和完善，应保障三者的有机结合与连续性，形成家庭、学校和社会的育人合力。为此，应丰富社区内科学设施，鼓励社会教育机构创新科普服务模式，开展科学素养类竞赛活动，举办科学类公共讲座活动，拓展学生的科学视野。

参考文献

郭元婕：《"科学素养"之概念辨析》，《比较教育研究》2004年第11期。

姜言霞：《中学生科学核心素养影响因素模型的构建及实证研究——应用多维分析的方法》，《教育科学研究》2020年第6期。

雷万鹏、向蓉：《学生科学素养提升之家庭归因——基于中国PISA 2015数据的分析》，《全球教育展望》2020年第9期。

伍远岳、郭元祥：《中学生科学学习的性别差异与课程应对——基于PISA 2015中国四省市的数据分析》，《华东师范大学学报》（教育科学版）2019年第5期。

姚昊、蒋帆：《家庭背景、学校教师质量如何影响学生学科素养？——基于PISA 2018的实证分析》，《教育经济评论》2022年第5期。

占小红、杨润、杨笑：《中国与韩国科学影子教育时间对科学素养的影响研究——基于PISA2015测评数据分析》，《基础教育》2021年第1期。

朱玉军：《基础教育课程改革中科学素养目标面临的问题和对策》，《全球教育展望》2015年第3期。

影响因素篇

Influencing Factors Reports

B.2

学习能力对广州市初中生科学
素养影响调查报告

周颖芊　张海水*

摘　要:　本研究基于 2022 年获取的广州智慧阳光评价·科学素养测评
数据,从学习能力五个方面来探讨学习能力对初中生科学素养
的影响。研究表明:(1) 初中生的科学素养水平相对偏低,仅
有 35.4% 的初中生的科学素养水平处于 D 等级以上;(2) 初
中生学习能力表现良好,各指标得分均中等偏上;(3) 学习能
力下属的注意力、工作记忆、视觉空间能力、言语理解能力、
推理能力指标对初中生的解释科学现象、识别科学问题、运用
科学证据均有正向影响作用;(4) 科学信心与科学态度对初中
生科学素养具有积极影响。为此,本文建议教育教学者应持续
关注学生科学素养发展,增强初中生科学信心与学习能力,从

---

* 周颖芊,广州市教育研究院智慧阳光评价项目组成员,主要研究方向为教育评价;张海水,
广州市教育研究院办公室负责人,副研究员,主要研究方向为教育政策。

而有效促进初中生科学素养的提升。

关键词： 学习能力　初中生　科学素养　广州市

一　问题的提出

科学技术是一个国家综合国力的重要体现，也是各国综合国力竞争的核心，要提升国家科学技术水平，就需要增强国民科学素质。青少年是建设国家的主力军，其科学素养的强弱与国家未来的科技发展水平息息相关。2023年2月21日，习近平总书记在主持中共中央政治局第三次集体学习时提出，要在教育"双减"中做教育加法，激发青少年好奇心、想象力、探求欲，培育具备科学家潜质、愿意献身科学研究事业的青少年群体[1]。这一讲话再次强调了加强青少年科学教育、提升青少年科学素养的重要性和紧迫性。相关研究显示，学生科学素养受到学生自身内在因素[2]、家庭因素[3]与学校因素[4]的深远影响。当前，国内的科学素养实证研究大多聚集在学校教师因素与家庭因素对学生科学素养的影响，较少深入探讨学生学习能力对学生科学素养的影响。为此，本研究将运用2022年获取的广州智慧阳光评价·科学素养测评数据，探究学习能力对初中生科学素养的影响效应，从而为提升初中生科学素养提供参考建议。

---

[1] 《习言道 | 在教育"双减"中做好科学教育加法》，中国新闻网（2023年2月24日），http：//www.chinanews.com.cn/gn/2023/02-24/9959677.shtml? from_source=www.cbg.cn，最后检索时间：2023年5月24日。

[2] 张娜、王玥、范文凤：《"抗逆学生"何以实现学业"逆袭"——基于PISA2015中国四省市学生科学素养表现及其影响因素的分析》，《中小学管理》2018年第10期，第52~55页。

[3] 黄声华、尹弘飚、靳玉乐：《家长教育卷入类型与中学生学科素养：基于PISA 2018中国香港及澳门数据的潜在类别分析》，《华东师范大学学报》（教育科学版）2023年第1期，第50~59页。

[4] 李鹏：《校园探究式教学气氛对学生科学素养影响的跨水平中介模型分析》，曲阜师范大学硕士学位论文，2019，第5~30页。

二 文献综述

（一）学习能力的概念及操作化界定

关于学习能力的定义，社会各界均有其不同的观点和看法。有的学者从传统教育学的研究视角出发，注重学习者自身能力的构成与发展，认为学力是以知识技能为核心的能力[①]。有的学者从管理学研究视角看待学习能力，注重学习者对于外部世界的改造力，认为学习能力是人们获取知识、分享知识、运用知识和创造知识的能力[②]。另有学者从人与自然的关系来看待学习能力，认为学习能力是人适应环境、不断改变环境、实现自身生存与发展所需要具备的能力[③]。本研究认为学习能力主要是指个体获得知识、发现问题、解决问题的能力，并从注意力、工作记忆、视觉空间能力、言语理解能力、推理能力五个方面对学习能力进行可操作化界定。

（二）科学素养的概念及操作化界定

科学素养（Scientific Literacy）一词，最早出现于 20 世纪 50 年代后期，用作口号来宣扬科学教育改革目标。由于不同的学者及组织对科学素养有其不同的看法，当前对科学素养的内涵仍有着争议。经济合作与发展组织（简称 OECD）开展了国际学生评估项目（Program for International Student Assessment，PISA），科学素养是该项目测评的主要领域之一，该项目将科学素养定义为："作为一名具有反思力的公民能够运用科学思维参与相关科学事宜的能力"，并且认为拥有良好科学素养的个人应具备以下

---

① 钟启泉：《关于"学力"概念的探讨》，《上海教育科研》1999 年第 1 期，第 16~19 页。
② 许佩卿：《学习力及其作用》，《教书育人》2011 年第 30 期，第 75~77 页。
③ 邹云龙、陈红岩：《学习能力的本质内涵和维度建构研究》，《东北师大学报》（哲学社会科学版）2021 年第 6 期，第 156~162 页。

三种能力：科学地解释现象、评价并设计科学探究、科学地阐述数据和证据。而广州智慧阳光评价·科学素养测评参考 PISA 的科学素养定义，将科学素养定义为"具有参与和科学相关问题与思想的能力"，并将科学素养分成科学知识、科学能力及科学态度与责任三大方面[①]。本研究主要探究科学素养中的科学能力，包括解释科学现象、识别科学问题、运用科学证据三个指标。

三　研究设计

（一）数据来源及说明

本研究数据来源于 2022 年获取的广州智慧阳光评价·科学素养测评数据，该测评项目收集了学生学习能力、科学素养及相关影响因素信息，能够较好满足本研究需要。为此，本研究选取测评项目中 20123 名八年级学生作为研究对象，开展以下研究。表 1 为变量描述的说明，表 2 为科学素养成绩等级划分情况及说明。

表 1　变量描述及说明

变量名称	变量说明	下属指标	变量说明
科学能力	科学素养中的能力维度	解释科学现象	在特定情况下应用科学知识,科学地描述或解释现象,进行预测
		识别科学问题	能够识别科学问题与非科学问题,对科学问题进行检验、论证,提出改进意见
		运用科学证据	包括解释科学结论、理解结论背后的假设和推理、反思科学技术发展给社会带来的意义

---

① 资料来源：《广州市级科学素养分析报告》。

续表

变量名称	变量说明	下属指标	变量说明
学习能力	个体获得知识、发现问题、解决问题的能力。这些方面是与智力息息相关的能力	注意力	学生对目标信息集中关注和排除干扰的能力
		工作记忆	学生在短时间内保持和使用信息的能力
		视觉空间能力	学生对平面、立体图形的分析辨别、整合运用的能力
		言语理解能力	学生对语言的理解和应用的能力
		推理能力	学生分析整合信息、总结归纳，灵活运用规律以及解决问题的能力
科学态度与责任		科学兴趣	指学生积极参与科学活动，对科学有好奇心和求知欲，具备科学学习过程中的情绪和动机
		科学态度	学生通过了解科学的特点和价值，形成坚持真理、修正错误、严谨求实的科学态度，形成科学价值观和成长型思维
		科学信心	学生在学习过程中，体验获得成功的乐趣，锻炼克服困难的意志，建立自信心（自我效能感）
		社会责任	学生对科学伦理的认识，关注科学与人口、资源、环境的关系，具备可持续发展的意识

资料来源：《广州市级科学素养分析报告》。

表2　科学素养成绩等级划分情况及说明

等级	该水平最低分数	说明
A	735分	A级学生可以从物理、生命、地球和空间科学中汲取一系列相互关联的科学思想和概念，并使用内容、程序和认知性知识，为新的科学现象、事件和过程提供解释性假设或作出预测；在解释数据时，可以区分基于科学理论、证据的论点和基于其他考虑的论点；能够评估复杂的科学实验、进行实地研究或模拟设计
B	668分	B级学生可以使用抽象的科学思想或概念来解释不熟悉或更复杂的现象、事件；能够利用理论知识解释科学信息或作出预测；可以评估科学探索的方法，识别数据解释的局限性，解释数据中不确定性的来源和影响

续表

等级	该水平最低分数	说明
C	602 分	C 级学生可以使用更复杂或更抽象的知识,解释生活中的事件和过程;可以在受约束的环境中进行科学实验,能够证明实验设计的合理性;可以解释从实验中提取的数据,得出适当的科学结论
D	535 分	D 级学生可以利用中等复杂的科学知识来识别或解释生活中熟悉的现象;在不太熟悉或更复杂的情况下,可以用相关的提示来构建解释;能够利用科学知识进行简单的实验;能够辨别科学问题和非科学问题,找出简单的支持科学主张的证据
E	468 分	E 级学生能够运用科学知识或数据解决简单科学实验中的问题;可以利用基本的或日常的科学知识,从简单的图标或数据中得出一个有效结论
F	252 分	F 级学生在支持下,可以进行不超过两个变量的结构化科学调查;在科学问题中能够识别简单的因果关系、解释简单的图形或数据;无法使用科学知识对简单科学现象做解释

资料来源:《广州市级科学素养分析报告》。

(二)分析方法

将收集到的数据导入 SPSS 26.0 软件后,对初中生学习能力、科学素养等进行描述统计分析及人口特征差异分析,并建立多元线性回归模型,分析学习能力下属各指标对初中生解释科学现象、识别科学问题、运用科学证据的影响效应。

四 结果分析

(一)各变量的描述统计分析

1.初中生科学素养的描述统计分析

首先,表 3 中初中生的科学素养各等级分布情况表明:科学素养得分处于 A 等级的有 196 人,占整体的 1%;得分处于 B 等级的有 1091 人,占整体的 5.4%；得分处于 C 等级的有 2317 人，占整体的 11.5%；得分处于 D 等级的有 3516 人，占整体的 17.5%；得分处于 E 等级的有 4410 人，占整体的 21.9%；得分处于 F 等级的有 8593 人，占整体的 42.7%。以上可知，初中生科学素养处于 E 和 F 基础水平的占比较高，说明初中生整体科学素养水平相对偏低，有待提高。

表3　初中生的科学素养各等级分布情况

等级	人数（人）	占比（%）	均分（分）
A	196	1.0	752.06
B	1091	5.4	697.19
C	2317	11.5	632.32
D	3516	17.5	566.48
E	4410	21.9	500.80
F	8593	42.7	408.48
总体	20123	100.0	501.05

其次，表 4 中各变量的描述统计显示：初中生的解释科学现象平均得分为 3.13（满分为 7）、识别科学问题平均得分为 6.67（满分为 15）、运用科学证据平均得分为 2.31（满分为 6），反映初中生在解释科学现象、识别科学问题、运用科学证据三个方面得分较低，需进一步加强。此外，在科学相关因素方面，初中生科学兴趣、科学态度、科学信心、社会责任的平均得分较高，表现较好。

2. 初中生的学习能力的描述统计分析

表 4 中各变量的描述统计显示：初中生学习能力在最小值为 30.02、最大值为 66.98 上的平均得分为 50.12，可知初中生的学习能力总体良好。其中，注意力的平均得分为 50.15（得分区间为 26.71~66.26）；工作记忆的平均得分为 50.16（得分区间为 35.07~66.22）；视觉空间能力的平均得分为 50.09（得分区间为 35.43~74.34）；言语理解能力的平均得分为 50.10（得分区间为 19.40~69.17）；推理能力的平均得分为 50.10（得分区间为 24.88~68.60）。

表4　各变量的描述统计

变量	下属指标	人数 （人）	平均分 （分）	标准差 （分）	最小值 （分）	最大值 （分）
科学素养	解释科学现象	20123	3.13	1.69	0	7
	识别科学问题	20123	6.67	2.82	0	15
	运用科学证据	20123	2.31	1.40	0	6
学习能力	学习能力	20123	50.12	6.99	30.02	66.98
	注意力	20123	50.15	9.92	26.71	66.26
	工作记忆	20123	50.16	9.98	35.07	66.22
	视觉空间能力	20123	50.09	9.98	35.43	74.34
	言语理解能力	20123	50.10	9.94	19.40	69.17
	推理能力	20123	50.10	9.97	24.88	68.60
性别	男	9578	0.52	0.50	0	1
	女	10545				
独生子女	是	6753	0.66	0.47	0	1
	否	13370				
科学态度 与责任	科学兴趣	20123	31.88	6.55	5	45
	科学态度	20123	15.73	3.07	3	20
	科学信心	20123	43.22	8.07	3	60
	社会责任	20123	21.41	4.41	3	28

（二）学习能力与科学素养的差异分析

1. 基于性别变量的差异分析

表5中初中生学习能力与科学素养的性别差异分析显示：（1）从科学素养表现来看，女生的科学素养得分显著高于男生的科学素养得分（$T=9.33$，$P<0.001$）。其中，在识别科学问题与运用科学证据方面，女生均优于男生（$P<0.001$），而在解释科学现象方面，两者则不存在显著差异。（2）从学习能力表现来看，女生的综合学习能力显著优于男生（$T=12.98$，$P<0.001$）。其中，在学习能力下属指标得分上，男女生表现出不一样的趋势，女生在注意力、工作记忆及言语理解能力上优于男生（$P<0.001$），而男生在推理能力上优于女生（$P<0.001$），在视觉空间能力上，两者则不存

在显著差异。

2. 基于是否独生变量的差异分析

表 5 中初中生学习能力与科学素养的是否独生差异分析显示：（1）从科学素养表现来看，独生子女的科学素养得分显著高于非独生子女（T=8.76，P<0.001）。其中，在解释科学现象、识别科学问题及运用科学证据三方面，独生子女的表现也显著优于非独生子女（P<0.001）。（2）从学习能力表现来看，独生子女的综合学习能力显著优于非独生子女的综合学习能力（T=7.58，P<0.001）。其中，独生子女在注意力（P<0.05）、视觉空间能力、言语理解能力、推理能力（P<0.001）方面都表现出显著的优势，而在工作记忆方面，两者则不存在显著差异。

表 5　初中生的学习能力与科学素养的人口特征的差异分析（平均分±标准差）

变量/类别	性别		T 值	是否独生		T 值
	男（分）	女（分）		是（分）	否（分）	
学习能力	49.52±7.34	50.78±6.52	12.98***	50.65±7.12	49.85±6.90	7.58***
注意力	49.06±10.38	51.34±9.24	16.51***	50.37±9.95	50.04±9.89	2.26*
工作记忆	48.94±9.91	51.51±9.90	18.35***	50.09±10.01	50.20±9.97	-0.75
视觉空间能力	50.19±10.17	49.98±9.77	-1.49	50.58±10.16	49.85±9.88	4.87***
言语理解能力	48.95±10.20	51.37±9.50	17.39***	51.17±10.00	49.56±9.87	10.85***
推理能力	50.44±10.36	49.72±9.51	-5.11***	51.04±10.03	49.62±9.90	9.57***
科学素养	494.82±104.14	507.91±95.02	9.33***	509.91±103.85	496.58±97.87	8.76***
解释科学现象	6.63±2.95	6.71±2.67	1.94	6.88±2.91	6.56±2.77	7.53***
识别科学问题	3.01±1.69	3.27±1.67	10.73***	3.26±1.73	3.07±1.66	7.69***
运用科学证据	2.23±1.41	2.40±1.38	8.58***	2.37±1.43	2.27±1.39	4.63***

注："＊"代表均值差异的显著性水平：＊代表 P<0.05，＊＊代表 P<0.01，＊＊＊代表 P<0.001。

（三）科学素养的回归分析

1. 初中生学习能力对科学素养的回归分析

表 6 中初中生学习能力对科学素养的回归分析显示：（1）从解释科学现象的回归分析结果来看，学习能力的下属指标注意力、工作记忆、视觉空

间能力、言语理解能力、推理能力指标均对解释科学现象起显著的正向预测作用（$\beta = 0.052 \sim 0.193$，$P < 0.001$）。其中，通过比较各指标的标准化回归系数（β），发现对解释科学现象影响作用的大小依次是言语理解能力、推理能力、视觉空间能力、工作记忆、注意力。（2）从识别科学问题的回归分析结果来看，学习能力的下属各指标均对识别科学问题起显著的正向预测作用（$\beta = 0.052 \sim 0.188$，$P < 0.001$）。其中，对识别科学问题影响作用的大小依次是言语理解能力、推理能力、视觉空间能力、工作记忆、注意力。（3）从运用科学证据的回归分析结果来看，学习能力的下属各指标均对运用科学证据起显著的正向预测作用（$\beta = 0.049 \sim 0.151$，$P < 0.001$）。其中，对运用科学证据影响作用的大小依次是推理能力、言语理解能力、视觉空间能力、工作记忆、注意力。总体来看，初中生的推理能力与言语理解能力对科学素养的影响作用最为突出。

表6　初中生学习能力对科学素养的回归分析

变量/类别		解释科学现象		识别科学问题		运用科学证据	
		标准化系数(β)	T 值	标准化系数(β)	T 值	标准化系数(β)	T 值
控制变量	性别	0.017	2.52 *	−0.045	−6.95 ***	−0.038	−5.64 ***
	独生子女	−0.024	−3.71 ***	−0.027	−4.19 ***	−0.012	−1.86
学习能力	注意力	0.052	7.09 ***	0.052	7.12 ***	0.049	6.39 ***
	工作记忆	0.065	9.27 ***	0.073	10.55 ***	0.068	9.45 ***
	视觉空间能力	0.105	13.92 ***	0.086	11.48 ***	0.070	8.85 ***
	言语理解能力	0.193	24.84 ***	0.188	24.37 ***	0.116	14.35 ***
	推理能力	0.158	19.11 ***	0.176	21.43 ***	0.151	17.54 ***

注："*"代表均值差异的显著性水平：* 代表 $P < 0.05$，** 代表 $P < 0.01$，*** 代表 $P < 0.001$。

2. 初中生科学相关因素与科学素养的关系分析

表7中初中生科学相关因素对科学素养的回归分析显示：（1）科学态度与科学信心均能够显著正向预测解释科学现象（$\beta = 0.119$、0.170，$P < 0.001$）、识别科学问题（$\beta = 0.129$、0.186，$P < 0.001$）与运用科学证据

（β=0.094、0.144，P<0.001）。其中通过比较标准化回归系数（β），发现科学信心对科学素养下属各指标的影响作用均大于科学态度。（2）科学兴趣仅对运用科学证据有正向预测作用（β=0.028，P<0.01），对解释科学现象与识别科学问题的预测作用不显著（P>0.05）。（3）社会责任对运用科学证据具有显著的负向预测作用（β=-0.028，P<0.01），对解释科学现象与识别科学问题不存在显著预测作用（P>0.05）。

表7　初中生科学相关因素对科学素养的回归分析

变量/类别		解释科学现象		识别科学问题		运用科学证据	
		标准化系数(β)	T值	标准化系数(β)	T值	标准化系数(β)	T值
控制变量	性别	-0.026	-3.81***	-0.087	-12.77***	-0.070	-10.1***
	独生子女	-0.039	-5.68***	-0.041	-6.13***	-0.023	-3.27**
科学态度与责任	科学兴趣	0.014	1.41	-0.003	-0.30	0.028	2.72**
	科学态度	0.119	12.28***	0.129	13.46***	0.094	9.63***
	科学信心	0.170	17.24***	0.186	18.99***	0.144	14.43***
	社会责任	0.010	1.1	-0.004	-0.39	-0.028	-2.90**

注："*"代表均值差异的显著性水平。*代表P<0.05，**代表P<0.01，***代表P<0.001。

五　结论与讨论

（一）初中生科学素养水平相对偏低，亟须重视

本研究通过考察广州市八年级学生的科学素养表现，发现仅有6.4%的学生的科学素养处于高水平（A、B等级），即仅有6.4%的初中生能够使用抽象的科学思想或概念来解释不熟悉或更复杂的现象、事件；有29%的初中生处于中等水平（C、D等级），能够利用中等复杂的科学知识来识别或解释生活中熟悉的现象；有64.6%的初中生处于基础水平（E、F等级），能够在支持下，进行不超过两个变量的结构化科学调查，识别科学问题的简

单的因果关系、解释简单的图形或数据。另外，从科学素养下属各指标得分来看，八年级学生在解释科学现象、识别科学问题、运用科学证据三方面的得分均中等偏低。综合上述结果可知，广州市八年级学生的整体科学素养水平相对偏低，在解释科学现象、识别科学问题、运用科学证据这三方面的表现较弱，有较大的提升空间。

（二）初中生的学习能力及科学素养存在性别及是否独生差异

据研究结果可知，初中生的学习能力及科学素养成绩在性别与是否独生方面均存在差异。从性别来看：（1）在科学素养方面，女生的科学素养得分显著高于男生，且在识别科学问题与运用科学证据上的表现也强于男生。这一结果与以往研究较不一致，以往研究显示男生在科学素养上往往更具优势[1]。笔者认为造成这一结果差异的原因有二：一是大众对科学的认识普遍提升，越来越重视科学教育，使得男女学生在科学方面的差异日渐缩小。二是随着越来越多的女性参与到科学相关工作中，女性不擅长科学任务这一刻板印象被逐渐扭转，使得女学生较以往拥有更强的科学信心和热情，从而更乐意参与科学学习，拥有更高的科学素养水平。（2）在学习能力方面，女生的综合学习能力表现优于男生，其中女初中生在注意力、工作记忆、言语理解能力方面较有优势，而男初中生在推理能力方面表现较为突出，这可能是男女生的大脑结构差异所造成，相关研究指出男生的大脑结构对空间更有优势，且在逻辑推理方面更强。

从是否独生来看：（1）在科学素养方面，独生子女的科学素养水平显著优于非独生子女。这与过往的研究结果较类似。笔者认为这主要是因为独生子女的家庭资源更为充足，拥有更多机会接触自然知识，使得独生子女在科学素养方面更具优势。（2）在学习能力方面，除工作记忆指标上独生与非独生的初中生不存在差异，在综合学习能力、注意力、视觉空间能力、言

---

① 关丹丹、焦丽亚：《中学生科学素养的性别差异：基于 PISA2015 的实证研究》，《教育研究与实验》2017 年第 4 期，第 92~96 页。

语理解能力、推理能力等方面，独生子女表现更佳。这与以往研究结果类似，研究指出独生子女家庭往往比非独生子女家庭更关注独生子女在学业方面的发展，也更乐意参与子女的学习活动①，因此，独生子女在学习能力如注意力、推理能力等方面往往表现得更为突出。

（三）学习能力对初中生科学素养具有显著的正向影响作用

从上述的学习能力与科学素养的回归分析结果可知：学习能力中的注意力、工作记忆、视觉空间能力、言语理解能力、推理能力均对科学素养的解释科学现象、识别科学问题及运用科学证据有正向预测作用。通过对比标准化回归系数，可以看出言语理解能力与推理能力对三个指标的影响效应最为突出。言语理解能力，即学生对语言的理解和应用的能力。在传统的教学活动中，知识主要通过文字、言语等形式灌输给学生，因此学生的言语理解能力是能否完全接受这些知识、信息的关键。良好的言语理解能力能够帮助学生更好地理解和内化知识，从而建构更稳固的知识体系，反之则容易学习不得要领。而推理能力主要指学生分析整合信息、总结归纳，灵活运用规律以及解决问题的能力。众多研究指出，推理能力与科学相关科目物理、化学、生物、地理等息息相关，是促进科学素养提升的核心能力之一。综上，笔者认为教育者可从学生言语理解能力及推理能力切入，着力提升学生的科学素养水平。

（四）科学态度、科学信心对初中生科学素养具有积极影响，科学兴趣、社会责任的影响作用不明显

从上述的科学相关因素与科学素养的回归分析结果可知：科学态度与科学信心对初中生的解释科学现象、识别科学问题、运用科学证据有显著的正向影响作用，而科学兴趣与社会责任的影响作用较不显著。这与以往的研究

---

① 李佳哲、胡咏梅：《家长学习参与和中小学生学业成绩的关系研究——基于亲子关系和学习自信心的有中介的调节模型分析》，《华东师范大学学报》（教育科学版）2021年第7期，第72~83页。

结果——"科学兴趣能够正向影响科学素养[①]"较不一致。这可能与研究对象为八年级学生有关，初中学生大多面临着巨大的中考压力，使得学生往往更关注自身能力能否满足学习科目的要求，而非自身对学习科目的兴趣。另外，科学态度与科学信心对科学素养有积极作用这一结果与以往研究较一致。其中，科学信心的积极作用最为突出，科学信心主要指在学习过程中，体验获得成功的乐趣，锻炼克服困难的意志，建立自信心，也可称为科学自我效能感。相关研究指出科学信心及科学自我效能感的提高对科学素养、科学实践有重要影响作用[②]。因此笔者认为，要提升初中生科学素养，应积极提高学生科学信心，帮助学生建立科学学习自信，从而促进其科学素养水平的提高。

六　启示与建议

从上述研究结论可知，学习能力及科学信心能够正向影响学生科学素养水平，即学生的学习能力、科学信心越好，学生的科学素养表现越佳。基于此，为有效提高学生科学素养水平提出以下建议。

（一）持续关注学生科学素养发展，切实加强科学教育

科学素养是国民素养的重要组成部分，也是社会文明进步的基础。近几年来，国家出台了许多关于加强学生、教师、公民科学素养的相关政策，尤其关注青少年科学素养发展。然而，从上述研究结果来看，初中八年级学生科学素养发展状况并不理想，有六成多的学生仍处于科学素养基础水平，因此教育部门应持续关注学生科学素养发展，切实加强科学教育。所谓"持续关注学生科学素养发展"，即对学生的科学素养发展应有一个全方位的了

---

① 杜玲玲、王玥：《科学态度、参与度与中学生的科学素养表现》，《教育理论与实践》2019年第29期，第53~56页。
② 赵德成、黄亮：《中国四省市与新加坡学生科学素养表现之比较——基于PISA2015数据的分析》，《北京师范大学学报》（社会科学版）2018年第2期，第23~31页。

解，通过如科学素养测评、科学实践活动表现、科学课程表现等各方面综合评估学生科学素养状况，以便全面促进学生科学素养发展。而在加强科学教育方面，正如教育部印发的《义务教育科学课程标准（2022年版）》中指出，"义务教育科学课程是一门体现科学本质的综合性基础课程，具有实践性"①。因此，笔者认为科学教育应将学科知识与科学探究相结合，如在课堂教学中创设科学问题情境，举行各类科学展览、科学比赛，或引导学生多探索自然世界，参与科学实践。同时，在教学活动中，强调"做中学""学中思"②，让学生通过科学实践探究走进科学世界，感受科学的魅力。

（二）发展学生学习能力，促进科学素养提升

本研究表明，学习能力对初中生科学素养有着显著的正向影响作用。也就是说，良好的学习能力能够帮助学生有效获取科学知识、解决科学相关问题。因此，笔者认为要想提升学生的科学素养，就不能忽视学生自身的学习能力，应积极培养和发展学生的学习能力。实际上，学习能力的发展与培养是融入教学活动中，是一个潜移默化的过程。学习能力往往是在教学活动、课堂学习、问题解决中得到提升。故教育者在进行科学教育时不仅要关注学生科学知识的掌握程度，更应关注学生自身的学习能力的发展状况，积极探索科学素养表现不佳背后所隐含的学习能力不足、发展不均衡等问题。另外，在教育教学的实践中，文理偏科现象屡见不鲜③，其背后反映着学生学习能力发展差异的问题，有的学生记忆力与言语理解能力较优，在文科学习中凸显优势，但在科学、物理等科目的表现不甚理想，推理及视觉空间能力欠佳。有的学生具有良好的推理能力与视觉空间能力，在科学活动中表现突

① 中华人民共和国教育部：《义务教育科学课程标准（2022年版）》，http：//www.moe.gov.cn/srcsite/A26/s8001/202204/W020220420582355009892.pdf，最后检索时间：2023年5月26日。
② 胡卫平：《在探究实践中培育科学素养——义务教育科学课程标准（2022年版）解读》，《基础教育课程》2022年第10期，第39~45页。
③ 张聪：《科学素养缘何难以提升？——基于中小学科学素养教育样态的反思》，《新课程评论》2021年第9期，第12~18页。

出，但在课堂学习中表现平平，存在言语理解能力不足等问题。因此，教育者可从学生学习能力出发，针对学习能力的发展状况及发展差异，采取差异化指导策略，同时可运用多样化的教学方式，创设生动有趣的教学情境，帮助各类型学生投入科学学习，更好地掌握科学知识，提升科学素养。

（三）增强学生科学信心，实现科学教育增效

学生作为学习的主体，其自身的因素对科学学习有着重要影响作用。其中信心是不可忽视的影响因素。上述研究表明科学信心对初中生科学素养有显著的积极影响。充足的科学信心能够让学生乐于探索自然世界，对科学学习充满期待和自信，敢于克服畏难情绪，积极参与科学探索活动，动手实践，收获知识与成就。反之，科学信心不足的学生，容易在科学活动及科学教学课堂中产生焦虑、畏难情绪，从而阻碍其前进的脚步，进入死循环，越惧怕、焦虑，越学不会，最终丧失信心，放弃学习。因此，教育者需要意识到科学教育并不仅仅局限于对学生科学知识的传授、学生科学思维的建立，还需要培养学生的科学信心、增强学生的科学信心，从而实现科学教育增效。

那么如何提高学生科学信心？笔者认为，教育者首先要对自身的科学教育教学能力有信心、对学生有信心，让学生在教育过程中感受到教育者的期待和信任。其次，教育者应在教育教学中增加学生科学实践机会，引导学生从科学实践中增强科学信心。实践是最直接让学生感受到科学乐趣、收获成就感和建立自信心的方式。学生可从科学实践活动中展示自我，运用科学知识解决现实问题、实现自身想法，建立科学自信。最后，教育者需教育学生客观看待失败、坦然面对失败。在过往科学探索中，成功往往是偶然的，而失败才是必然的，每一次的成功都经历过数千次、数万次的失败。同样的，在接触自然世界、参与科学实践、学习科学知识的过程中，也总会经历许多困难与失败。故教育者应重视对学生科学信心的培养，从教育者本身、教育教学安排、学生价值引导三方面逐步增强学生的科学信心，让学生敢于想象、探索、创新，从而促进学生科学素养的发展，实现科学教育增效。

参考文献

王晶莹、孟红艳：《学校气氛对中学生科学素养影响的多水平分析：基于 PISA 2012 上海数据的研究》，《外国中小学教育》2017 年第 1 期。

张鞠松：《科学素养的差异及其影响因素：基于北京市房山区 PISA 2015 测试的分析》，《教育测量与评价》2018 年第 4 期。

刘帆、文雯：《PISA2015 科学素养测评框架新动向及其对我国科学教育的启示》，《外国教育研究》2015 年第 10 期。

伍远岳、郭元祥：《中学生科学学习的性别差异与课程应对——基于 PISA 2015 中国四省市的数据分析》《华东师范大学学报》（教育科学版）2019 年第 5 期。

张元军：《自信心，来自于教师选择的艺术——小学科学教学中提升学困生自信心例谈》，《新课程》（上）2017 年第 1 期。

B.3
学习动机对广州市中小学生
科学素养影响调查报告

李展贤　赵路妹　方晓波*

摘　要： 本研究深入解读2022年广州智慧阳光评价·科学素养测评项目报告，基于五、九年级共34613名学生的学习动机和科学素养数据，进行描述性统计、相关性分析、回归分析，研究发现：（1）小学生的学习动机优于初中生，但小学生和初中生的科学素养水平相近；（2）中小学生的科学素养和学习动机在性别和是否为独生子女等人口特征上普遍存在差异；（3）中小学生的学习动机对其科学素养存在显著预测作用。为此，建议教师引导学生提高学习动机，学校做好科学教育的衔接，加大科学教育改革力度，加强家校合作，培养学生科学素养，推动科学教育高质量发展。

关键词： 科学素养　学习动机　科学测评体系　广州市

一　研究设计

（一）概念界定

1. 科学素养

科学教育有助于学生保持对自然的好奇心，发展基本的科学能力，形成

---

* 李展贤，广州市教育研究院教师、中山市中山纪念中学教师，主要研究方向为教育评价；赵路妹，广东仲元中学初中英语二级教师，主要研究方向为英语教学改革；方晓波，博士，广州市教育研究院院长，正高级教师，主要研究方向为思想政治教育、教育政策。

科学态度和责任感,逐步树立正确的价值观,提高全民科学素养,促进经济社会发展和科技强国建设。广州智慧阳光评价·科学素养测评参照国际PISA(国际学生评估项目)、TIMSS(国际数学与科学趋势研究)两个著名的测评项目,将科学素养测评分成科学知识、科学能力和科学态度与责任三大方面。本研究中科学素养水平得分基于项目反应理论得出,通过测试题考查各类型科学知识反映学生科学能力(见表1),包括识别科学问题、解释科学现象、运用科学证据的能力。

表1 科学能力各维度解释说明

内容	指标维度	内涵
科学能力	识别科学问题	能够识别科学问题与非科学问题,对科学问题进行检验、论证,提出改进意见
	解释科学现象	包括在特定情况下应用科学知识,科学地描述或解释现象,进行预测
	运用科学证据	包括解释科学结论,理解结论背后的假设和推理,反思科学技术发展给社会带来的意义

2. 学习动机

学习动机是指激发并维持个体进行学习活动的基本动力,使其行为朝向学习目标的一种内在过程或内部心理状态。了解学生的学习动机水平,对于保持和提升学习兴趣、提高学习效率、获得良好的学业成绩具有重要意义。根据动机的来源,可以将学习动机分为内部动机和外部动机。学习动机的理论可以分为行为主义动机观、人本主义动机观、认知主义动机观三类,其中,认知主义动机观关注的是内部的不可观察的认知因素。本研究基于认知主义动机观,通过量表从求知进取、害怕失败、自我效能感、丧失学习动机四个维度调查学习动机,并对各指标维度解释说明(见表2)。其中,求知进取、自我效能感为正向计分指标,得分越高说明学习动机水平越高;害怕失败、丧失学习动机为负向计分指标,得分越高说明学习动机水平越低。

表 2　学习动机各维度解释说明

内容	指标维度	内涵
学习动机	求知进取	个体渴求知识,努力学习取得进步的倾向
	害怕失败	个体对学习过程中的挫折、失败的恐惧程度
	自我效能感	个体认为自己有能力完成学习活动的信心水平
	丧失学习动机	个体学习动机的丧失程度

（二）研究对象

学业发展水平原始数据中五年级人数为 23667 人,九年级人数为 15134 人,总人数为 38801 人,剔除学习动机、科学素养总成绩得分为#N/A 的人数后,五年级人数为 21289 人,九年级人数为 13324 人,总人数为 34613 人。表 3 是研究对象的基本情况。

表 3　研究对象的基本情况

单位:人

年级	性别		独生子女	
	男	女	是	否
五年级	11306	9983	6686	14603
九年级	6906	6418	4625	8699
总人数	18212	16401	11311	23302

（三）研究工具

《学习动机量表》总问卷的内部一致性信度在小学样本中为 0.758,在中学样本中为 0.802,均高于 0.70。以上结果表明本量表具有良好的测验信度,题项有良好的一致性,符合心理测量学使用标准。另外,利用 Mplus（7.0）软件,采用极大似然估计法对问卷所获得数据进行验证性因素分析,以检验问卷的结构效度。分析结果表明,在小学样本中,本量表的离中改善比（CFI）为 0.995,非规范拟合指数（NNFI 或 TLI）为

0.969，均大于 0.90。近似误差平方根（RMSEA）为 0.063，低于 0.08。在中学样本中，本量表的离中改善比（CFI）为 0.978，非规范拟合指数（NNFI 或 TLI）为 0.936，均大于 0.90。近似误差平方根（RMSEA）为 0.11。以上结果表明理论模型和观测模型的拟合程度达到要求水平，说明量表结构效度良好。

科学素养运用等级水平和标准分数两种方式分析学生素养表现。标准分数以广州市各参测年级学生为常模参照群体，将各参测年级学生的原始问卷分数转换为标准分数，分数的解释着重于学生在整个群体中的相对位置。等级水平根据学生在素养测评上的表现，将学生分为 A~F 级六个水平（见表4）。A 级和 B 级为高水平，学生能够熟练掌握知识点或技能，独立进行分析和推理，在生活场景中能将知识点灵活运用。C 级和 D 级为中水平，学生基本能够掌握知识点或技能，在一定条件下可以进行分析或推理，能够将部分知识或技能应用在生活场景中。E 级和 F 级为基础水平，学生尚未掌握或仅掌握部分知识点或技能，无法在生活中运用相关知识点或技能。

表 4　科学素养水平分级

单位：%

水平	五年级人数占比	九年级人数占比	达到该水平的学生能够做什么
A 级	4.64	0.84	A 级学生可以从物理、生命、地球和空间科学中汲取一系列相互关联的科学思想和概念，并使用内容、程序和认知性知识，为新的科学现象、事件和过程提供解释性假设或作出预测；在解释数据时，可以区分基于科学理论、证据的论点和基于其他考虑的论点；能够评估复杂的科学实验、进行实地研究或模拟设计
B 级	7.27	4.32	B 级学生可以使用抽象的科学思想或概念来解释不熟悉或更复杂的现象、事件；能够利用理论知识解释科学信息或作出预测；可以评估科学探索的方法，识别数据解释的局限性，解释数据中不确定性的来源和影响
C 级	17.15	13.00	C 级学生可以使用更复杂或更抽象的知识，解释生活中的事件和过程；可以在受约束的环境中进行科学实验，能够证明实验设计的合理性；可以解释从实验中提取的数据，得出适当的科学结论

水平	五年级人数占比	九年级人数占比	达到该水平的学生能够做什么
D 级	26.33	19.90	D 级学生可以利用中等复杂的科学知识来识别或解释生活中熟悉的现象;在不太熟悉或更复杂的情况下,可以用相关的提示来构建解释;能够利用科学知识进行简单的实验;能够辨别科学问题和非科学问题,找出简单的支持科学主张的证据
E 级	24.19	22.18	E 级学生能够运用科学知识或数据解决简单科学实验中的问题;可以利用基本的或日常的科学知识,从简单的图标或数据中得出一个有效结论
F 级	20.41	39.75	F 级学生在支持下,可以进行不超过两个变量的结构化科学调查;在科学问题中能够识别简单的因果关系、解释简单的图形或数据;无法使用科学知识对简单科学现象做解释

（四）研究方法

测评问卷回收后，对问卷中异常情况进行甄别，剔除无效问卷，采用 SPSS 25.0 软件对问卷数据进行统计分析，主要采用了描述统计、差异分析及回归分析等研究方法，探讨变量的得分情况、在人口学变量间的差异及变量间的关系。

二　调查结果与分析

（一）科学素养和学习动机总体情况

1. 小学生和初中生的科学素养水平相近

通过对五、九年级学生的科学素养与学习动机进行比较（见表5），发现：小学五年级和初中九年级阶段学生在整体科学素养上差异不显著（$P > 0.05$），初中阶段学生识别科学问题能力显著优于小学生（$P < 0.001$）；在解释科学现象、运用科学证据的能力上，小学生显著优于初中生（$P < 0.001$）。

表5 五、九年级学生的科学素养的差异分析

分类	五年级（N=21289）		九年级（N=13324）		t
	M	SD	M	SD	
科学素养	499.24	99.05	500.29	100.14	-0.95
识别科学问题	6.75	2.74	8.06	3.32	-38.22***
解释科学现象	3.27	1.52	2.99	1.53	16.66***
运用科学证据	4.10	1.87	3.49	1.89	29.32***

注：P* <0.05，P** <0.01，P*** <0.001。

根据分数段对各级科学素养进行汇总（见图1），五年级科学素养呈现单峰形，在442.98~562.98得分段人数相对集中，各等级水平学生占比相对均衡，中等以上水平学生占比为55.4%，各科学能力指标相对均衡，得分率均在0.46~0.47。九年级科学素养呈现双峰形，各分数段分布相对分散，中等以上水平学生占比为38.07%，科学能力表现上，以识别科学问题得分率较高，得分率为0.41。

本研究显示小学生的科学素养水平较分散，最低202.98分，最高842.11分，初中生的科学素养水平较为集中，最低238.13分，最高830.57分，大多数处于中等水平，相对而言特别高分的学生较少。研究显示，整体上看，我国小学生科学知识体系不够完善，科学知识面较窄，城乡科学素养发展差距较大，经济发达地区的学生在实践创新方面的发展大多数高于经济较薄弱地区的学校[1]，但也存在科学探究能力不够强、科学思维水平较弱的不足。本研究发现，小学生和初中生的整体科学素养虽无显著性差异，但在细分科学能力上有差别，具体如下。

初中生在识别科学问题上显著优于小学生，小学生在解释科学现象、运用科学证据的能力上显著优于初中生。一方面，小学生思维的基本特点是从具体形象思维为主向以抽象逻辑思维为主过渡，思维过渡的关键阶段是小学四年级左右，但这种抽象逻辑思维仍具有很大成分的具体形象性，大多直接

---

① 方丹、王思锦、李从容：《为中小学生科学素养画像——中小学生科学素养评价体系建设的海淀经验》，《中小学管理》2017年第12期，第49~51页。

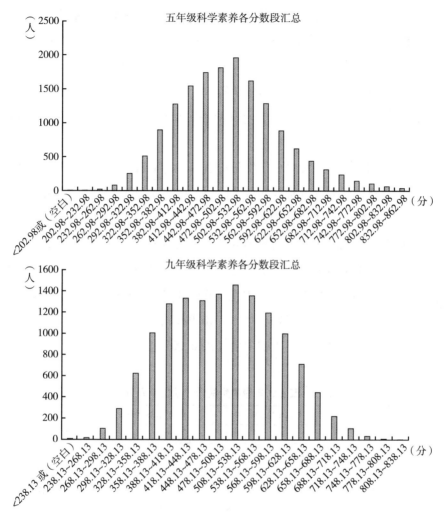

图1 科学素养各分数段汇总

与感性经验相联系①。另一方面，小学生意识到提问的重要性，但缺少提出科学问题的兴趣和动机，随着年龄和经验的积累，学生逐渐养成了深层次的学习兴趣，其概括与类比、综合与分析等逻辑思维逐步加强，提出科学问题

---

① 邵发仙：《小学生科学课程核心素养：结构、测评与发展》，陕西师范大学博士学位论文，2020，第60页。

的速率、种类、表达方式、质量也逐渐提高，提出问题的科学能力进一步发展[1]。相对而言，初中生解释科学现象、运用科学证据的能力存在进一步提升的空间。由于升学压力加大，中学生习惯于文本类的知识学习，科学教学也主要是教材知识类的学习，而科学实验、科学实践等活动性质的科学课程教学内容较少，学生亲近自然、亲自动手实践探究、亲自实验的活动课程较少。

综上可知，学校应针对小学生与初中生的科学素养水平，采取不同类型科学教学策略，开展综合实践的科学活动，切实提升学生的科学素养水平。

2.小学生的学习动机普遍优于初中生

通过对五、九年级学生的科学素养与学习动机进行比较（见表6），发现：在整体学习动机上，小学生显著高于初中生（P<0.001），在求知进取、自我效能上，小学生显著优于初中生（P<0.001），在害怕失败这项负向指标上，小学生得分显著低于初中生（P<0.001），在丧失学习动机这项负向指标上，小学生得分显著高于初中生（P<0.001）。

表6　五、九年级学生的学习动机差异分析

指标	五年级（N=21289）		九年级（N=13324）		t
	M	SD	M	SD	
学习动机	3.82	0.58	3.53	0.55	47.05***
求知进取	4.19	0.74	3.75	0.66	57.02***
害怕失败	2.39	0.87	2.85	0.63	-57.04***
自我效能	3.85	0.76	3.55	0.74	36.59***
丧失学习动机	2.36	0.64	2.32	0.75	4.23***

注：P*<0.05，P**<0.01，P***<0.001。

研究显示，随着学段的增加，学生的学习动机发生减退。具体表现为：小学生的附属内驱力相对较高，整体学习动机较强。一是小学生对

---

[1] 史加祥：《指向问题提出能力发展的小学科学教学模式的设计研究》，华东师范大学博士学位论文，2021，第27页。

课程内容和教师的授课方法都充满好奇心。二是根据卡芬顿的自我价值论得知，小学生认为，努力是好学生的首要条件。小学生为了向家长、老师、同学们证明自己，上课积极回答问题，作业尽力认真完成，积极参与班里、学校的各项活动。初中生的学习动机则相对较弱。一是初中生生理和心理发生变化，学生学习注意力容易分散，学习投入状态也受到干扰。二是随着学科数目的增加，学生学业负担加剧，导致个体努力学习的心向减弱。三是学生对升学、择业等自我认知迷茫。一方面是因为学生缺乏与家长、教师之间有效沟通，对于自身现状与升学、就业方面了解不清晰。另一方面，学生自我效能感降低。在学习过程中，对挫折、失败感到恐惧的程度逐渐加强，对自身努力能达到的期望降低，导致整体学习动机降低。

（二）中小学生的科学素养和学习动机在人口特征上普遍存在差异

本研究对人口特征与中小学生群体科学素养和学习动机进行了差异分析，呈现并解读广州市中小学生在科学认知测试各维度上的表现结果和性别差异。

1.中小学生的科学素养在性别上存在显著差异

研究发现，小学五年级和初中九年级的整体科学素养在性别上均有显著性差异（见表7、表8）。

表7　五年级学生科学素养的性别差异分析

项目	性别				t
	男（N=11306）		女（N=9983）		
	M	SD	M	SD	
科学素养	501.74	101.1	496.42	96.61	3.92***
识别科学问题	6.84	2.79	6.66	2.68	4.86***
解释科学现象	3.27	1.52	3.28	1.51	-0.40
运用科学证据	4.14	1.88	4.05	1.87	3.53***

注：$P^* < 0.05$，$P^{**} < 0.01$，$P^{***} < 0.001$。

表8 九年级学生科学素养的性别差异分析

项目	性别				t
	男（N=6906）		女（N=6418）		
	M	SD	M	SD	
科学素养	494.83	104.56	506.16	94.81	-6.56***
识别科学问题	8.1	3.49	8.03	3.12	1.11
解释科学现象	2.87	1.55	3.11	1.51	-9.07***
运用科学证据	3.4	1.94	3.59	1.83	-5.71***

注：P*<0.05，P**<0.01，P***<0.001。

由表7、表8可知：

小学生：小学五年级学生在整体科学素养上，男生显著优于女生（P<0.001），其中解释科学现象上差异不显著（P>0.05），在识别科学问题、运用科学证据的能力上，男生显著优于女生（P<0.001）。

初中生：初中九年级学生在整体科学素养上，女生显著优于男生（P<0.001），其中识别科学问题上差异不显著（P>0.05），在解释科学现象、运用科学证据的能力上，女生显著优于男生（P<0.001）。

可见，小学阶段男生显著优于女生，初中阶段女生显著优于男生。这一结果与以往研究较类似，伍远岳等[1]基于PISA 2015数据研究我国中学生科学素养的性别差异，发现我国学生在科学整体认知、科学能力、科学知识、科学内容等认知维度多个层面的表现上，男生整体优于女生，同时在与科学相关的非认知背景调查中，男生在乐意学习科学、科学学习兴趣以及科学活动三个变量上的表现亦明显优于女生。关丹丹等[2]基于PISA 2015数据研究我国中学生科学素养的性别差异，发现我国男生的科学成绩总体上好于女生，在能力维度上，男生在科学地解释现象、科学

[1] 伍远岳、郭元祥：《中学生科学学习的性别差异与课程应对——基于PISA 2015中国四省市的数据分析》，《华东师范大学学报》（教育科学版）2019年第5期，第115~127页。

[2] 关丹丹、焦丽亚：《中学生科学素养的性别差异：基于PISA2015的实证研究》，《教育研究与实验》2017年第4期，第92~96页。

地解释数据和进行证明两个子维度上的表现优于女生。PISA 2015 调查发现，男生和女生之间的差别不在于他们的科学成绩，而在于他们对待科学的态度。

本研究还发现，随着学段的增长，男生在识别科学问题上相对女生的优势逐渐减少，女生在解释科学现象和运用科学证据上的能力发展迅速。这可能与男女大脑加工优势存在差异的内部因素相关，小学阶段时，女生的大脑发育相对较快，而在中学阶段，男生的逻辑思维能力优于女生而影响其科学成绩；这还可能与社会期望不同的外部因素相关，在学校教育中，教师、家长等社会群体对男女学生学业上的态度由于产生皮格马利翁效应，间接影响了学生在科学学习中的自我认知，导致男女学生对科学学习的倾向出现差异。

基于上述男女学生的差异，教育工作者们在科学教育中需要注意性别平等，摒弃对科学与性别的刻板印象，创造机会发挥学生的个人潜能和主观能动性，使学生可以依据个人能力作出与科学相关的职业选择。

2. 中小学生的科学素养在是否为独生子女情况上存在显著差异

研究发现，小学五年级和初中九年级的整体科学素养在是否为独生子女情况上均有显著性差异（见表9、表10）。

表9　五年级学生科学素养的独生子女情况差异分析

项目	是否独生子女				t
	是（N = 6686）		否（N = 14603）		
	M	SD	M	SD	
科学素养	506.46	93.86	495.93	101.18	7.41 ***
识别科学问题	6.90	2.62	6.69	2.79	5.40 ***
解释科学现象	3.35	1.48	3.23	1.53	5.33 ***
运用科学证据	4.21	1.82	4.05	1.89	6.11 ***

注：$P^* <0.05$，$P^{**} <0.01$，$P^{***} <0.001$。

表10 九年级学生科学素养的独生子女情况差异分析

项目	是否独生子女				t
	是（N=4625）		否（N=8699）		
	M	SD	M	SD	
科学素养	509.95	101.16	495.15	99.21	8.14***
识别科学问题	8.48	3.38	7.85	3.26	10.37***
解释科学现象	3.04	1.53	2.96	1.53	2.99***
运用科学证据	3.63	1.93	3.42	1.86	6.13***

注：$P^* < 0.05$，$P^{**} < 0.01$，$P^{***} < 0.001$。

由表9、表10可知：

小学生：小学五年级学生在整体科学素养上，独生子女显著优于非独生子女（P<0.001），在识别科学问题、解释科学现象、运用科学证据的能力上，独生子女显著优于非独生子女（P<0.001）。

初中生：初中九年级学生在整体科学素养上，独生子女显著优于非独生子女（P<0.001），在识别科学问题、解释科学现象、运用科学证据的能力上，独生子女显著优于非独生子女（P<0.001）。

通过对比得出，在小学五年级和初中九年级的整体科学素养上，独生子女表现均优于非独生子女，且随着学段上升，独生子女的科学素养水平有所上升，非独生子女上升不明显。黄时进[1]等人对上海2000余名未成年人研究发现，独生子女在科学素养上得分略高于非独生子女，未成年人科学素养在不同程度上受家庭资本的影响，父母受教育程度越高，未成年人科学素养得分越高，父母工作时间越长，未成年人科学素养得分越低。

本研究认为，父母有更多的时间来陪伴独生子女，独生子女获得的家庭资源相对更多，在实际情境中体验科学探究的概率更高，与生活相关的科学经验更加丰富，其学习动机显著优于非独生子女，对科学学科更感兴趣，在

---

[1] 黄时进、雍昕：《家庭资本对未成年人科学素养的影响——基于上海的实证研究》，《北京理工大学学报》（社会科学版）2018年第1期，第158~164页。

科学学习中的参与度更高，其识别科学问题、解释科学现象、运用科学证据的能力也相对更强。

3. 中小学生的学习动机在性别上存在显著差异

研究发现，小学五年级和初中九年级学生的总体学习动机在性别上有显著性差异（见表11、表12）。

表11　五年级学生学习动机的性别差异分析

项目	性别				t
	男（N=6906）		女（N=6418）		
	M	SD	M	SD	
学习动机	3.79	0.61	3.87	0.55	−10.11***
求知进取	4.15	0.77	4.23	0.71	−8.75***
害怕失败	2.40	0.91	2.38	0.83	1.72
自我效能	3.82	0.78	3.88	0.75	−5.86***
丧失学习动机	2.43	0.7	2.28	0.57	17.46***

注：$P^* < 0.05$，$P^{**} < 0.01$，$P^{***} < 0.001$。

表12　九年级学生学习动机的性别差异分析

项目	性别				t
	男（N=11306）		女（N=9983）		
	M	SD	M	SD	
学习动机	3.52	0.56	3.55	0.53	−3.04**
求知进取	3.73	0.69	3.77	0.62	−3.85***
害怕失败	2.84	0.64	2.85	0.62	−1.31
自我效能	3.57	0.75	3.52	0.72	4.23***
丧失学习动机	2.39	0.79	2.25	0.7	10.82***

注：$P^* < 0.05$，$P^{**} < 0.01$，$P^{***} < 0.001$。

由表11、表12可知：

小学生：小学五年级学生在整体学习动机上，女生显著优于男生（P<0.001），其中害怕失败无显著性差异（P>0.05），在求知进取、自我效能、丧失学习动机上，女生表现显著优于男生（P<0.001）。

初中生：初中九年级学生在整体学习动机上，女生显著优于男生（P<0.01），其中害怕失败无显著性差异（P>0.05），在自我效能上，男生显著优于女生（P<0.001），在求知进取、丧失学习动机上，女生表现显著优于男生（P<0.001）。

可见，小学五年级和初中九年级学生的总体学习动机在性别上，女生总体优于男生。随着学段的增长，男女之间的差异不断缩小，主要体现在初中九年级男生的自我效能显著优于女生，女生害怕失败的表现加深。这一结果与以往研究较类似，许洪悦[1]发现初中生在学习动机及各子维度上存在显著的性别差异，女生在深层型和成就型维度上的得分显著高于男生，在表面型维度上的得分低于男生。张辉祥[2]发现，女生在元认知、资源管理等学习策略上具有更强的能力，在学习中可以应用高端学习策略进行自主学习。

本研究认为，男生在心理上成熟时间晚于女生，女生相对而言整体心理状态更成熟，也更愿意付出时间专注于学习，故在总体学习动机上，女生优于男生。随着学生心理逐渐成熟，而女生是从小处于学习占优势的群体，中学阶段各学科特别是数学、科学等对抽象思维的要求程度较高，女生的抽象思维发育相对男生较弱，在学习部分科目时较为吃力，对学习过程中的失败更为惧怕；而男生心理逐渐成熟，从学习中收获的满足感日益增加，对完成学习任务的自我认知增强，故自我效能感高。针对学习动机存在的性别差异，教师应引导学生进行自我监督与组织，不断提高学习效率，提高学习动机。

4. 中小学生的学习动机在是否为独生子女情况上存在显著差异

研究发现，小学五年级学生的总体学习动机在是否为独生子女情况上有显著性差异（见表13、表14）。

---

① 许洪悦：《家庭教养方式和学习动机对初中生学业成绩的影响》，吉林大学硕士学位论文，2019，第27页。

② 张辉祥：《中学生学习动机与学习策略的性别差异分析》，《高考》2019年第30期，第138页。

表13　五年级学生的学习动机的人口学差异分析

项目	是否独生子女				t
	是（N=6686）		否（N=14603）		
	M	SD	M	SD	
学习动机	3.85	0.58	3.81	0.59	4.87***
求知进取	4.21	0.74	4.18	0.74	3.19***
害怕失败	2.37	0.85	2.39	0.88	-1.96*
自我效能	3.89	0.77	3.83	0.76	6.03***
丧失学习动机	2.33	0.63	2.37	0.65	-4.13***

注：$P^* < 0.05$，$P^{**} < 0.01$，$P^{***} < 0.001$。

表14　九年级学生的学习动机的人口学差异分析

项目	是否独生子女				t
	是（N=4625）		否（N=8699）		
	M	SD	M	SD	
学习动机	3.54	0.55	3.53	0.54	1.38
求知进取	3.78	0.65	3.74	0.66	3.19***
害怕失败	2.87	0.63	2.83	0.63	3.13**
自我效能	3.58	0.75	3.53	0.73	3.45***
丧失学习动机	2.32	0.77	2.33	0.74	-0.46

注：$P^* < 0.05$，$P^{**} < 0.01$，$P^{***} < 0.001$。

由表13、表14可知：

小学生：小学五年级学生在整体学习动机上，独生子女显著优于非独生子女（P<0.001），其中在害怕失败、求知进取、自我效能、丧失学习动机上，独生子女显著优于非独生子女（P<0.05）。

初中生：初中九年级在整体学习动机上，独生子女与非独生子女无显著性差异（P>0.05），其中在求知进取、自我效能上，独生子女显著优于非独生子女（P<0.001），在害怕失败上，非独生子女表现优于独生子女（P<0.01），在丧失学习动机上，独生子女与非独生子女无显著性差异（P>0.05）。

可见，小学五年级的总体学习动机在家庭情况上，独生子女总体优于非独生子女。李瑞①研究发现，小学生在学业自我效能感方面，独生子女的学习能力自我效能感和学习行为效能感显著高于非独生子女。柳萌学等人②对小学生进行研究发现，非独生子女相对独生子女，在学习计划缺乏和执行力不足上表现明显，存在显著差异。非独生家庭父母对孩子的重视程度越高，学习拖延会越低。这可能是由于独生子女可以获得家长全部的精力、教育资源的投入，其物质需求、精神需求以及教育资源都能达到较大程度的满足，而非独生子女中，每个孩子受到的关注度和教育资源相应地减少，家长的时间、经济投入相对被分散，学生学习动机相对较弱。

本研究还发现，初中九年级学生的总体学习动机在家庭情况上没有显著性差异。韩嘉蕾③研究发现，中学生独生子女与非独生子女之间，在学习投入上不存在显著性差异。同时也有学者有不同的发现，刘在花④认为独生子女与非独生子女之间中学生学习投入存在显著性差异，其多寡既受父母教育期望的直接影响，也会通过父母教育投入的中介作用间接影响学习投入⑤。

此外，中学生相对小学生而言，学习动机逐渐由外部倾向转为内部倾向，学生个人的思想更为独立，父母主要起到关心、理解、陪伴的支持作用，且该阶段的学生面临升学压力，家庭情况对学习动机的影响相对弱化。在各维度上看，独生子女在求知进取、自我效能的表现中均显著优于非独生子女，而在害怕失败维度上表现显著低于非独生子女，这也可能是由于家庭对独生子女给予了过大期望，增加了学生恐惧失败的压力，而非独生子女有兄弟姐妹相互分担压力，害怕失败的水平不会过强。故家长应给予孩子更多

---

① 李瑞：《小学生学习动机、学业自我效能感与学业成绩的关系及其干预研究》，河北大学硕士学位论文，2019，第47页。
② 柳萌学、苗慧青：《小学生学习拖延对数学学习成绩的影响研究》，《黑龙江教师发展学院学报》2021年第1期，第96~99页。
③ 韩嘉蕾：《家庭功能对中学生学习投入的影响：社会支持和个人成长主动性的链式中介作用》，聊城大学硕士学位论文，2022，第27~28页。
④ 刘在花：《中学生学习投入发展的现状与特点研究》，《中国特殊教育》2015年第6期，第71~77页。
⑤ 刘在花：《父母教育期望对中学生学习投入影响机制的研究》，《中国特殊教育》2015年第9期，第83~89页。

的情感支持，加强与子女之间的沟通交流，切勿施加过多学习压力，教师也应帮助孩子树立正确的成败观。

（三）中小学生的学习动机对其科学素养存在显著预测作用

对小学五年级和初中九年级学生的科学素养与学习动机之间进行 Pearson 相关性分析（见表 15），结果发现：学习动机中的害怕失败、丧失学习动机维度与科学素养呈现显著性负相关（r = − 0.25 ～ − 0.08，P < 0.001），科学素养与其他学习动机各维度均呈现显著性相关（r = 0.15 ～ 0.29，P<0.001）。

表 15　科学素养与学习动机的相关系数

	项目	1	2	3	4	5
科学素养	1. 科学素养	—	0.890 ***	0.725 ***	0.799 ***	0.242 ***
	2. 解释科学现象	0.828 ***	—	0.519 ***	0.583 ***	0.214 ***
	3. 识别科学问题	0.703 ***	0.481 ***	—	0.458 ***	0.188 ***
	4. 运用科学证据	0.812 ***	0.565 ***	0.498 ***	—	0.184 ***
学习动机	5. 学习动机	0.297 ***	0.251 ***	0.216 ***	0.239 ***	—
	6. 求知进取	0.288 ***	0.246 ***	0.205 ***	0.231 ***	0.79 ***
	7. 害怕失败	− 0.121 ***	− 0.106 ***	− 0.089 ***	− 0.096 ***	− 0.653 ***
	8. 自我效能	0.262 ***	0.235 ***	0.184 ***	0.212 ***	0.852 ***
	9. 丧失学习动机	− 0.253 ***	− 0.196 ***	− 0.195 ***	− 0.205 ***	− 0.836 ***
	项目	6	7	8	9	
科学素养	1. 科学素养	0.202 ***	− 0.154 ***	0.224 ***	− 0.171 ***	
	2. 解释科学现象	0.178 ***	− 0.139 ***	0.195 ***	− 0.152 ***	
	3. 识别科学问题	0.16 ***	− 0.119 ***	0.175 ***	− 0.129 ***	
	4. 运用科学证据	0.153 ***	− 0.117 ***	0.172 ***	− 0.128 ***	
学习动机	5. 学习动机	0.774 ***	− 0.792 ***	0.795 ***	− 0.716 ***	
	6. 求知进取	—	− 0.424 ***	0.559 ***	− 0.416 ***	
	7. 害怕失败	− 0.301 ***	—	− 0.473 ***	0.466 ***	
	8. 自我效能	0.62 ***	− 0.406 ***	—	− 0.41 ***	
	9. 丧失学习动机	− 0.563 ***	0.402 ***	− 0.615 ***	—	

注：对角线以上、以下分别是五年级、九年级两组学生的数据分析结果，P *** <0.001。

控制人口特征变量后，小学五年级学生的结果显示：（1）学生的学习动机中求知进取、自我效能两个维度均能够显著正向预测其识别科学问题、解释科学现象、运用科学证据的能力（P<0.001）；（2）学生的学习动机中丧失学习动机能够显著负向预测其识别科学问题、解释科学现象、运用科学证据的能力（P<0.001），害怕失败能够显著负向预测其识别科学问题（P<0.05）、解释科学现象（P<0.01），害怕失败无法显著性预测运用科学证据的能力（P>0.05）；（3）通过比较各维度的标准化回归系数（β）发现，自我效能在识别科学问题、解释科学现象、运用科学证据的影响作用较大，求知进取、丧失学习动机次之，害怕失败最低（见表16）。

表16　五年级学生的科学素养与学习动机的回归分析

变量		科学素养					
		识别科学问题		解释科学现象		运用科学证据	
		β	t	β	t	β	t
控制变量	常数	2.139	19.524***	4.839	24.564***	2.849	21.033***
	性别	−0.034	−1.662*	−0.276	−7.463***	−0.144	−5.651***
	是否独生子女	0.092	4.2***	0.157	3.977***	0.133	4.9***
学习动机	求知进取	0.152	8.776***	0.301	9.676***	0.17	7.948***
	害怕失败	−0.024	−1.691*	−0.06	−2.365**	−0.028	−1.581
	自我效能	0.211	12.341***	0.406	13.211***	0.261	12.351***
	丧失学习动机	−0.115	−6.087***	−0.29	−8.524***	−0.158	−6.757***

注：P*<0.05，P**<0.01，P***<0.001。

控制人口特征变量后，初中九年级学生的结果显示：（1）学生的学习动机中求知进取、自我效能两个维度均能够显著正向预测其识别科学问题、解释科学现象、运用科学证据的能力（P<0.001）；（2）学生的学习动机中丧失学习动机维度均能够显著负向预测其识别科学问题、解释科学现象、运用科学证据的能力（P<0.001）；（3）害怕失败无法显著性预测科学素养各维度（P>0.05）；（4）通过比较各维度的标准化回归系数（β）发现，求知进取在识别科学问题、解释科学现象、运用科学证据的影响作用较大，自我效能、丧失学习动机次之，害怕失败最低（见表 17）。

表 17　九年级学生的科学素养与学习动机的回归分析

变量		科学素养					
		识别科学问题		解释科学现象		运用科学证据	
		β	t	β	t	β	t
控制变量	常数	1.757	10.943 ***	3.701	10.786 ***	1.505	7.654 ***
	性别	0.214	8.167 ***	−0.072	−1.288	0.163	5.071 ***
	是否独生子女	0.076	2.783 ***	0.573	9.873 ***	0.194	5.822 ***
学习动机	求知进取	0.272	10.368 ***	0.761	13.592 ***	0.389	12.122 ***
	害怕失败	0.012	0.534	0.004	0.08	0.021	0.761
	自我效能	0.13	5.183 ***	0.502	9.358 ***	0.215	6.992 ***
	丧失学习动机	−0.177	−7.538 ***	−0.193	−3.845 ***	−0.191	−6.642 ***

注：$P^* < 0.05$，$P^{**} < 0.01$，$P^{***} < 0.001$。

本研究考察了学习动机与其科学素养之间的关系，结果发现：学习动机相关维度与科学素养相关维度均呈现显著的正相关，即学生学习动机越高，学生的科学素养越优，且学生的学习动机中求知进取、自我效能两个维度均能够显著正向预测其识别科学问题、解释科学现象、运用科学证据的能力。这一结果与以往研究较类似，王婷[①]对 3070 名八年级学生研究发现，初中生学习科学的乐趣和学习科学的动机与科学素养之间存在显著的正相关。姜言霞[②]对 6177 名中学生研究发现，学习动机与物理、化学、生物核心素养的回归系数均大于 0.4，两者之间有显著回归效应。个体兴趣会极大调动学生的学习主动性，促进学生学业成绩的提高。本研究发现，求知进取对识别科学问题、解释科学现象、运用科学证据的影响作用较大，求知进取作为内在动机之一，是调控科学学习的重要因素。林崇德等也指出，应从非智力因

① 王婷：《个人认识论与两类学习兴趣对初中生科学素养的影响研究》，西南大学硕士学位论文，2021，第 63~64 页。
② 姜言霞：《中学生科学核心素养影响因素模型的构建及实证研究——应用多维分析的方法》，《教育科学研究》2020 年第 6 期，第 91~96 页。

素角度促进学生能力和智力的发展①。同时本研究发现，丧失学习动机能够显著负向预测科学素养，这就要求教师在实际教学中，重视学生非智力因素的发展，创建与生活密切相关的教学情境，激发学生的学习兴趣和求知欲，引导学生建构内部学习动机，培养学生的自信心和自我效能感，有效促进对学生科学素养的培养。

三　政策建议

（一）针对学生心理发展，提高学习动机水平

1.教师通过结合内部和外部动机，提高学生学习动机水平

（1）教师要充分调动外部动机。教师通过加强师生交流，创造良好的师生关系，充分调动学生的外部动机，促进学生学业情绪和学业自我效能感提高。小学生的学习动机以外部动机为主，教师在实际教学过程中应通过实施适当的奖励与表扬、及时反馈、适度竞争等教育方式，激发其学习动机、兴趣。

（2）教师要发挥学生的主体作用。引导学生通过自我调节、自我激励，培养主体意识，建立学生学习的自信心，让学生从"要我学"向"我要学"转变，促使其学习动机由外部动机向内部动机转化。

2.教师通过创新教学模式，提升教学效能

（1）运用情境化教学策略。教师结合中小学的教材内容与生活实际，根据学生的年龄特点和心理特征，在日常教学中创设适当的情境，让学生产生情感共鸣。

（2）运用视听动触多模态教学模式。教师通过运用视频、图片、音乐、录像、动作等视听、行为相结合的非语言文字符号模态，调动学生的视觉、

---

① 林崇德、申继亮、辛涛：《非智力因素与学生能力的发展——从非智力因素入手培养学生的智力与能力》，《应用心理学》1994年第3期，第27~33页。

触觉、嗅觉、听觉和味觉五种感官去感知所学内容，提高学生学习的兴趣和积极性。

（3）运用自主合作学习模式。中学教师在科学教育中基于问题导学法、项目式学习法、探究式教学法、启发式教学策略，开展合作学习，让学生在小组合作中脱离孤立的片面化学习，着重加强对学生思维方法的培养，引导学生在思考、分析、探究问题中进行综合辩证认知，实现对问题创新解决，进一步激发学生深入研究的内在学习动机。

3. 教师通过渗透职业启蒙教育，培养学生远景性的科学学习动机

教师可以通过教材、主题班会课、综合实践活动课等途径向学生讲解职业的种类和发展方向，同时提供对应职业需要的学科专业信息，引导学生从当下开始为未来做好学习规划，助力学生的职业生涯规划。如生物学教师可利用教材中的"与生物学有关的职业"课后阅读栏目进行职业生涯教育；语文教师可以通过讲解课文内容中的人物，挖掘其职业的性质、价值和意义；数学教师通过运用数学分析实际问题，引导学生体验数学在职业中的运用。

（二）发挥学校主导作用，做好科学教育衔接

学校教育是落实科学教育的主阵地和主渠道，在课程改革指导下，需要重点推进学校科学教育从"知识灌输"向"素养培育"的观念转变，根据学生身心特点的发展水平，循序渐进培养学生科学能力。

1. 学校做好各阶段科学教育的衔接

由于不同学段学生的心理发展水平不同，所掌握的学科知识水平、能力水平与生活经验也不尽相同，对相关概念的理解大致遵循由易到难、由简单到复杂的趋势。建议根据个体发展阶段特征，加强幼儿园、小学、初中、高中科学教育连续培养和衔接，在相应的阶段突出其学段特征，围绕科学观念、科学思维、探究实践和态度责任四个核心维度设计进阶式学习。

（1）在幼儿园阶段，学校有意识地增加儿童对自然环境的接触，注重培养对事物的感知，消除对科学的陌生感，以直接感受科学为主，同时培养其观察能力、思维能力和动手能力，增强儿童对小学科学教育的适应性。

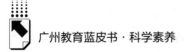

（2）在小学阶段，学校通过加强教师队伍建设，提高教师的科学教学能力，倡导教师在课堂教学和平时教育中渗透科学素养知识，满足学生学习科学的好奇心，鼓励其参与动手操作类活动，激发学生的探究兴趣，丰富探究的情感体验，培养探究热情，并引导其养成良好的科学思维习惯。

（3）在初中阶段，学校通过实践课程或校本课程开设科学课，还可以通过集团学校联合举办科技技能大赛，达到深化发展初中生抽象思维和提高实践能力的效果，进一步发展学生的科学思维能力和科学探究能力，塑造正确的科学态度和价值观。

（4）在高中阶段，学校通过举办学科素养竞赛，比如检验生物、物理、化学知识在实际生活中的运用，进而提升学生的科学素养，为具有创新潜力的青少年提供多元化、个性化的成长平台，提高其发展高阶思维和探究实践的能力。

2. 加大科学教育的改革力度

在基础教育中，建议学校科学教育的改革通过以下几个方面进行改进。

（1）提升科学的学科地位与影响力。科学素养评测总分与已有科学、语文、数学成绩有显著相关性。教育管理者需提高对科学这一核心学科的重视程度，学校应加强宣传和教学成果展示、建立科学素养的评价体系，这既体现科学教育在素质教育过程中的地位，也可有效提升科学学科的影响力。

（2）提高科学教师的专业素养。学校需要培养一支术业有专攻的优秀教师队伍，通过开展优秀教学设计交流学习活动、继续教育、校本课程培训、研讨会等多种途径提高教师专业素养，不断提升科学教师的理论知识、教学方法和实践技能水平。

（3）开发校本课程和课外资源。一方面，学校结合地域特色，利用当地资源进行科学校本课程的开发，如广州及周边学校可组织学生到华南国家植物园了解亚热带季风气候下植物的相关知识。另一方面，学校加强馆校合作，融合博物馆教育与学校教育，实现博物馆资源的课程化，如开发"背着房子去旅行——贝类动物的世界"自然教育课程，而农村学校可利用好农村自然资源，包括农业生产资源、水资源、能源、耕地技术和养殖技术，结合自然资源与生产实践，引导学生自主探究、观察。

（4）塑造良好的校风。学校资源和校风对学生科学核心素养的培养具有重要支持作用。一是学校向学生提供足够的学校资源支持。在校园基础设施上，设置科学学科的课室，比如实验室、标本室、创客课室等。二是营造乐于学习科学的校园氛围。关注是否过于强调教师权威，在师生对话和课堂氛围方面做相应改进，学校给学生搭建展示的平台，比如开展科学知识竞赛，营造积极的科学学习氛围，给予学生独立进行研究、判断的机会，培养学生发现问题、分析问题和解决问题的能力。

（三）加大家校合作力度，凝聚合力共促学生进步

1. 学校建立多元化家校沟通渠道

（1）设立从班—年级—学校三个层面的家委会。家委会应针对不同的校情设置，明确家委会各成员的分工和职责，打通家长与学校的沟通渠道，家长既可以对学校的管理方面提出建议，也可以对孩子的学习提出对策，通过家校真诚平等地交流、协商，最终找到适合的教育方式，促进学生进步。

（2）开展面向家长的开放日活动。开放日活动不仅要面向教师，而且要面向家长，让家长进入校园体验学生真实的课堂，了解学生上课的状态，学校还可以在开放日当天组织趣味运动会、科技节等活动，让家长切身体会孩子的校园生活，增进家长与学校、教师和孩子的情感交流。

（3）每学期召开家长会或组织教师家访。通过高效的面对面沟通，打破学校单方面的灌输，家长不仅可以了解到孩子在校真实情况，还能更好地配合好老师的教育，同时向其他家长学习交流家庭教育经验。

（4）开设家长讲堂。让家长进入校园分享育儿经验，学校明确家长的教育理念和方式，有针对性地培训教师要因材施教，提升学生的学习动机。

2. 家长需提升家校共育意识

（1）主动与学校、教师沟通。家长与教师之间的良好关系建立在良好沟通的基础上，通过积极主动地与教师沟通交流，家长能深入了解孩子在校

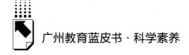

学习、生活情况，在家与孩子进行有效的沟通，可帮助孩子解决问题，共同制定目标，提升孩子的学习动机。

（2）关注孩子的生活和学业。有的家长只关注孩子在校是否吃饱穿暖及与同学间的关系，却忽略了与教师沟通有关孩子的学业。目前，大部分家庭有1~2个孩子，能够满足孩子们在物质生活方面的基本需求，但是在学业上，孩子常常因担心被家长责备而不敢反映真实的状况。此时，家长应主动向教师了解孩子的学业水平，通过在生活和学业上关注孩子，使孩子感受到家长的重视，这能够激发孩子的学习内驱力。

（3）积极参与家校大讲堂活动。家校大讲堂活动是有效增强家校沟通交流的家校共育模式之一。如截至2023年5月22日，广州市H区毓贤学校已经开展了182场家校大讲堂。通过讲堂活动，家长切身体验作为一名教师在讲台面对学生授课的感受，加强了家长对学校育人理念的理解，更懂得如何配合学校、教师的各项育人工作。而学校及其教师也能够体会到家长对孩子培养的用心，了解到不同家庭的教育经验，在今后教育学生过程中遇到问题，教师能做到换位思考，无形中筑成家校共育，助力孩子不断进步。

随着2022年1月1日《中华人民共和国家庭教育促进法》正式实施，父母在家庭教育中应更多关注对未成年子女品德、科学探索精神和创新意识的培养以及良好学习习惯、行为习惯、生活习惯的培养。期待该法深入实施后，在源头上转变家长们对家庭教育的观念，提高家长们的教育意识，形成家校合力，共同助力学生科学素养的发展。

参考文献

李长毅：《新时代小学生科学素养培养的实践探究》，《中国教育学刊》2020年第S2期。

王庆、姚宝骏：《中学生科学身份认同的现状及群体特征》，《教育测量与评价》2021年第9期。

王婷：《博物馆教育活动的课程化——以广东省博物馆自然类教育课程为例》，《科学教育与博物馆》2020 年第 3 期。

王岳缇：《中学生师生关系、学业情绪、学业自我效能感之间的关系及教育启示》，天津师范大学硕士学位论文，2022。

肖得心：《小学高年级学生学习动机减退的原因及辅导策略》，《创新创业理论研究与实践》2020 年第 2 期。

杨峰杰：《浅议小学科学教育教学现状及对策》，《读写算》2022 年第 34 期。

臧昰怡、吕泽恩、柏毅：《小学四年级学生科学素养评测研究》，《中小学教材教学》2017 年第 12 期。

张敏、雷开春、王振勇：《4～6 年级小学生学习动机的结构分析》，《心理科学》2005 年第 1 期。

张玉平：《农村小学科学教育研究述评》，《南京晓庄学院学报》2015 年第 2 期。

B.4
学业负担对广州市小学生科学
素养影响调查报告

周颖芊　侯煜群　方晓波*

摘　要： 本研究基于2022年广州智慧阳光评价·科学素养测评数据，对五年级14655名学生的学业负担（主观学业负担、时间投入）、科学素养数据进行深入分析。研究发现：（1）小学生科学素养成绩中等偏下，存在显著的性别及是否独生差异。（2）主观学业负担对小学生科学素养成绩起显著的负向影响作用。（3）不同的时间投入对小学生科学素养成绩的影响存在差异。为此，本研究建议教育教学者应贯彻落实"双减"政策，切实提高科学素养教育质量，从而促进学生科学素养的发展。

关键词： 科学素养　小学生　学业负担　广州市

一　问题的提出

2017年1月19日，《教育部关于印发〈义务教育小学科学课程标准〉的通知》（以下简称"科学课标通知"）出台，并同时发布了《义务教育小学科学课程标准》（以下简称"小学科学课标"）。"小学科学课标"中

---

* 周颖芊，广州市教育研究院智慧阳光评价项目组成员，主要研究方向为教育评价；侯煜群，广州市教育研究院智慧阳光评价项目组组长，助理研究员，主要研究方向为教育评价；方晓波，法学博士，广州市教育研究院院长，正高级教师，主要研究方向为思想政治教育、教育政策。

提出提高科学素养，对于改善生活质量，增强参与社会和经济发展的能力，实现经济社会全面、协调、可持续发展都具有重要意义①。同时，"科学课标通知"中明确要求将小学科学课程起始年级调整为一年级②。以上均指出培养小学生科学素养、加强小学科学教育的重要性和紧迫性。然而"科学"作为一门知识面广、综合性强的学科，其必然给学生学习带来一定的心理负担。相关研究指出，学业负担、课业负担均对学生的学业成绩、学习动机等有明显的消极影响③。那么学业负担与科学素养的关系如何？是否也存在同样的消极影响？事实上，自"双减"政策发布后，学生学业负担问题一直是教育各界的研究热点，然而鲜少有学业负担与小学生科学素养的相关性研究。因此，本研究将应用广州智慧阳光评价·科学素养测评数据，探究学业负担对小学生科学素养的影响效应，从而为"双减"政策背景下有效加强科学教育、提升小学生科学素养、实现科学教育提质增效提出参考建议。

二　文献综述

（一）学业负担的概念及操作化界定

关于学业负担的概念，各学者有不同的看法。学者代其平认为学业负担是一种主观感受，由于每个学生的学习能力不同，其所能承受的学习量也有所差别，因此每个学生的学业负担感受都不同④。学者胡惠闵与王小平通过

---

① 中华人民共和国教育部：《义务教育小学科学课程标准》，http://www.moe.gov.cn/srcsite/A26/s8001/201702/W020170215542129302110.pdf，最后检索时间：2023 年 5 月 26 日。

② 《教育部关于印发〈义务教育小学科学课程标准〉的通知》教基二〔2017〕2 号，中华人民共和国教育部政府门户网站（2017 年 2 月 6 日），http://www.moe.gov.cn/srcsite/A26/s8001/201702/t20170215_296305.html，最后检索时间：2023 年 5 月 26 日。

③ 刘莹：《学业负担与中学生数学学科能力的关系研究——基于 2015 年 Y 县基础教育质量监测数据的二次分析》，东北师范大学硕士学位论文，2018，第 34~63 页。

④ 代其平：《不应片面提倡"减轻学生学习负担"》，《教育评论》1987 年第 5 期，第 2 页。

对学业负担的代表性文献进行分析后，认为学业负担是一种客观存在，是教育者施加到学生身上的可量化的客观物如必修的科目、上课时间、科目作业及考试等[1]。而学者艾兴结合多种学业负担观点，对学业负担进行了重新解读。其认为学业负担既是一种客观存在，也是一种主观感受。它既涉及学生在完成学习任务时所产生的个人消耗如时间、精力等，同时又涉及学生在完成学习任务中所产生的心理压力和情绪体验[2]，因此学业负担同时具有客观与主观属性[3]。而本研究中的学业负担概念与艾兴的观点类似，认为学业负担是指学生身心所承受的一切与学习活动有关的负荷量，包括学习的物理负荷量和学习的心理负荷量。

（二）科学素养的概念及操作化界定

关于"科学素养"概念，国内外学者都进行不同的探索和界定。国际学生评估项目（以下简称"PISA"）是由经济合作与发展组织开发的大型国际学生学习评估项目。科学素养是 PISA 的主要测评领域，其将科学素养定义为："作为一名具有反思力的公民能够运用科学思维参与相关科学事宜的能力"，并且认为拥有良好科学素养的个人应具备以下三种能力：科学地解释现象、评价并设计科学探究、科学地阐述数据和证据[4]。

国内，2017 年教育部印发的"小学科学课标"中指出"科学素养是指了解必要的科学技术知识及其对社会与个人的影响，知道基本的科学方法，认识科学本质，树立科学思想，崇尚科学精神，并具备一定的运用它们处理实际问题、参与公共事务的能力"[5]。随后，2022 年教育部印发的《义务教

---

[1] 胡惠闵、王小平：《国内学界对课业负担概念的理解：基于 500 篇代表性文献的文本分析》，《教育发展研究》2013 年第 6 期，第 7 页。

[2] 艾兴：《中小学生学业负担：概念、归因与对策——基于当前基础教育课程改革的背景》，《西南大学学报》（社会科学报）2015 年第 4 期，第 93~97 页。

[3] 薛海平、杨路波：《教育高质量发展视角下学业负担对初中生心理健康的影响研究》，《宏观质量研究》2022 年第 6 期，第 118~128 页。

[4] 资料来源：《广州市级科学素养报告分析报告》。

[5] 中华人民共和国教育部：《义务教育小学科学课程标准》，http://www.moe.gov.cn/srcsite/A26/s8001/201702/W020170215542129302110.pdf，最后检索时间：2023 年 5 月 26 日。

育科学课程标准（2022 年版）》又在原基础上增加了科学领域核心素养的内涵，其中包括了科学观念、科学思维、探究实践及态度责任①。而本研究资料来源于广州智慧阳光评价·科学素养测评数据，其将科学素养定义为：具有参与和科学相关问题与思想的能力，并将科学素养分成科学能力、科学知识、科学态度与责任三个方面②。

三　数据来源及变量说明

（一）数据来源

本研究数据来源于 2022 年广州智慧阳光评价·科学素养测评数据，该测评项目收集了学生学业负担、科学素养及科学作业时间投入等信息，能够较好满足本研究需要。为此，本研究选取测评项目中 14655 名五年级学生开展研究。在 14655 名学生样本中，有男生 7762 名，女生 6893 名；有独生子女 4403 名，非独生子女 10252 名。

（二）变量说明

本研究的因变量为小学生科学素养，其主要通过 2022 年广州智慧阳光评价·科学素养测评情况来衡量小学生科学素养水平。该部分涉及变量有科学素养成绩及其细分指标，科学作业时间投入等。

本研究的自变量为学业负担，其中科学作业时间投入反映了学生完成科学作业的客观负担，故研究将通过小学生完成科学作业的时间投入情况来衡量小学生的客观学业负担，数值越大，代表客观学业负担越重。主观学业负担状况主要体现在 2022 年广州智慧阳光评价的学业负担态度问卷

---

① 中华人民共和国教育部：《义务教育科学课程标准（2022 年版）》，http：//www. moe. cn/srcsite/A26/s8001/202204/W020220420582355009892. pdf，最后检索时间：2023 年 5 月 26 日。

② 资料来源：《广州市级科学素养报告分析报告》。

部分。学业负担态度问卷通过测查学生对学业负担的认知倾向、情绪感受、行为习惯三个部分来反映学生的主观学业负担状况。问卷取值范围为1~5分，得分越高，代表学生的主观学业负担越重。该问卷经过信效度检验，结果显示：Cronbach's α 系数为 0.943，模型的拟合指数 CFI、TLI 分别为 0.938、0.919；RMSEA 值为 0.085，表明问卷质量良好。表1为变量说明及描述。

表1 变量说明及描述

研究变量	细分指标	变量说明
学业负担	认知倾向	连续变量,1~5
	情绪感受	连续变量,1~5
	行为习惯	连续变量,1~5
科学素养	科学素养成绩	连续变量,得分
科学能力	解释科学现象	连续变量,得分率
	识别科学问题	连续变量,得分率
	运用科学证据	连续变量,得分率
科学知识	程序性知识	连续变量,得分率
	内容性知识	连续变量,得分率
	认知性知识	连续变量,得分率
科学作业时间投入	时间投入	没有作业=1,30分钟及以内=2,31~60分钟=3,61~90分钟=4,90分钟以上=5
个人因素	性别	女=0,男=1
	是否独生	否=0,是=1

（三）分析方法

将收集到的数据导入 SPSS 26.0 软件后，对小学生的科学素养、学业负担等进行描述统计分析及人口特征差异分析，并建立多元线性回归模型，分析主观学业负担、客观学业负担对小学生科学素养成绩的影响效应。

四 研究结果与分析

（一）小学生科学素养的现状及其差异

1.小学生科学素养的现状

从总体上看，小学生科学素养在最大值为842.11、最小值为226.96上的平均得分为499.76，说明小学生科学素养总体处于中等偏下水平，有较大的提升空间。其中，在科学能力方面，运用科学证据（M=0.46）与识别科学问题（M=0.46）得分率一致，略高于解释科学现象（M=0.45）。在科学知识方面，内容性知识表现最佳（M=0.49），认知性知识次之（M=0.46），程序性知识最差（M=0.36）。其中，程序性知识的离散程度最大（SD=0.26），说明小学生的程序性知识总体得分率较低，且学生间的差异较大（见表2）。

表2 小学生科学素养的情况

变量	细分指标	平均数	标准差	最小值	最大值
科学素养		499.76	99.09	226.96	842.11
科学能力	解释科学现象	0.45	0.18	0.00	1.00
	识别科学问题	0.46	0.21	0.00	1.00
	运用科学证据	0.46	0.21	0.00	1.00
科学知识	程序性知识	0.36	0.26	0.00	1.00
	内容性知识	0.49	0.22	0.00	1.00
	认知性知识	0.46	0.17	0.00	1.00

2.小学生科学素养的人口特征差异

本研究将小学生的人口特征如性别、是否为独生子女等作为因子，采用独立样本T检验对小学生科学素养成绩进行差异分析，结果发现：在性别方面，男生的科学素养成绩显著优于女生（T=−2.98，P<0.01）。其中，在细分指标如解释科学现象、运用科学证据、内容性知识、认知性知识中，男

生得分率显著高于女生（P<0.05）。而在识别科学问题、程序性知识方面，男女小学生得分率不存在显著差异（P>0.05）。

在是否为独生子女方面，独生子女的科学素养表现显著优于非独生子女（T=-2.2，P<0.05）。但在细分指标如解释科学现象、识别科学问题、运用科学证据、程序性知识、内容性知识、认知性知识中，独生子女与非独生子女学生的得分率均不存在显著差异（P>0.05，见表3）。

表3　小学生科学素养的人口特征差异分析（平均数±标准差）

变量/类别	性别		T值	是否独生子女		T值
	男	女		是	否	
科学素养	502.05±101.63	497.18±96.10	-2.98**	502.43±94.05	498.61±101.16	-2.2*
解释科学现象	0.46±0.19	0.45±0.18	-3.92***	0.46±0.18	0.45±0.19	-1.3
识别科学问题	0.46±0.22	0.47±0.21	0.78	0.47±0.21	0.46±0.22	-1.09
运用科学证据	0.46±0.21	0.45±0.21	-2.22*	0.46±0.20	0.45±0.21	-1.76
程序性知识	0.36±0.27	0.36±0.26	-0.93	0.36±0.25	0.36±0.27	0.48
内容性知识	0.50±0.23	0.49±0.22	-2.17*	0.50±0.22	0.49±0.22	-1.58
认知性知识	0.46±0.18	0.46±0.17	-2.71**	0.46±0.16	0.46±0.18	-1.88

注："＊"代表均值差异的显著性水平，＊代表P<0.05，＊＊代表P<0.01，＊＊＊代表P<0.001。

（二）小学生学业负担及时间投入的现状及差异

1. 小学生学业负担及时间投入的现状

从表4可知，小学生整体学业负担平均得分为2.21分（取值为1~5），说明五年级学生的总体主观学业负担适中。其次，本研究根据小学生学业负担得分，按平均分±0.5个标准差的方式对小学生进行分类，结果显示：高学业负担的小学生有4850名，占整体的33.1%，其平均得分为3.08分；适中学业负担的小学生有4700名，占整体的32.1%，其平均得分为2.18分；较轻学业负担的小学生有5105名，占整体的34.8%，其平均得分为1.43分。以上说明有六成以上的小学生的学业负担感受适中或较轻，有三成以上的小学生仍存在学业负担过重问题。

在时间投入方面，选择"没有作业"的有 3948 名学生，占整体的 26.9%；选择科学作业完成时间在"30 分钟及以内"的有 8744 名学生，占整体的 59.7%；选择科学作业完成时间在"31~60 分钟"的有 1425 名学生，占整体的 9.7%；选择科学作业完成时间在"61~90 分钟"的有 297 人，占整体的 2%；选择科学作业完成时间在"90 分钟以上"的有 241 名学生，占整体的 1.7%。可见，八成以上的小学生没有科学学科作业或科学作业完成时间在 30 分钟及以内，而有 3.7% 的小学生的科学作业完成时间超过 60 分钟，与"双减"政策提出的"小学三至六年级每天家庭作业不超过 60 分钟"的要求不符。

表 4　小学生的学业负担及时间投入情况

变量	等级	人数（人）	占比（%）	平均分（分）	标准差（分）
学业负担	高	4850	33.1	3.08	0.38
	适中	4700	32.1	2.18	0.21
	较轻	5105	34.8	1.43	0.23
	总体	14655	100.0	2.21	0.74
时间投入	没有作业	3948	26.9	1.00	0.00
	30 分钟及以内	8744	59.7	2.00	0.00
	31~60 分钟	1425	9.7	3.00	0.00
	61~90 分钟	297	2.0	4.00	0.00
	90 分钟以上	241	1.7	5.00	0.00
	总体	14655	100.0	1.92	0.77

2. 小学生学业负担及时间投入的人口特征差异

从性别方面的差异分析来看，男生的学业负担得分显著高于女生（$T = -13.80$，$P<0.001$），且在细分指标如认知倾向、情绪情感及行为习惯上，男生的得分均显著高于女生（$P<0.001$），说明男生各方面的学业负担感均明显强于女生。其次，在时间投入上，男生的时间投入显著高于女生（$\chi^2 = 84.55$，$P<0.001$），其中有 14.9% 的男生的科学作业时间投入超过 30 分钟，而女生仅有 11.7%。

从是否独生子女方面的差异分析来看，尽管独生子女的学业负担得分略高于非独生子女，但两者不存在显著差异（P>0.05）。另在时间投入上，独生子女与非独生子女的时间投入存在显著差异（χ^2=49.06，P<0.001），其中，独生子女在"没有作业"的占比上更高，而非独生子女在"30分钟及以内"完成科学作业的占比更突出，其余两者比例相当（见表5）。

表5 学业负担与科学素养的人口特征差异分析（平均数±标准差）

变量/类别	性别		T/χ^2值	是否独生子女		T/χ^2值
	男（分）	女（分）		是（分）	否（分）	
学业负担	2.29±0.77	2.13±0.69	−13.8***	2.23±0.73	2.21±0.74	−1.29
认知倾向	2.55±0.86	2.39±0.78	−11.4***	2.48±0.81	2.47±0.83	−0.60
情绪情感	2.35±0.93	2.19±0.84	−10.96***	2.29±0.89	2.26±0.89	−1.69
行为习惯	1.98±0.72	1.80±0.65	−16.26***	1.91±0.70	1.89±0.69	−1.22
时间投入	−	−	−	−	−	−
没有作业	27.2%	26.7%		30.6%	25.4%	
30分钟及以内	57.9%	61.6%		55.8%	61.3%	
31~60分钟	10.0%	9.4%	84.55***	9.6%	9.7%	49.06***
61~90分钟	2.6%	1.4%		2.1%	2.0%	
90分钟以上	2.3%	0.9%		1.9%	1.6%	

注："*"代表均值差异的显著性水平。*代表P<0.05，**代表P<0.01，***代表P<0.001。

3. 不同时间投入下的小学生学业负担差异

为了解科学作业时间投入与学业负担的关系，本研究将分析不同时间投入的学业负担得分差异。结果发现：不同时间投入的小学生学业负担感存在差异（P<0.01）。其中科学作业时间投入在30分钟及以内的学生的学业负担感最轻（M=2.12），其次是31~60分钟的学生（M=2.24）、没有作业的学生（M=2.37）、61~90分钟的学生（M=2.50），时间投入在90分钟以上的学生的学业负担感最重（M=2.65）（见表6）。

表 6　不同时间投入下的学业负担情况

变量	类别	人数(人)	占比(%)	学业负担	
				平均分	标准差(分)
时间投入	没有作业	3948	26.9	2.37	0.74
	30分钟及以内	8744	59.7	2.12	0.72
	31~60分钟	1425	9.7	2.24	0.72
	61~90分钟	297	2	2.50	0.71
	90分钟以上	241	1.7	2.65	0.79

（三）学业负担与时间投入对小学生科学素养的影响

1.学业负担对小学生科学素养的影响

表7学业负担对小学生科学素养成绩的回归分析结果显示：学业负担的细分指标认知倾向与行为习惯均能够对小学生科学素养成绩起显著的消极影响作用（$\beta=-0.09$、-0.21，$P<0.001$）；在其他变量不变的情况下，学业负担中的认知倾向及行为习惯每增加一个单位，则因变量小学生科学素养成绩会分别减少10.2个、29.38个单位。通过对比两者的标准化回归系数，发现学业负担中的行为习惯的影响作用最大。可见，主观学业负担对小学生科学素养成绩存在消极影响，学业负担感受越重，越不利于小学生的科学素养成绩。

表 7　学业负担对小学生科学素养成绩的回归分析

项目		非标准化系数	标准误	标准化系数	T值	P
控制变量	性别	11.30	1.61	0.06	7.04	0.00
	独生子女	4.00	1.73	0.02	2.31	0.02
学业负担	认知倾向	−10.20	1.87	−0.09	−5.45	0.00
	情绪感受	3.00	1.95	0.03	1.54	0.12
	行为习惯	−29.38	1.70	−0.21	−17.27	0.00

2. 时间投入对小学生科学素养的影响

从表 8 时间投入对小学生科学素养成绩的回归分析结果可知：不同时间投入对小学生科学素养成绩的影响作用有差异（P<0.001）。其中，时间投入对小学生科学素养的影响程度分别为：时间投入 1 显示没有科学作业的学生比 31~60 分钟内完成科学作业的学生在因变量科学素养成绩上，平均高了 13.38 个单位。时间投入 2 显示科学作业在 30 分钟及以内完成的学生比在 31~60 分钟内完成的学生在因变量科学素养成绩上，平均高了 30.39 个单位。时间投入 4 显示科学作业在 61~90 分钟内完成的学生比 31~60 分钟内完成的学生在因变量科学素养成绩上，平均低了 33.92 个单位。时间投入 5 显示科学作业在 90 分钟以上完成的学生比 31~60 分钟内完成的学生在因变量科学素养成绩上，平均低了 48.49 个单位。可见，科学作业完成时间在 30 分钟及以内的小学生的科学素养表现最佳，作业完成时间一旦超过 30 分钟，时间投入越多，越不利于小学生科学素养表现。

表 8　时间投入对小学生科学素养成绩的回归分析

项目		非标准化系数	标准误	标准化系数	T 值	P
控制变量	性别	6.98	1.62	0.04	4.30	0.00
	独生子女	4.82	1.77	0.02	2.73	0.01
时间投入	时间投入 1	13.38	3.02	0.06	4.43	0.00
	时间投入 2	30.39	2.80	0.15	10.87	0.00
	时间投入 4	−33.92	6.24	−0.05	−5.44	0.00
	时间投入 5	−48.49	6.82	−0.06	−7.11	0.00

五　结论与讨论

（一）小学生科学素养成绩有待提高

本研究通过考察广州市五年级学生的科学素养成绩，发现小学生总体科学素养成绩处于中等偏下水平，有待提高。其中，小学生的科学内容性知识得分率最高，知识掌握较理想；而科学程序性知识得分率最低，且学生间差异较大，说明小学生科学程序性知识相对薄弱，亟须巩固提升。笔者认为，这一结果可能的原因有三：一是与"小升初"考试制度有关。在"小升初"考试中，科学并非选拔及考察科目，故存在学校、学生及家长对"科学"科目重视程度不足的情况。二是与科学课程设置有关①。"科学"并非小学教育课程的主科目，科学课程课时相对较少，且由于科学课程对设备有一定的要求，故容易出现开课率不足、设备缺失无法开展科学实践活动等问题。三是科学教师的师资问题。2022年《中国科学报》指出，科学教师存在数量不足、专业性不强、专业老师欠缺等问题②，这使得小学科学教育存在一定的局限与不足。综上可见，要提高小学生科学素养成绩，需提高学校、学生及家长对科学素养的重视程度，加强小学科学教师队伍建设，保证科学课程开课率与课程质量。

（二）学业负担对小学生科学素养具有显著的负向影响作用

从上述的学业负担与科学素养的回归分析结果可知：学业负担中的认知倾向与行为习惯对小学生科学素养有负向影响作用。通过对比标准化回归系数，可以看出行为习惯对小学生素养成绩的影响最为明显。学业负担中的行为习惯，主要是学生在面对学业负担时，所选择的行为策略如学习被动、学习不适、学习无序等。小学教育阶段是学生培养学习习惯的关键时期，适度的学业负担能够激发学生的学习潜能与动力，促使学生积极地应对学习任务，不断追求进步。相反，过重的学业负担往往会给学生带来巨大的心理压力，进而对学习产生抵触情绪，采用消极学习行为如应付式学习、拖延学习等来应对。值得关注的是，研究发现仍有三成以上的小学生存在学业负担过重问题，可见，"减负"工作仍需继续推进。综上，笔者认为要提升小学生科学素养，需继续贯彻落实"双减"政策，切实减轻学生学业负担。

---

① 张聪：《科学素养缘何难以提升？——基于中小学科学素养教育样态的反思》，《新课程评论》2021年第9期，第12~18页。

② 中国科普博览：《如何加强小学科学教育？他们说：要聚焦科学教师培养》，https://mp.weixin.qq.com/s/iBNU_hefcA95Ot-Dbeq82w，最后检索时间：2023年5月26日。

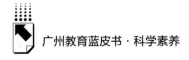

（三）不同时间投入下小学生学业负担及科学素养存在差异

研究结果表明，不同科学作业时间投入下的学生学业负担表现有显著差异。其中，在"没有作业"与"30分钟及以内"，小学生的学业负担感呈下降趋势，即"没有作业"的学生的学业负担感要强于完成科学作业时间在"30分钟及以内"的学生。可见，"没有作业"不代表没有学业负担。另外，作业完成时间在"30分钟及以内"至"90分钟以上"，小学生的学业负担感呈上升趋势。说明作业时间投入一旦超过学生可承受的范围，随着作业投入时间的增加，小学生的学业负担感也随之加重。

从上述时间投入与小学生科学素养的回归分析结果可知：不同科学作业完成时间对小学生科学素养的影响作用存在差异。相较于"31~60分钟"的作业完成时间，"没有作业"与作业完成时间在"30分钟及以内"更有利于小学生科学素养表现，其中作业完成时间在"30分钟及以内"对科学素养表现的积极影响作用最为突出。另外，相较于"31~60分钟"的作业完成时间，作业完成时间在"61~90分钟""90分钟以上"均不利于小学生科学素养表现，其中作业完成时间在"90分钟以上"对科学素养表现的消极影响作用最突出。可见，作业时间对小学生科学素养成绩的影响遵循着边际递减规律。在合理的作业时间内，作业时间越长，学生的学习效果越佳。反之超过合理的作业时间，则会给学生带来过重的学业负担感，削弱了学习效果。因此，教育者需认识适度作业的重要性，在学校教学及家庭教学中，坚持适度作业。学校把握好作业量和作业时间，家长遵循子女自身发展规律，不盲目给子女"加餐"，家校协作，共同促进学生科学素养发展。

六　政策建议

（一）转变教育理念，着重培养学生科学素养

从上述研究结果来看，小学生科学素养成绩仍有较大的提升空间。其主

要在于学校、家长、学生对科学教育的重视程度不足，使得小学生科学素养发展举步维艰。因此教育部门、教育者需转变教育理念，将科学素养教育置于重要地位，关注学生的科学素养发展。即：一是政府部门应出台科学教育相关政策，强调学生科学素养发展的重要性。二是科学教育相关组织、机构需加大科学资讯传播、科学普及力度，增强大众的科学素养教育意识。三是学校应注重学校的科学教育环境及科学文化建设，给学生营造良好科学教育氛围，鼓励学生积极参与科学探究活动，了解科学。四是教师应聚焦《义务教育科学课程标准（2022 年版）》的科学教育理念，在小学生科学教育中着重培养学生的科学观念、科学思维、探究实践、态度责任四个方面的科学领域的核心素养[1]。五是家长应树立正确、全面的教育质量观，充分认识科学素养对子女发展的重要性，改变"重知识轻思维"的观念，着重培养子女科学思维，提高子女科学素养。

（二）贯彻"双减"政策，促进学生科学素养发展

研究表明，过长的作业完成时间及过重的学业负担感都会对小学生的科学素养发展带来负面影响。因此，要促进小学生科学素养的发展，就需要贯彻"双减"政策，做好科学教育加法。首先，"双减"政策明确规定小学三至六年级每天书面作业完成时间平均不超过 60 分钟。然而，研究发现仍有 3.7% 的小学生仅科学这一科目的作业时间就超过了 60 分钟，说明"双减"政策中全面压减作业总量及作业时间等工作仍需推进落实，继续健全作业管理机制。其次，小学生科学课程是一门基础性、实践性课程[2]，其关键在于培养小学生的科学素养，为后续的学习与发展打下良好基础，故教育者应做好科学作业管理，根据科学课程的特点设计弹性、多样化、实践性强的作

---

[1] 胡卫平：《在探究实践中培育科学素养——义务教育科学课程标准（2022 年版）解读》，《基础教育课程》2022 年第 10 期，第 39~45 页。

[2] 中华人民共和国教育部：《义务教育科学课程标准（2022 年版）》http://www.moe.gov.cn/srcsite/A26/s8001/202204/W020220420582355009892.pdf，最后检索时间：2023 年 5 月 26 日。

业，切实减轻学生学业负担，促进学生科学实践能力的发展。如科学实践探究式作业、科学装置设计式作业、科学信息搜集式作业等。再次，小学生科学素养发展不仅受到作业时间的影响，更受到学生自身学业负担的影响。由此可见，教育部门、教育者在贯彻落实"双减"政策中不仅要关注到学生客观的学业负担如作业量、作业形式等，也要关注学生主观学业负担如学习焦虑感、学习不适等。最后，科学作为一门综合性较强的学科，其对学生的学习品质有较高的要求，一味地通过降低课程难度来减负很可能会降低学生的学习品质，从而降低学生的科学素养水平。故教育部门及教育者要做到"正确减负"，促进科学素养教育减负提质增效。

（三）各方协同，共同培养具备科学潜质的新时代少年

科学是一门实践性强的学科，其教育场地不应局限于课堂，而应该将科学教育融入学生的现实生活，开展形式多样的科学素养教育，这就需要动员社会各方面力量，共同助力，培养具备科学潜质的新时代少年。首先，政府相关部门应牵头推动科学教育的发展。如加大对科学教育资源的投入，联动各部门做好科学教育建设工作。其次，学校应挖掘自身教育资源，做好科学教师队伍建设，同时联动校外科学协会、组织机构资源，开展多样化科学体验、科学探索实践活动。再次，教师应积极尝试走出"课堂教学"模式，走进现实生活如自然世界、科技展馆等，在现实情境中开展科学教育教学。通过现实情境教学，增加学生参与科学体验、科学探索的机会，激发学生对"科学"学科的好奇心和探索欲，同时强化学生对科学现象的关注、对科学思维的运用。最后，家庭是学生的第一课堂，家长的引导和教育对学生科学能力、科学素养的发展都有着重要影响作用。因此，家长应增强自身科学素质，对子女进行科学启蒙教育，鼓励子女积极探索自然世界，培养子女科学兴趣，挖掘子女的科学潜能。综上，通过各方助力，共同推进科学素养教育，提高学生科学素养，让学生勇于探索未知、敢于创新实践，成为具备科学潜质的新时代少年。

参考文献

占小红、杨润、杨笑：《中国与韩国科学影子教育时间对科学素养的影响研究——基于PISA2015测评数据分析》，《基础教育》2021年第1期。

李长毅：《新时代小学生科学素养培养的实践探究》，《中国教育学刊》2020年第S2期。

朱邦芬：《"减负"误区及我国科学教育面临的挑战》，《物理与工程》2016年第4期。

B.5
学校认同对广州市中小学生科学素养影响调查报告

杨 莉 张晓洁[*]

摘 要： 本研究基于 2022 年广州智慧阳光评价·科学素养测评，选取小学阶段（五年级）、初中阶段（九年级）学生的学校认同和科学素养数据，从学校认同（包括学校文化认同、教学方式认同、师生关系认同）三个维度，探讨学校认同对中小学生科学素养的影响。研究发现：学校文化认同、师生关系认同正向预测中小学生科学素养等。基于此，本研究提出以下建议：学校应该提升学生学校文化认同感，教师应该重视教学方式优化以及良好师生关系的构建，从而提高中小学生学校认同及科学素养水平。

关键词： 学校认同 中小学生 科学素养 广州市

一 引言

面对全球科技竞争日趋激烈，尤其是智能化、数字化时代的到来，科技人才是创设创新型国家、增强我国国际竞争力的主要力量，对科技人才的培养是我国重要战略目标。中小学阶段的科学教育承担着培养青少年科

* 杨莉，广州市教育研究院智慧阳光评价项目组成员，主要研究方向为课程与教学论；张晓洁，广东技术师范大学副教授，硕士研究生导师，主要研究方向为课程与教学论、教学哲学。

学兴趣、树立科学志向的重要使命，对人才成长具有奠基作用。[1] 同时，习近平总书记也强调，要在教育"双减"中做好科学教育加法，培养具备科学家潜质、愿意献身科学研究事业的青少年群体。科学素养的培养以及开展科学教育意义重大。那么，要提升学生的科学素养，不仅要清楚科学素养的表现形式和当前科学素养的发展特点，还要清楚影响科学素养的各因素。本研究则从学生学校认同出发，探究学生学校认同对其科学素养水平的影响。

二　概念界定

（一）学校认同

在以往的研究中，学者们对学校认同的界定主要有以下几种：一是将学校认同等同于归属感，是学生对所在学校所产生的一种归属感和认可程度，这种归属感建立在对学校文化传统、价值观及学校精神认可的基础上；[2] 二是以组织认同理论为视角，借鉴组织认同的四个结构维度，即认知、情感、评价和行为[3]，认为学校认同是学生对所在学校学生身份的知悉、情感上的接纳，对该校的评价，以及由于这些认知情感而产生的行为表现；三是将学校认同等同于学校认可、学校承认，是指学校全体师生员工在心理上对学校文化的接纳、肯定和欣赏，这种校园文化包括学校办学理念和校训，规范学校各种行为的规章制度，学校的环境建设与利用，等等[4]。

---

[1] 林焕新、高毅哲：《中小学科学教育开辟科教融合新路径——打造中小学科学教师"梦之队"》，中华人民共和国教育部官网，2022年12月23日，http://www.moe.gov.cn/jyb_xwfb/s5147/2022 12/t20221223_ 1035860.html，最后检索时间：2023年5月25日。

[2] 黎亚军、邵水潮：《初中生学校认同的现状及提升策略研究》，《中国教育学刊》2019年第2期，第98~102页。

[3] Rolf Van Dick, Ulrich Wagner, Jost Stellmacher, et al："The Utility of A Broader Conceptualization of Organizational Identification：Which Aspects Really Matter?" *Journal of Occupational and Organizational psychology* 77 (2004)：pp.171-191。

[4] 石中英：《学校文化、学校认同与学校发展》，《中国教师》2006年第12期，第4~6页。

综上所述，本研究将学校认同定义为学生对学校在认知、情感和心理上的认同和投入，愿意承担作为学校一员的各项责任和义务，乐于参与学校活动，包括学校文化认同、教学方式认同、师生关系认同。其中，学校文化认同是指学生对学校历史、文化在认知上的理解、情感上的支持赞同以及行为上的践行；教学方式认同是指学生对教师在要求学生获取知识、提高能力、获取学习方法的过程中所采用方式的认同；师生关系认同是指学生与教师之间以认知、情感和行为交往为主要表现形式的人际关系的认同。

（二）科学素养

科学素养作为国际科学教育的一个基本目标，是当前的科学教育改革中普及科学和提高科学教育质量这两大目标的基石。

科学素养的内涵是在不断扩展、丰富和动态发展的，国内外对科学素养的理解呈多元化。[①] 不同的国际组织对科学素养有各自的表述，目前国际上有 PISA（国际学生评估项目）、TIMSS（国际数学与科学趋势研究）两个著名的科学素养测评项目可提供参照。PISA 将科学素养定义为"作为一名具有反思力的公民能够运用科学思维参与相关科学议题的能力"，并且认为拥有良好科学素养的个人应具备科学地解释现象、设计和评价科学探究、科学地阐释数据和证据三种能力，这些能力是现代科技社会对学生科学素养发展的必然要求。TIMSS 虽然没有指出科学素养的一般概念，但强调"学生在面对有关疾病治疗、气候变化和技术应用等各种问题时，应该能够在坚实的科学基础上采取行动"，以满足科技社会对人们能力和更高阶段学习的要求，并从科学内容、科学认知和科学实践三个方面对其进行评价。虽然两者对科学素养内涵关注的侧重点不同，但都强调科学探究与实践，重视学生科学能力的养成。

基于我国对科技人才培养的要求，结合两大测评机构对科学素养结构的

① 郭元婕：《"科学素养"之概念辨析》，《比较教育研究》2004 年第 11 期，第 12~15 页。

划分，广州智慧阳光评价·科学素养测评将科学素养测评分成科学知识、科学能力和科学态度与责任三大方面，各科学素养指标划分见图1。

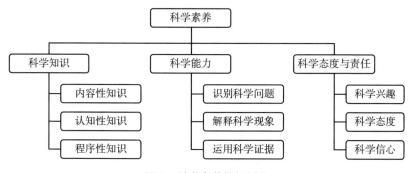

图 1　科学素养指标划分

三　研究方法

（一）研究对象

本研究数据来自 2022 年广州智慧阳光评价·科学素养测评数据。本研究选取研究对象为参加该次评价测试的 34704 名学生。其中五年级学生共21319 名，九年级学生共 13385 名；男生 18260 名，女生 16444 名；独生子女 11338 名，非独生子女 23366 名（见表 1）。

表 1　研究对象的基本情况

单位：名

年级	总人数	性别		是否独生子女	
		男	女	是	否
五年级	21319	11323	9996	6699	14620
九年级	13385	6937	6448	4639	8746
总计	34704	18260	16444	11338	23366

（二）研究工具

1. 学校认同

学生对所在学校的认同感具有重要的心理功能，在学生的心理发育和校园生活中发挥着积极主动的调节作用。学校认同感是学生个体对学校诸方面认识、体验和调节的不同感受，是一个多维度、多层次的心理功能系统。目前对于学校认同感的研究分为理论层面和实证层面，理论层面集中研究学校认同感的内涵、理论基础以及形成过程。实证层面主要是研究某一学校或者对学生进行实证调查研究并做归因分析。

"学校认同量表"综合理论和实证两方面的研究，从学校文化认同、教学方式认同和师生关系认同三个方面，根据小学和中学学生不同年龄段的具体特征对学生学校认同感情况进行测量和评估。

对量表进行内部一致性信度（Cronbach's α 系数）分析，结果表明学校认同量表的内部一致性系数在小学和初中样本中均高于 0.70（小学 0.936，初中 0.923），表明量表的同质性和稳定性达到较高水平。对量表进行验证性因素分析，以检验量表的结构效度。量表模型的拟合指数 CFI、TLI 在小学样本和初中样本中均大于 0.90（小学 1.000、1.000，初中 1.000、1.000），RMSEA 值在小学样本和初中样本中均低于 0.08（小学 0.00，初中 0.00），结果表明，量表质量良好。

2. 科学素养

本研究参照 PISA 科学测验，从科学知识、科学能力、科学态度与责任三大指标出发，同时调查科学教育教学方式状况，对学生的科学素养水平进行调查。

（三）分析方法

对测评结果进行简单处理后，采用 SPSS 对问卷数据进行描述性统计、差异性分析及回归分析，探讨学校认同和科学素养的得分情况、在人口学变量间的差异及学校认同和科学素养之间的关系。

四 研究结果及分析

（一）学校认同的基本情况

1.学校认同整体情况分析

整个样本的描述统计显示，学生学校认同水平均值为4.11，标准差为0.67。其三个子维度情况分别为：学校文化认同均值为4.17，标准差为0.74；教学方式认同均值为4.04，标准差为0.79；师生关系认同均值为4.11，标准差为0.70（见表2）。

表2 学生学校认同及各指标描述性统计

变量	M	SD
学校认同	4.11	0.67
学校文化认同	4.17	0.74
教学方式认同	4.04	0.79
师生关系认同	4.11	0.70

2.学校认同的人口学差异分析

（1）性别差异与学校认同。男生群体学校认同水平显著低于女生群体（P<0.001）。具体来说，男生群体的学校文化认同、教学方式认同、师生关系认同均显著低于女生群体（P<0.001）（见表3）。

表3 不同性别下学校认同差异性分析

变量	男生		女生		显著性
	M	SD	M	SD	
学校认同	4.08	0.70	4.13	0.64	***
学校文化认同	4.13	0.77	4.20	0.71	***
教学方式认同	4.03	0.82	4.05	0.76	***
师生关系认同	4.08	0.73	4.14	0.65	***

注：P* <0.05，P** <0.01，P*** <0.001。

（2）年级与学校认同。五年级学生学校认同水平显著高于九年级学生（P<0.001）。具体来说，五年级学生的学校文化认同、教学方式认同、师生关系认同显著高于九年级学生（P<0.001）（见表4）。

表4　不同年级下学校认同差异性分析

变量	五年级		九年级		显著性
	M	SD	M	SD	
学校认同	4.28	0.62	3.83	0.65	***
学校文化认同	4.41	0.64	3.78	0.72	***
教学方式认同	4.21	0.76	3.76	0.76	***
师生关系认同	4.21	0.67	3.94	0.69	***

注：$P^* < 0.05$，$P^{**} < 0.01$，$P^{***} < 0.001$。

（3）是否独生子女与学校认同。独生子女学校认同水平略高于非独生子女（P<0.05）。其中，独生子女与非独生子女在学校文化认同与教学方式认同方面并无差异；独生子女师生关系认同水平高于非独生子女（P<0.01）（见表5）。

表5　独生子女与非独生子女学校认同差异性分析

变量	独生子女		非独生子女		显著性
	M	SD	M	SD	
学校认同	4.11	0.68	4.10	0.67	*
学校文化认同	4.17	0.74	4.16	0.74	
教学方式认同	4.05	0.80	4.04	0.78	
师生关系认同	4.12	0.70	4.10	0.69	**

注：$P^* < 0.05$，$P^{**} < 0.01$，$P^{***} < 0.001$。

3.五、九年级学生学校认同的人口学差异分析

本研究对五、九年级学生群体的学校认同分别进行人口学差异分析，结果如表6、表7所示。五年级学生群体中，女生学校认同总体水平显著高于男生群体（P<0.001），独生子女学校认同水平显著高于非独生子女（P<0.001）。具体而言，女生群体的学校文化认同、教学方式认同、师生关系

认同均显著高于男生群体（P<0.001）；独生子女群体的学校文化认同、师生关系认同显著高于非独生子女群体（P<0.001），而独生子女群体的教学方式认同则是较高于非独生子女群体（P<0.05）（见表6）。

表6 五年级学校认同的差异性分析

变量	性别					是否独生子女				
	男生		女生		显著性	独生子女		非独生子女		显著性
	M	SD	M	SD		M	SD	M	SD	
学校认同	4.24	0.66	4.32	0.58	***	4.30	0.62	4.27	0.62	***
学校文化认同	4.36	0.69	4.46	0.59	***	4.43	0.63	4.40	0.65	***
教学方式认同	4.19	0.79	4.25	0.72	***	4.23	0.76	4.20	0.75	*
师生关系认同	4.17	0.71	4.26	0.62	***	4.24	0.66	4.20	0.67	***

注：$P^* < 0.05$，$P^{**} < 0.01$，$P^{***} < 0.001$。

九年级学生群体中，男、女生群体在学校认同整体并无显著差异，独生子女群体的学校认同水平高于非独生女子群体（P<0.01）。具体而言，女生群体学校文化认同显著高于男生群体（P<0.001），师生关系认同高于男生群体（P<0.01），而男、女生群体关于教学方式认同并无显著差异；独生子女学校文化认同略高于非独生子女群体（P<0.05），师生关系认同高于非独生子女群体（P<0.01），而关于教学方式认同，独生子女与非独生子女并无显著差异（见表7）。

表7 九年级学校认同的差异性分析

变量	性别					是否独生子女				
	男生		女生		显著性	独生子女		非独生子女		显著性
	M	SD	M	SD		M	SD	M	SD	
学校认同	3.82	0.69	3.84	0.61		3.85	0.67	3.82	0.64	**
学校文化认同	3.76	0.75	3.80	0.69	***	3.80	0.73	3.77	0.72	*
教学方式认同	3.77	0.79	3.75	0.72		3.78	0.78	3.75	0.75	
师生关系认同	3.92	0.74	3.96	0.64	**	3.96	0.71	3.93	0.69	**

注：$P^* < 0.05$，$P^{**} < 0.01$，$P^{***} < 0.001$。

（二）科学素养的基本情况

1.科学素养整体情况分析

全体研究对象的科学素养成绩均值为 499.65，标准差为 99.45（见表8）。通过对五、九年级学生的科学素养分析发现：五年级学生的科学素养水平均值为 499.24，标准差为 99.03；九年级学生的科学素养水平均值为 500.31，标准差为 100.10（见表9）。

表8　学生科学素养描述性统计

变量	M	SD
科学素养	499.65	99.45

表9　五、九年级学生科学素养描述性统计

变量	五年级		九年级	
	M	SD	M	SD
科学素养	499.24	99.03	500.31	100.10

2.科学素养的人口学差异分析

（1）科学素养整体差异性分析。整个样本中，独生子女群体科学素养水平显著高于非独生子女群体（P<0.001），而男、女生群体之间以及不同年级之间科学素养水平并无差异（见表10）。

表10　科学素养的人口学差异性总表

项目		指标	科学素养	显著性
性别	男生	M	499.12	
		SD	102.45	
	女生	M	500.24	
		SD	96.00	

项目		指标	科学素养	显著性
是否独生子女	独生子女	M	507.86	***
		SD	96.91	
	非独生子女	M	495.67	
		SD	100.41	
年级	五年级	M	499.24	
		SD	99.03	
	九年级	M	500.31	
		SD	100.10	

注：$P^* < 0.05$，$P^{**} < 0.01$，$P^{***} < 0.001$。

（2）五、九年级学生科学素养人口学分析。本研究对五、九年级学生群体的科学素养分别进行人口学差异分析，五年级学生群体中，男生群体的科学素养水平显著高于女生群体（$P < 0.001$），独生子女群体的科学素养水平显著高于非独生子女（$P < 0.001$）；九年级学生群体中，女生群体的科学素养水平显著高于男生群体（$P < 0.001$），独生子女群体的科学素养水平显著高于非独生子女（$P < 0.001$）（见表11）。

表11　五、九年级科学素养差异性分析

变量	性别				显著性	是否独生子女				显著性
	男生		女生			独生子女		非独生子女		
	M	SD	M	SD		M	SD	M	SD	
五年级	501.76	101.08	496.38	96.59	***	506.47	93.86	495.92	101.15	***
九年级	494.81	104.51	506.23	94.78	***	509.86	101.12	495.25	99.18	***

注：$P^* < 0.05$，$P^{**} < 0.01$，$P^{***} < 0.001$。

（三）学校认同和科学素养的回归分析

1. 小学生学校认同感与科学素养的关系

对五年级学生学校认同的三个子维度与科学素养成绩进行回归分析，学校文化认同和师生关系认同均对小学生的科学素养水平有显著的正向预测作用（β=28.847，P<0.001；β=5.288，P<0.01），而教学方式认同对小学生的科学素养水平有负向预测作用（β=−3.56，P<0.05）。通过比较各维度的标准化回归系数（β）发现，学校文化认同对小学生科学素养水平的影响作用最大（见表12）。

表12　五年级学生学校认同对科学素养的影响

模型		非标准化系数		标准系数	t	显著性
		β	标准误差	β		
五年级	（常量）	364.83	4.805		75.93	***
	学校文化认同	28.847	1.582	0.188	18.232	***
	教学方式认同	−3.56	1.413	−0.027	−2.519	*
	师生关系认同	5.288	1.588	0.036	3.331	**

注：P * <0.05，P ** <0.01，P *** <0.001。

2. 初中生学校认同感与科学素养的关系

对九年级学生学校认同的三个子维度与科学素养成绩进行回归分析，师生关系认同和学校文化认同均对九年级学生的科学素养水平有显著的正向预测作用（β=28.388、β=13.283，P<0.001），而教学方式认同对九年级学生的科学素养水平有显著负向预测作用（β=−8.067，P<0.001）。通过比较各维度的标准化回归系数（β）发现，师生关系认同对九年级学生的科学素养水平的影响作用最大（见表13）。

表13　九年级学生学校认同对科学素养的影响

模型		非标准化系数		标准系数	t	显著性
		β	标准误差	β		
九年级	（常量）	368.6	5.097		72.322	***
	学校文化认同	13.283	1.733	0.096	7.666	***
	教学方式认同	−8.067	1.826	−0.061	−4.417	***
	师生关系认同	28.388	2.001	0.197	14.189	***

注：P * <0.05，P ** <0.01，P *** <0.001。

五 研究结论与讨论

（一）小学生学校认同水平显著优于初中生

本研究发现，小学生的学校认同水平显著优于初中生。究其原因，可能与初中生（九年级）处于升学关键阶段有关。其一，学校管理者缺少对学生学校认同的关注。该阶段学生的主要任务是升学，升学率是考察学校办学质量和教育质量的重要指标。因此，学校管理者将提高升学率视为重大任务，并且为了保证初中生的学习时间和精力，也会减少举办活动的频率。其二，教师群体弱化对学生学校认同的培养。该阶段的学生，学习成绩是重中之重。教师的教学和非教学时间，基本都是围绕学生的学习成绩或者与学生学习成绩密切相关的事务，相对缺乏对学生课外生活的关注，与学生的沟通和交流次数有所降低。

（二）独生子女学校认同和科学素养水平优于非独生子女

本研究发现，独生子女的学校认同和科学素养的表现优于非独生子女。首先，独生子女的学校认同水平优于非独生子女。独生子女的学校认同满意度更容易实现。独生子女在学校孤独感降低。相比在家庭中，独生子女在学校时，学习或生活都有同学和老师的共同陪伴，能体验到更多的温暖。尤其是，学校会不定时举办有趣和丰富的校园活动，独生子女的参与感和体验感都更容易得到满足。其次，独生子女的科学素养水平优于非独生子女。一是独生子女接触到的科学类资源较多。由于父母的时间和精力相对充裕，家庭经济条件相对较好，独生子女在家庭资源的获得中占据优势[①]，独生子女参加科学活动以及阅读科学类读物的次数较多。因此，独生子女的科学知识、

---

① 王晓焘：《城市青年独生子女与非独生子女的教育获得》，《广西民族大学学报》（哲学社会科学版）2011年第5期，第28~34页。

能力、兴趣普遍高于非独生子女。二是独生子女父母在教育投入更具优势。在如此"内卷"的时代，独生子女的父母大多是有良好教育背景的知识分子，教育理念和教育观点相对全面，重视成绩的同时，也注重孩子的全面发展以及兴趣培养，包括孩子的科学教育和科学兴趣。因此，相比较非独生子女家庭，独生子女家庭在这方面的教育投入会更多。

（三）小学男生科学素养水平显著优于女生

本研究发现，小学男生的科学素养表现优于女生。究其原因，一是小学阶段（五年级）男生相关能力发展更有优势。小学阶段（五年级），男生的逻辑思维能力、动手能力、抽象能力以及创造能力发展普遍比女生更强，在科学素养测评时更胜一筹。二是与小学阶段（五年级）参加的活动偏好有关。男生在自然活动、科技活动等参加频率高于女生，也更爱参观科技馆、博物馆等。男生偏爱有挑战性、刺激性的兴趣活动，而且这种偏好还会延伸到书籍阅读中，男生更愿意选择科普类、探索类书籍。潜移默化的知识和情感熏陶，使小学阶段（五年级）男生科学素养水平更高。

（四）小学生学校认同或初中生科学素养水平均是女生显著优于男生

本研究发现，在小学阶段（五年级），女生的学校文化认同水平显著优于男生；在初中阶段（九年级），女生的科学素养水平显著优于男生。首先，小学女生学校认同显著优于男生。小学阶段（五年级）女生的情绪性、顺从性表现更明显。该阶段女生性格乖巧、温柔宁静、情感细腻，更为感性、顺从且依赖性更强。所以，在情感上更容易融入校园文化，更愿意参加学校举办的各类社团、文化活动，更愿意与教师建立良好的关系。其次，初中女生科学素养水平显著优于男生。初中阶段（九年级），男、女生大多在学校接受科学教育，而且该阶段正处于升学的关键期，男生在课堂外所参加科学学习活动的频率降低。所以，相比较小学阶段，初中阶段的课外期间，男生在科学知识学习、科学能力锻炼、科学兴趣培养方面投入的时间和精力减少，再加上该阶段的女生努力学习、态度端正，男女生之间的差异逐渐减小，甚至出现女生超过男生的科学素养表现。

（五）学校认同对中小学生科学素养有显著正向影响

本研究发现，学校认同对学生的科学素养成绩有显著的正向影响，即学校认同水平越高，科学素养成绩越好。从具体指标上看，学校文化认同、师生关系认同均对学生科学素养有着正向作用，而教学方式认同虽对科学素养有着负向作用，但对学校认同有着显著正向作用。通过回归分析，以学校文化认同、师生关系认同、教学方式认同逐个分析，发现当教学方式认同进入时，学校文化认同和师生关系认同对科学素养的影响，较教学方式认同没输入之前，依然是增加的。由此可见，教学方式认同通过正向影响学校认同，间接对科学素养产生积极影响，即中小学生学校认同及其具体三个指标与科学素养存在密切的相关关系。

六　反思与建议

（一）重视培养学生的学校文化认同，让学生爱笑乐学

从本研究看，学校文化认同可以有效提高学生的科学素养，因此，学校应采取多种方式提高学生的学校文化认同感。

首先，加强物质文化建设。一是对校园绿化进行合理规划。学校可以聘请第三方机构和专业人士，实现扩大花草树木的种植面积，精心设置花草树木的占地位置，定时修剪花草树木，保持校园干净卫生，达到美学价值和人文价值的有效融合，让学生在绿色的校园环境下舒心学习和生活。二是对校园的文化墙、走廊进行创设。校园的文化墙、走廊应该以学生感兴趣的内容为主题，如宣扬社会具有正能量的时事、普及课外科学知识、宣传学校的好人好事、展示学校举办大型活动时的精彩照片等，让校园环创更具特色、更丰富。三是对学校的基础设施进行更新。大型基础设施，包括图书馆、教学

楼、操场、活动室、食堂等，可以以一些细微的方式进行及时的更新，如学校不定时更新书库、引进体育设备、食堂不定时更新菜品等，让学生保持对学校的新鲜感与好奇心。

其次，加强精神文化建设。一是建立独特的办学文化。每一所学校都有其独特的办学理念和目的，是各学校精神和意义的体现。学校的办学理念要蕴含"一切为了学生，为了学生的一切"、以学生为本的教育思想，学校的办学目的要以培养学生德智体美劳全面发展为宗旨，不断创新、思考，打造办学特色。二是重视学校的"三风一训"建设。学校的校风、教风、学风以及校训是学校精神文明建设的重要内容。学校应该要求全校师生了解本学校的"三风一训"，让全体师生理解其价值和内涵，让"三风一训"的思想体现到师生的行为和价值理念上。三是举办精神文化活动。学校可以举行一系列活动，如举行升旗仪式、开展红色精神活动、爱国主义精神活动、文化班级活动、文化学生活动、校歌比赛、校徽设计活动等，还可以在文化墙展示学生参加活动的精彩瞬间，极大提高学生的精神力量。

最后，加强制度文化建设。一是开放包容，及时反思调整学校制度文化。学校可以定期开展问卷调查，征求学生对学校制度建设出现的问题及意见，再由专门的负责人员进行整理汇总，由制度决策者和领导者与现行制度实施情况对比，对存在的问题进行反思、探讨，甚至进行制度修订。二是民主参与，制度共建。学校可以在制定学校制度时，邀请学生代表，与相关专家、教师一同参与学校制度建设。学生代表从自身出发，提出制定意见和需求，进一步提升学生对学校制度建设的参与感。学校应及时公示制度共建的结果，学生也能得到及时的反馈。

（二）创新教学方式，增加活动式教学

其一，开展教学方式理论研讨。传统教学方法的基本步骤是不变的，但随着教育的改革以及人才需求的变化，再加上对学生全面发展和综合素质提高的重视，传统的教学方法势必要进行革新。结合现阶段教育的需要以及信息技术的发展，一方面，学校应加强理论学习，通过组织多层次、多维度的

专家讲座、教师培训、校本研修等方式，帮助教师理解并掌握各种教学方式的理念和具体实施流程，以及注意事项；另一方面，通过集体的理论学习，教研组长、教研院、各科教师，也能结合本学校实际情况和学生情况特点创新教学方式，形成更加高效、针对性的教学方式，达到取其精华、去其糟粕的教学效果。

其二，善用活动式教学。活动式教学是一种通过场景模拟设计活动，让学生参与其中，从而使学生在体验中学习、体会和运用知识的教学方式。[①]一是创设的情景要是学生感兴趣的热点话题、重要的主题活动等，提高学生参与的积极性和热情。二是要有问题意识。每一次活动都要聚焦到真实问题，基于学生的知识和能力，围绕活动目标和教学目标精心设计，提高学生解决问题的能力。三是活动组织要多样化。结合学生的不同学习风格和特点，教师要采取灵活变通的组织方式，小组活动和个人活动相结合、自主学习和合作探究相结合，提高学生动手参与的有效性和真实性。

（三）重视师生关系的构建，打造互惠共生的良好师生关系

首先，建设民主、平等的新型师生关系。一是转变传统的权威观念。教师要把自身与学生放在平等的地位上，转变传统的狭隘观念。师生之间无层级之分，教师也并非绝对的"管理者""领导者"[②]"权威者"，学生也不是所谓的"被管理者""被领导者"。二是树立对话与理解的交往理念。教师在与学生的交流过程中，要通过平等的对话来了解学生的需求。在这种平等对话下，学生才能将真实的想法和意见传达给教师，教师也才能站在学生的角度理解学生，教师在平等对话下提出的指导和意见才能真正深入学生内心。三是尊重学生人格。教师要尊重学生的独立人格，每一位学生都是一个独立的、完整的、有价值的个体，教师要将学生视为正在发展中的"人"。

---

① 王海军、张莹红：《基于深度学习的教学方式创新》，《中学政治教学参考》2022 年第 21 期，第 34~35 页。

② 毋靖雨、张辉蓉：《新时代教师教育者专业领导力的基本内涵、生成逻辑与发展策略》，《中国电化教育》2023 年第 4 期，第 65~71 页。

教师还要尊重每一位学生的意见和想法，并且鼓励学生积极参与班级管理和教学活动，让学生感受到尊重价值的实现，促进师生关系的良性发展。

其次，关注学生的行为和情感状态。一是充分了解学生情况和特点。教师要对班级的每位学生建立档案，了解学生的学习风格、学习兴趣爱好、性格特点、家庭状况等。充分了解学生的心理和真实情况，教师才能融入学生的生活，创造交流、沟通的条件和机会。二是密切关注学生的特殊行为和不良情绪。师生关系是基于师生交往行为建构的社会关系，师生对双方行为意义的理解是师生关系建构的核心。[①] 学生日常的行为反映其内心世界的诉求，是对其情感的外在表达形式。学生在不同的情绪下有着不同的行为表现。尤其是当学生遇到难以解决的困难时，教师要及时注意，给予关心和帮助，加以适当的干预和指导，让学生体会到浓烈的师生情怀。由此，学生会以更饱满的状态投入学习中，学习质量和意愿也能大大提升，教师的教学热情和职业幸福感增加，循环往复、互惠互利。

参考文献

龙安邦、余文森：《论新时代中小学教学改革的基本导向》，《福建师范大学学报》（哲学社会科学版）2023 年第 3 期。

栾阿诗、吴志成、刘迪：《关怀伦理学视域下师生关系的困境及重建》，《教学与管理》2019 年第 33 期。

李长毅：《新时代小学生科学素养培养的实践探究》，《中国教育学刊》2020 年第 S2 期。

李睿颖：《重塑对科学素养的理解与认识——评〈科学素养的反思〉》，《化学教育》（中英文）2023 年第 1 期。

王富宝：《任务活动式教学的有效运用》，《中学政治教学参考》2022 年第 34 期。

周金燕、李玉凤：《中学生学校认同的影响因素及改进策略研究》，《教育经济评论》2023 年第 1 期。

[①] 徐赟、周兴国：《行为意义理论视域下的师生关系建构》，《安徽师范大学学报》（人文社会科学版）2018 年第 2 期，第 104~109 页。

B.6
教师教学方法使用与广州市初中生科学素养关系调查报告[*]

涂秋元　麦裕华　庞新军　姚正鑫[**]

摘　要: 通过分析广州市智慧阳光评价·科学素养测评 L 区中学生的测评数据,了解学生的科学素养表现、感知的教师教学方法使用频率及两者间的关系。研究结果显示,L 区中学聚类为 4 个组别,各组别学生处于中等级或基础等级的科学素养水平,具有中等或偏低水平的科学能力、较积极的科学态度,教师主要使用"教师主导教学"方法。各组别在科学素养相关内容的表现、教师教学方法使用频率上均差异显著。教师教学方法使用频率与学生的科学素养总成绩、科学能力间未出现可接受的相关关系,但与学生的科学态度有显著的中等强度相关关系。建议建立科学学科课程的有效联系,增加多元教学方法的有效实施,强化区域学科教研的有效组织,以促进学生科学素养的发展。

关键词: 科学素养　科学能力　科学态度　教学方法　广州市

---

* 本文系广东省教育科学"十四五"规划 2021 年度研究项目"基于区域大数据的初中生学生学业水平增值研究"(项目编号:2021YQJK045)研究成果之一。

** 涂秋元,广州市荔湾区教育发展研究院院长、高级教师,主要研究方向为教育管理、教育评价、语文教育;麦裕华,博士,广州市荔湾区教育发展研究院教学质量监测中心教研员,主要研究方向为教育评价、化学教育;庞新军,广州市荔湾区教育发展研究院教学质量监测中心主任、正高级教师,主要研究方向为教育评价、数学教育;姚正鑫,博士,广州市荔湾区教育发展研究院教学质量监测中心教研员,主要研究方向为教育评价。

一 问题的提出

学生具有良好的科学素养，以适应科学和社会发展需要是科学教育的主旨之一。培养创新人才，实现教育、科技和人才三者的基础性和战略性支撑作用，是中学科学教育重要的时代任务。学生科学素养的表现反映着科学学科课程和教学的育人成效。因此，需要通过科学、有效的测评来诊断区域内中学生科学素养表现的真实水平，以便系统判断学生科学素养发展情况和科学学科课堂教学实践存在的问题，提升区域中学科学教育质量。

探究教学是科学教育的重要教学方法。基础教育课程改革一直倡导教师使用探究教学等多元教学方法，组织开展有助于深度参与和思考的教学活动。教师使用多元教学方法对学生的科学能力发展产生重要影响[1]，也与学生的科学态度发展有密切关联[2][3]。但教师教学方法使用频率与学生科学素养各方面表现的关系尚缺乏系统研究，有待研究者进一步探索。因此，有必要深入探究该主题，为教师优化教学方法的使用安排提供现实的决策依据。

广州市智慧阳光评价·科学素养测评（简称"广州市科学素养测评"）参考 PISA 的科学素养测评框架，从科学知识、科学能力、科学态度、科学课程开设情况、教师教学方式使用等多方面，全面刻画区域、学校、班级和学生的科学教育质量。该测评对了解区域中学生科学素养表现具有良好作用。

广州市 L 区的中学教育质量一直稳居市内前列，但仍需不断克服教育领域存在的工作短板，实现教育高质量发展。因此，结合广州市科学素养测评 L 区中学生测评数据，本研究着重解决 3 个研究问题：L 区学生科学素

---

① 王海涛、刘永东：《四种科学课堂教学方法对 PISA 2015 科学表现影响的探析与启示》，《上海教育科研》2019 年第 3 期，第 34~38 页。

② 马宏佳、陈功、Ling L. Liang、Gavin W. Fulmer：《影响学生对科学态度因素的实证研究》，《课程·教材·教法》2014 年第 7 期，第 78~82 页。

③ 徐惠、陈功、马宏佳：《教师对学生自主学习支持程度与学生化学学习相关性的实证研究》，《课程·教材·教法》2016 年第 2 期，第 100~106 页。

养表现如何；学生感知到的教师教学方法使用频率如何；教师教学方法使用频率与学生科学素养表现关系如何？

二　研究方法

（一）资料来源

本研究的调查数据来自 2022 年公布的广州市科学素养测评 L 区 32 所中学（含 5 所中学的 13 个校区，以下简称单位）学生的测评数据。在广州市智慧阳光评价项目组确定的区实验校基础上，L 区教育行政部门实施了增测，让全区所有单位均参与该评价项目。每单位各有 2 个或 3 个班、共 100 多名学生参与。因此，L 区参与评价项目的学生有 4594 人，完整地参与科学素养测评所有指标评价任务的学生有 4344 人，调查人数有效率是 94.6%。本研究选择有效完成科学素养测评的学生作为分析对象。其中，男生 2332 人（53.68%），女生 2012 人（46.32%）。

（二）研究工具

在广州市智慧阳光评价项目组设计的科学素养测评中，评价要点包括"科学素养总成绩""科学能力""科学态度""教师教学方法"等。其中，科学能力分为"识别科学问题""解释科学现象""运用科学证据"3 种能力，科学态度分为"科学兴趣"和"科学信心"2 种态度，项目组着重了解学生的科学素养表现。教师教学方法分为"教师主导教学""师生双向反馈""适应性教学""探究实践"4 种方法，项目组着重了解教师教学方法的使用频率。项目组使用常模参照测验的形式来编制科学素养问卷，该问卷具有高效度和高信度。

"科学素养总成绩"将学生的科学素养水平分为 6 个水平（A-F 水平）和 3 个等级（高、中、基础等级），根据学生的作答结果提供了转换计算的水平分。其他的评价要点主要通过得分率、使用频率等数值来反映评价要点的具体情况。

（三）数据统计

本研究使用 SPSS 23.0 处理数据，数据统计过程分为三个阶段。

首先，考虑到学生在科学素养总成绩、科学能力的表现方面反映了学生重要的学习结果，因而计算各单位"科学素养总成绩"的平均分，以及"解释科学现象""识别科学问题""运用科学证据"的平均得分率。为将 L 区有效调查的学生及其所在单位作基本分类，针对各单位在 4 个评价要点数值的相似性，应用层次聚类分析，将各单位划分成若干组别。对各评价要点数据作标准化处理，并且使用常用的欧氏距离平方（Squared Euclidean Distance）、组间平均距离连接法（Between-Groups Linkage）分别计算各单位间、各组别间的距离。

其次，为比较学生在科学教育学习情况方面的差异性，分别对各组别各评价要点的数值作方差分析，使用 Scheffe 法作事后多重比较。根据研究者的建议①，本研究使用的效应量 η^2 判断依据是：>0.04，小效应；>0.25，中等强度效应；>0.64，大效应。

最后，为了解教师教学方法使用频率与学生科学素养表现的关系，分别对各组别科学素养表现评价要点的转换分或得分率，与教师教学方法评价要点的使用频率作皮尔逊积差相关分析。

三　结果与讨论

（一）学校的聚类情况

根据聚类分析的结果，以 5 个单位距离作为分界线，L 区 40 个单位可以聚类为 4 个组别，具体见图 1。其中，第 1 组包括 8 个单位，主要是区域

---

① 卢谢峰、唐源鸿、曾凡梅：《效应量：估计、报告和解释》，《心理学探新》2011 年第 3 期，第 260~264 页。

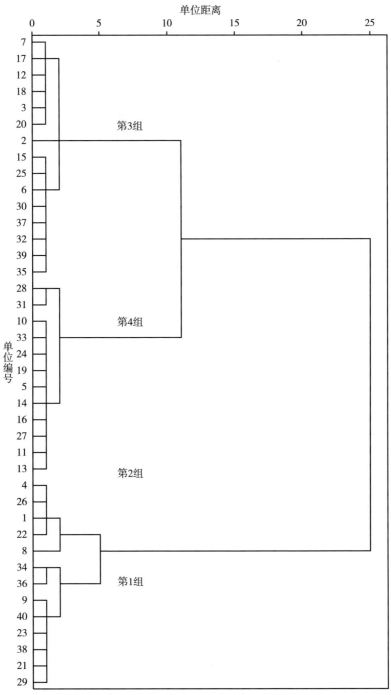

图1 中学（含校区）的聚类分析结果

内学生学业水平较高的公办学校,共有学生 893 人,含男生 454 人
(50.84%)、女生 439 人(49.16%)。第 2 组包括 5 个单位,共有学生 519
人,含男生 263 人(50.67%)、女生 256 人(49.33%)。第 3 组包含 15 个
单位,共有学生 1752 人,含男生 923 人(52.68%)、女生 829 人
(47.32%)。第 4 组包含 12 个单位,主要是区域内学生学业水平较低的民办
学校和个别公办学校,共有学生 1180 人,含男生 692 人(58.64%)、女生
488 人(41.36%)。

各组别在"科学素养总成绩"和 3 种科学能力的表现见表 1,均按照以
下顺序排列:第 1 组>第 2 组>第 3 组>第 4 组。不仅如此,各组别所有评价
要点的数值均满足该排列顺序。其中,第 1 组的学生具有较好的科学素养水
平,第 4 组的学生具有较薄弱的科学素养水平。这显示 L 区 40 个单位根据
学生"科学素养总成绩"平均分和科学能力平均得分率,有效实现了单位
间聚类,形成组别间异质的多个组别。根据各单位在区域学业质量监测的常
态表现,各单位在各组别的分布也较合理。

表 1 不同组别的科学素养总成绩和科学能力

评价要点	第 1 组		第 2 组		第 3 组		第 4 组	
	平均值	标准差	平均值	标准差	平均值	标准差	平均值	标准差
科学素养总成绩	598.75	87.273	552.13	82.467	505.81	88.775	428.97	59.413
识别科学问题	0.65	0.207	0.57	0.224	0.46	0.228	0.30	0.177
解释科学现象	0.39	0.104	0.34	0.103	0.29	0.114	0.22	0.094
运用科学证据	0.33	0.150	0.28	0.145	0.24	0.138	0.17	0.114

注:"科学素养总成绩"评价要点的平均值是平均分,其他 3 个评价要点的平均值是平均得
分率。

(二)学生的科学素养表现

1.科学素养总成绩情况

比较各组别的"科学素养总成绩"平均分与项目组划定的科学素养各
水平最低分数,第 1 组和第 2 组的平均分处于水平 D 的范围(535~601

分），即学生主要能够理解来自不同信息源的陈述，对信息作直接推理，交流理解和推理后的成果，以及选择和使用解决简单问题的策略，完成清晰描述的任务。第 3 组的平均分处于水平 E 的范围（468~534 分），即学生主要能够识别和理解无须推理的问题，从简单陈述中提取信息，对信息作直接推理，从字面上作解释，以及使用基本的程序性知识。第 4 组的平均分处于水平 F 的范围（252~467 分），即学生主要能够回答信息完全清晰的问题，以及根据明确的步骤完成常规任务。

方差分析进一步显示（见表 2），各组别的"科学素养总成绩"平均分存在显著差异，而且有中等强度效应（$F = 804.849$，$P < 0.001$，$\eta^2 = 0.357$）。事后多重比较发现，各组别的平均分均存在显著差异（$P<0.001$）。

表 2 不同组别的方差分析和事后多重比较

维度	评价要点	F	η^2	事后多重比较
总体状况	科学素养总成绩	804.849 ***	0.357	1>2,3,4;2>3,4;3>4
科学能力	识别科学问题	498.601 ***	0.256	1>2,3,4;2>3,4;3>4
	解释科学现象	423.791 ***	0.227	1>2,3,4;2>3,4;3>4
	运用科学证据	242.095 ***	0.143	1>2,3,4;2>3,4;3>4
科学态度	科学兴趣	124.018 ***	0.079	1>3,4;2>3,4;3>4
	科学信心	179.152 ***	0.110	1>2,3,4;2>3,4;3>4
教学方法	教师主导教学	144.712 ***	0.091	1>3,4;2>4;3>4
	师生双向反馈	32.118 ***	0.022	1>3,4;2>4;3>4
	适应性教学	53.235 ***	0.035	1>3,4;2>4;3>4
	探究实践	83.317 ***	0.054	1>3,4;2>4;3>4

注：（1）＊，$P<0.05$；＊＊，$P<0.01$；＊＊＊，$P<0.001$（下同）；（2）1，第 1 组；2，第 2 组；3，第 3 组；4，第 4 组。

上述情况显示各组别科学素养水平在整体上有质的差距，存在基础等级群体占比大、高等级群体占比较小的发展不均衡情况。这表明 L 区学生的科学素养水平亟须全面提升，尤其是第 3 组和第 4 组的单位需要采取有力的科学教学和管理措施，促进学生有效提高科学学科学习质量。

2. 科学能力的表现

科学能力的形成和发展是科学教育的核心任务。但是，各组别的 3 种科学能力呈现一般或较差的表现（见表 1）。

首先，各组别"识别科学问题"能力的平均得分率是 0.30~0.65，第 1 组和第 2 组的平均得分率均在 0.50 以上。这表明各组别能够或基本能够识别科学问题与非科学问题，判断、检验和论证科学问题，一定程度上能够对科学问题自身提出改进意见。

其次，各组别"解释科学现象"能力的平均得分率是 0.22~0.39。这表明各组别在特定情境中应用科学知识、科学地描述或解释实验现象的能力较弱，也缺乏对未发生的实验现象作合理预测的能力。

最后，各组别"运用科学证据"能力的平均得分率是 0.17~0.33。这表明各组别普遍缺乏证据和论证意识，难以合理地使用合适的科学证据，理解问题解决的假设与推理过程，以及解释科学结论。

方差分析显示，各组别在 3 种科学能力的平均得分率均存在显著差异。如表 2 所示，"识别科学问题"能力存在中等强度效应（$F_{识别科学问题} = 498.601$，$P<0.001$，$\eta^2 = 0.256$），"解释科学现象"和"运用科学证据"能力均存在小效应（$F_{解释科学现象} = 423.791$，$P<0.001$，$\eta^2 = 0.227$；$F_{运用科学证据} = 242.095$，$P<0.001$，$\eta^2 = 0.143$）。事后多重比较发现，各组别在 3 种能力的平均得分率均分别差异显著（$P<0.001$），尤其在"识别科学问题"能力上有最大的差异性。

进一步比较各组别不同科学能力表现的差异性，发现各组别在"识别科学问题"能力的表现均最佳，其次是"解释科学现象"能力，最后是"运用科学证据"能力。这可能因为相对于"识别科学问题"能力，"解释科学现象"和"运用科学证据"能力更要求学生具备高阶思维和综合能力。在解释科学现象方面，学生不仅需要具有较好的科学知识基础，在判别实验现象的特征时调用针对性的科学知识，还需要具有逻辑的、系统的表达能力。而且，在运用科学证据方面，学生不仅需要从事实和数据中区分出与科学问题有关的、能够用于论证过程的证据，还需要具有使用证据和进行论证的能力。学生暂时无法达到这 2 种能力所需的较高思维和能力水平，所以在这些能力的表现均存在较大问题。

上述情况表明各组别在科学能力不同方面的表现均不理想，而且不同的科学能力有不同程度的显著差异，直观地反映出 L 区科学教育质量发展不均衡的现状。系统解决该问题是 L 区未来中学科学学科教学工作的努力方向。

3. 科学态度的表现

科学态度是学生在科学学习中产生的情意领域结果，对科学学习的过程和成效产生重要影响。各组别的 2 种科学态度呈现较好的表现（见表3）。

表3 不同组别的科学态度

评价要点	第1组		第2组		第3组		第4组	
	平均值	标准差	平均值	标准差	平均值	标准差	平均值	标准差
科学兴趣	0.84	0.128	0.83	0.143	0.80	0.154	0.72	0.174
科学信心	0.77	0.129	0.74	0.128	0.72	0.129	0.65	0.116

首先，在"科学兴趣"方面，各组别的平均得分率是 0.72~0.84。这表明各组别对科学产生较大的兴趣，形成较大的好奇心和求知欲，有较强的学习动机，愿意积极参与科学学习活动。其次，在"科学信心"方面，各组别的平均得分率是 0.65~0.77。这表明各组别对科学学习具有较大的自信心，相信个人能够克服学习困难，较好地完成科学学习任务。

方差分析显示（见表2），各组别 2 种科学态度的平均得分率均存在显著差异，而且有小效应（$F_{科学兴趣} = 124.018$，$P < 0.001$，$\eta^2 = 0.079$；$F_{科学信心} = 179.152$，$P < 0.001$，$\eta^2 = 0.110$）。事后多重比较发现，除了第 1 组和第 2 组"科学兴趣"平均得分率差异不显著外，其余组别 2 种科学态度的平均得分率均差异显著（$P < 0.001$）。这显示各组别有不同层次、积极的科学态度。

另外，在各组别中，"科学兴趣"平均得分率均大于"科学信心"。这可能因为学生较容易对科学学习的内容和过程产生较大兴趣，但是不容易认可个人能够较好地解决科学问题和获得良好的学业表现，未产生较高的自我效能。这使得各组别均在 2 种科学态度上有不同的认同程度。

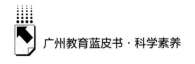

（三）教师教学方法的使用频率

项目组根据科学学科课堂教学的特点，从学习机会的角度主要关注教师使用4种教学方法的使用频率。在表4中，各组别感知的教师教学方法使用频率均大于0.50，表明这些教学方法均是教师经常使用的教学方法。

表4 不同组别的教师教学方法使用频率

评价要点	第1组		第2组		第3组		第4组	
	平均值	标准差	平均值	标准差	平均值	标准差	平均值	标准差
教师主导教学	0.84	0.189	0.81	0.200	0.78	0.220	0.66	0.231
师生双向反馈	0.73	0.247	0.71	0.234	0.68	0.251	0.63	0.229
适应性教学	0.78	0.215	0.74	0.214	0.72	0.231	0.66	0.227
探究实践	0.79	0.199	0.75	0.201	0.73	0.214	0.65	0.213

首先，各组别使用"教师主导教学"方法的平均频率是0.66~0.84，其中的第1组和第2组更大于0.80。这表明学生感知到教师主要通过个人讲解、提问和讨论等方法，完整地组织课堂教学活动。

其次，各组别使用"师生双向反馈"方法的平均频率是0.63~0.73。这表明学生感知到教师能够在科学教学过程中实施双向反馈，给予学生针对性的学习意见，学生也能够有所回馈。

最后，对于"适应性教学"和"探究实践"方法，各组别的平均使用频率较接近，主要在0.65~0.79范围内。这表明学生感知到教师较多地根据学生实际的学习困难，选择和组合课堂教学内容，以及实施探究实践教学活动。

方差分析显示，各组别在4种教学方法上的平均使用频率均存在显著差异。如表2所示，"教师主导教学"和"探究实践"教学方法均存在小效应（$F_{教师主导教学} = 144.712$，$P < 0.001$，$\eta^2 = 0.091$；$F_{探究实践} = 83.317$，$P < 0.001$，$\eta^2 = 0.054$），但是，"师生双向反馈"和"适应性教学"教学方法的数值均

未达到小效应，仅作为参考（$F_{师生双向反馈} = 32.118$，$P<0.001$，$\eta^2 = 0.022$；$F_{适应性教学} = 53.235$，$P<0.001$，$\eta^2 = 0.035$）。事后多重比较发现，第4组在所有教学方法的平均使用频率均显著少于其他3个组。这显示相对于其他组，第4组的教师显著少使用本研究重点关注的教学方法。他们可能以传统的讲授教学方法为主。

另外，4种教学方法的平均使用频率在各组别中，均基本上按照以下顺序排列：教师主导教学>探究实践、适应性教学>师生双向反馈。这显示各组别的教师均更愿意先由个人主导教学过程，相对较少地考虑师生在教学中双向反馈学生的学习信息。可见，教师亟须进一步强化"以学生为中心"的教学理念，并将其贯穿于具体的教学实践过程中。

（四）学生科学素养表现与教师教学方法使用频率的关系

表5仅列出学生科学素养表现与教师教学方法使用频率之间显著的皮尔逊积差相关系数。统计结果显示了两方面内容。

表5　教师教学方法使用频率与学生科学素养表现的相关系数

组别	教学方法	科学素养总成绩	科学能力			科学态度	
			识别科学问题	解释科学现象	运用科学证据	科学兴趣	科学信心
1	教师主导教学	0.125 ***	0.085 *	0.127 ***	0.126 ***	0.418 ***	0.356 ***
	师生双向反馈		−0.091 **			0.464 ***	0.405 ***
	适应性教学				0.068 *	0.456 ***	0.400 ***
	探究实践					0.497 ***	0.436 ***
2	教师主导教学	0.194 ***	0.145 **	0.166 ***		0.438 ***	0.385 ***
	师生双向反馈					0.498 ***	0.423 ***
	适应性教学	0.105 *		0.118 **	0.105 *	0.505 ***	0.448 ***
	探究实践	0.087 *			0.096 *	0.548 ***	0.477 ***
3	教师主导教学	0.180 ***	0.142 ***	0.109 ***	0.116 ***	0.460 ***	0.373 ***
	师生双向反馈			−0.057 *		0.484 ***	0.382 ***
	适应性教学	0.054 *			0.055 *	0.501 ***	0.393 ***
	探究实践	0.076 **	0.048 *		0.068 **	0.524 ***	0.421 ***

续表

组别	教学方法	科学素养总成绩	科学能力			科学态度	
			识别科学问题	解释科学现象	运用科学证据	科学兴趣	科学信心
4	教师主导教学	0.152 ***	0.083 **	0.068 *		0.550 ***	0.415 ***
	师生双向反馈					0.542 ***	0.419 ***
	适应性教学	0.063 *				0.543 ***	0.418 ***
	探究实践	0.091 **				0.601 ***	0.461 ***

　　首先，在科学素养总成绩、科学能力与教师教学方法使用频率的关系中，各组别均出现了部分教学方法的使用频率与"科学素养总成绩"得分、部分科学能力的得分率的某些方面存在显著相关（P<0.05），但由于它们的相关系数数值均小于0.2，可以被视为极弱相关或无相关。这表明教师教学方法使用频率不直接对学生科学素养总成绩和科学能力的具体表现产生影响，两者间可能存在某些复杂关系。

　　该研究发现与一些研究者的研究结果相似。研究者借鉴 PISA 科学素养测评框架而建构了化学学习测评框架，发现高一级学生的化学学科能力与感知到的教师自主支持缺乏显著相关[1]。经济合作与发展组织（Organization for Economic Cooperation and Development，OECD）发起的全球教学洞察（Global Teaching Sights，GTI）视频研究数据发现，适应性教学与学生成绩及效能提升的关系较弱[2]。但是，研究者结合 PISA 2015 全球学生数据，认为科学素养成绩较高的新加坡和加拿大在教学方法使用上具有共同特点，即它们的科学学科课堂教学适度均衡地使用 4 种教学方法[3]。这也显示教师教学方法使用频率与学生科学素养表现存在一定的宏观关系。

---

[1] 徐惠、陈功、马宏佳：《教师对学生自主学习支持程度与学生化学学习相关性的实证研究》，《课程·教材·教法》2016年第2期，第100~106页。

[2] 朱雁、张闽：《亚欧四国（地区）课堂适应性教学水平及对学生学习的影响——基于OECD全球教学洞察视频研究数据的实证分析》，《中国教育学刊》2021年第5期，第26~31页。

[3] 王海涛、刘永东：《四种科学课堂教学方法对PISA 2015科学表现影响的探析与启示》，《上海教育科研》2019年第3期，第34~38页。

上述研究发现，科学素养总成绩和科学能力涉及程序性知识、高阶思维等多方面内容，是稳定存在的综合状态。教师使用多元教学方法，增大使用频率，应该有助于学生科学能力的发展。但教学方法使用频率的作用可能也受到使用方式、使用强度等因素的影响，并不能直接对学生科学能力产生直接的强作用。从促进学生科学能力发展的角度，教师减少传统的讲授教学方式、融合使用多元教学方法、增大多元教学方法的使用频率仍是合适的事情。

其次，在科学态度与教师教学方法使用频率的关系中，各组别均出现了4种教学方法使用频率均与2种科学态度得分率存在显著相关（P<0.001）。除了个别相关系数数值是弱相关（r<0.4）外，大多数相关系数数值均达到中等强度相关。这表明教师教学方法使用频率与学生科学态度存在较密切的联系，教师教学方法使用频率可能是学生科学态度发展的重要影响因素。其他研究者也获得类似的研究结果，例如发现合作教学方法于学生对科学的态度有积极的显著影响[1]，适应性教学对学生的学习兴趣有较明显的影响[2]。这可能因为教师增大多元教学方法的使用频率，有助于学生增加解决科学问题的思考和体验，获得多元和丰富的学习经历，从而感受到科学学习的乐趣，加大科学学习的自我效能。

同时，研究者发现建构教学方法和讲述教学方法均未与学生对科学的态度显著相关[3]，也发现高一级学生感知到的教师自主支持与对化学学科的兴趣存在显著的弱正相关，与对化学学科的态度缺乏显著相关[4]。这些研究发现可能与教学方法的特点、学生所处学段、特定学科的教师教学等因素

---

① 马宏佳、陈功、Ling L. Liang、Gavin W. Fulmer：《影响学生对科学态度因素的实证研究》，《课程·教材·教法》2014年第7期，第78~82页。
② 朱雁、张闽：《亚欧四国（地区）课堂适应性教学水平及对学生学习的影响——基于OECD全球教学洞察视频研究数据的实证分析》，《中国教育学刊》2021年第5期，第26~31页。
③ 马宏佳、陈功、Ling L. Liang、Gavin W. Fulmer：《影响学生对科学态度因素的实证研究》，《课程·教材·教法》2014年第7期，第78~82页。
④ 徐惠、陈功、马宏佳：《教师对学生自主学习支持程度与学生化学学习相关性的实证研究》，《课程·教材·教法》2016年第2期，第100~106页。

有关。

值得注意的是，学生在中学科学学科课程的学习经历影响着个人对科学的认识和态度，一定程度地影响着个人发展和坚持对理工科的兴趣[1]。PISA 2015 中国四省市数据表明教师主导教学、适应性教学通过影响学生科学动机，间接影响学生的科学相关职业期望[2]。为有效培养拔尖创新人才，增强学生投身科学工作的志向，极有必要促进学生形成并发展积极的科学态度。因此，教师增大多元教学方法的使用频率是极其重要的事情。

综上所述，教师教学方法使用频率并不直接关联学生的科学能力层面，但是密切关联学生的科学态度层面。教师均适宜根据教学实际需要，有机组合使用多元教学方法，增大教学方法的使用频率，增加学生学习机会和提升教学效果。

四 结论和建议

（一）研究结论

本研究以广州市科学素养测评 L 区中学生数据为分析对象，重点探讨了 L 区学生的科学素养表现、感知的教师教学方法使用频率及两者间的关系。研究发现如下。

首先，L 区中学聚类为 4 个组别，各组别学生处于中等级或基础等级的科学素养水平，具有中等或偏低水平的科学能力、较积极的科学态度。各组别在科学素养相关内容的表现差异显著。

其次，各组别感知到教师主要使用"教师主导教学"方法。各组别在教师教学方法使用频率的差异显著。

---

① 朱红、彭程、马莉萍：《青少年科学兴趣的形成发展及其对大学学业的影响》，《教育学术月刊》2020 年第 9 期，第 78~85 页。
② 黄亮：《学生从事科学相关职业的期望及影响因素——基于 PISA 2015 中国四省市数据的分析》，《教育发展研究》2017 年第 2 期，第 50~56 页。

最后，教师教学方法使用频率与学生的科学素养总成绩、科学能力间未发现可接受的相关关系，但与学生的科学态度有显著的中等强度相关关系。

（二）教学改进建议

1.建立科学学科课程的有效联系

虽然初中生物、地理（自然地理部分）、物理、化学课程有其学科教学任务，但教师均通过学科知识和能力的教学实践，共同培养学生的科学素养。因此，区域教研部门有必要引导教师建立"大科学教育观"，加强相关学科课程的横向联系。各学科教研员和教师可以围绕科学思维、科学过程技能和探究能力等科学思想和能力的有序教学问题，开展专题研究活动。例如，各学科凝练出学科内实现的科学思想和能力教学线索与主题，并且共同凝练出学科间协同实现的教学线索和主题，以便各学科教师按时有序地实施教学活动，为学生科学素养的培养共同发力。

2.增加多元教学方法的有效实施

传统的讲授教学方法可能对学生习得科学基本知识和技能有一些成效，但是并不有利于学生科学素养的全面发展。因此，各学科教师首先需要主动地在教学过程中采取多元教学方法，将讲授教学转变为促进学生理解和互动的教学，增加学生动手操作、科学探究、互动交流等形式的学习经历。其次，教师还需要系统地考虑多元教学方法的使用频率、方式和强度，从结构化角度整体规划教学方法的使用安排。尤其对处于科学素养基本等级的学生，教师需要采取更多有效的教学方法，例如在事实知识的学习过程中实施精细加工策略、信息组织策略等，提升学生的科学知识识记能力和科学概念理解能力。

3.强化区域学科教研的有效组织

各学科教师是否能够认识到学生科学素养的培养要求、方法和途径，是否能够有效地实施多元教学方法，是影响到教学实践成效的重要问题。因此，区域教研部门需要做好区域科学教育发展和教研支持服务的顶层设计，提供足够的学科研究支持。一方面，各学科教研力量可以持续围绕学生科学

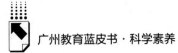
素养发展的关键问题，结合新课程标准的系统学习和研讨，组织专题教研活动，提升教师有效培养学生科学素养的能力。另一方面，教育质量监测研究力量可以组织智慧阳光评价学校科学素养测评结果应用的成果提炼、评选和交流活动，组织教师系统认识学生学习现状，深入思考应对措施，开展高端研讨交流。

参考文献

李铁安：《让科学的神奇激发学生的好奇——如何在教育"双减"中做好科学教育加法》，《教育家》2023 年第 16 期。

李亚培、于海波：《国际科学教师探究教学研究脉络梳理与趋势展望——基于 HistCite 的图谱量化分析》，《外国中小学教育》2019 年第 12 期。

潘士美、张裕灵、李玲：《义务教育学生科学素养及其关键影响因素研究——来自 PISA、TIMSS 和 NAEP 的国际测评经验》，《外国教育研究》2018 年第 10 期。

张娜、王玥：《PISA 2015 科学素养优异学生特点比较——基于 PISA 2015 中国四省市、美国和日本学生的数据》，《教育发展研究》2019 年第 22 期。

郑永和、杨杰：《加强高质量科学教育体系建设的现实挑战与基本路径》，《中国基础教育》2022 年第 10 期。

跟踪研究篇
Tracking Research Reports

B.7

2020~2022年广州市义务教育学生科学素养调查报告

方晓波　李展贤　陈卓*

摘　要： 2020~2022年，广州智慧阳光评价·科学素养测评对义务教育学生进行了科学素养测评。本文对连续3年参与科学素养测评的学生进行深入追踪分析，通过描述学生的3年科学素养发展状况，分析广州市区域均衡表现，深入解读性别、学习投入、学生自身发展、教师教学行为、学校文化对科学素养的影响，建议教师关注学生心理发展与学习投入状态，优化教师教学行为、加强师生互动，教育行政部门建立学校科学教育区域均衡发展机制，为学校科学教育教学的精准改进提供参考。

关键词： 义务教育　科学素养　科学教育　跟踪分析　广州市

---

* 方晓波，博士，广州市教育研究院院长，正高级教师，主要研究方向为思想政治教育、教育政策；李展贤，广州市教育研究院教师、中山市中山纪念中学教师，主要研究方向为教育评价；陈卓，广州市教育研究院，智慧阳光评价项目组成员，主要研究方向为教育评价。

一 基本情况

为对比 2020~2022 年广州市义务教育学生科学素养情况,在全市 11 个行政区追踪三年来同一批学籍号的学生,共有 12620 名小学生和 9612 名初中生。各行政区具体参测情况见表 1。

表1 2020~2022 年全市及各区科学素养参测情况

单位:人

区域	三年级学生	四年级学生	五年级学生	七年级学生	八年级学生	九年级学生
A 区	1368	1368	1368	636	636	636
B 区	1168	1168	1168	734	734	734
C 区	843	843	843	1061	1061	1061
D 区	353	353	353	1127	1127	1127
E 区	774	774	774	107	107	107
F 区	862	862	862	1119	1119	1119
G 区	1067	1067	1067	856	856	856
H 区	2029	2029	2029	1453	1453	1453
I 区	1690	1690	1690	631	631	631
J 区	779	779	779	342	342	342
K 区	1687	1687	1687	1546	1546	1546
合计	12620	12620	12620	9612	9612	9612

二 广州市义务教育学生科学素养整体表现

(一)小学科学素养表现

通过追踪同一批学籍号的小学生,监测 2020~2022 年三至五年级小学生科学素养得分发现：三个年级的学生科学素养得分在 200~850，其中占比较高的集中分布在 400~550，三个年级均超过 2000 人。2020 年科学素养得分峰值在 475 左右，有 2519 人；2021 年科学素养得分峰值在 425 左右，有 2640 人；2022 年科学素养得分峰值在 525 左右，有 2481 人。科学素养得分在 250 以下的仅有 15 人，为 2022 年五年级学生；科学素养得分在 800 以上的以 2022 年五年级学生为主，有 119 人（见图 1）。

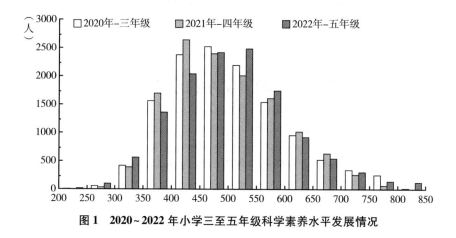

图 1　2020~2022 年小学三至五年级科学素养水平发展情况

（二）初中科学素养表现

通过追踪同一批学籍号的初中生，监测 2020~2022 年七至九年级初中生科学素养得分发现：三个年级的学生科学素养得分在 250~800，其中占比较高的集中分布在 425~575，三个年级均超过 1200 人。2020 年科学素养得分峰值在 525 左右，有 1755 人；2021 年科学素养得分峰值在 425 左右，有 1997 人；2022 年科学素养得分峰值在 525 左右，有 1649 人。三个年级科学素养得分在 300 以下的分别为 28 人、55 人、103 人；三个年级科学素养得分在 750 以上的分别为 43 人、48 人、23 人（见图 2）。

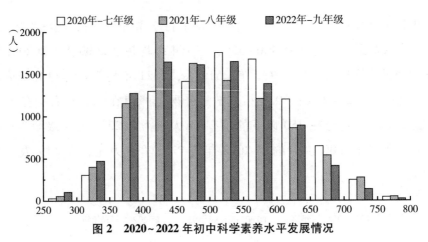

图2　2020~2022年初中科学素养水平发展情况

三　广州市义务教育学生科学素养具体表现

（一）科学知识表现

具体分析学生在科学知识上的表现，发现在程序性知识得分率上，小学三、四、五年级呈现"阶梯式"的水平差异，初中以八年级得分率最高。在内容性知识得分率上，小学三、四、五年级差异不大，初中差异较大，八年级得分率最高，九年级得分率最低。在认知性知识得分率上，小学无明显差异，初中七年级得分率最高（见图3）。

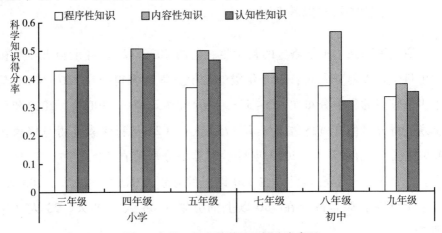

图3　小学、初中科学知识得分率表现

1. 小学科学知识得分率表现

程序性知识得分率方面，普遍为三年级高于四年级、五年级。C区、D区、I区、K区三个年级得分率均高于市均值，A区、B区、E区、G区三个年级得分率均低于市均值。区域间，四年级得分率差异较大，D区程序性知识得分率最高，为0.70，B区程序性知识得分率最低，为0.26（见表2）。

内容性知识得分率方面，四、五年级各区表现差异不大，三年级得分率最低。C区、D区、I区、J区、K区三个年级得分率均高于市均值，A区、B区、E区、H区三个年级得分率均低于市均值。区域间，四年级得分率差异较大，D区内容性知识得分率最高，为0.81，B区内容性知识得分率最低，为0.32。

认知性知识得分率方面，四年级市均值最高，三年级市均值最低。C区、D区、I区、K区三个年级得分率均高于市均值，A区、B区、E区、F区三个年级得分率均低于市均值。区域间，四年级得分率差异较大，D区认知性知识得分率最高，为0.78，B区认知性知识得分率最低，为0.30。

表2　小学各区科学知识得分率

区域	程序性知识			内容性知识			认知性知识		
	三年级	四年级	五年级	三年级	四年级	五年级	三年级	四年级	五年级
A区	0.37	0.31	0.30	0.38	0.41	0.43	0.38	0.39	0.40
B区	0.30	0.26	0.28	0.32	0.32	0.35	0.31	0.30	0.34
C区	0.52	0.49	0.41	0.54	0.60	0.58	0.54	0.60	0.54
D区	0.45	0.70	0.56	0.48	0.81	0.68	0.49	0.78	0.60
E区	0.40	0.33	0.32	0.41	0.43	0.45	0.42	0.42	0.41
F区	0.41	0.40	0.38	0.43	0.49	0.51	0.43	0.48	0.46
G区	0.38	0.39	0.34	0.41	0.53	0.54	0.43	0.49	0.50
H区	0.43	0.36	0.36	0.43	0.48	0.49	0.45	0.46	0.46
I区	0.53	0.43	0.40	0.53	0.56	0.54	0.54	0.54	0.50
J区	0.48	0.42	0.36	0.48	0.52	0.51	0.50	0.51	0.47
K区	0.44	0.47	0.45	0.45	0.59	0.54	0.47	0.57	0.52
广州市	0.43	0.40	0.37	0.44	0.51	0.50	0.45	0.49	0.47

2. 初中科学知识得分率表现

程序性知识得分率方面，普遍为八年级高于九年级、七年级。C区、I区三个年级得分率均高于市均值，A区、B区、E区三个年级得分率均低于市均值。区域间，七年级得分率差异较大，C区程序性知识得分率最高，为0.34，E区程序性知识得分率最低，为0.10（见表3）。

内容性知识得分率方面，普遍为八年级高于七年级、九年级。C区、I区、K区三个年级得分率均高于市均值，A区、B区、E区三个年级得分率均低于市均值。区域间，八年级得分率差异较大，I区内容性知识得分率最高，为0.69，A区内容性知识得分率最低，为0.36。

认知性知识得分率方面，普遍为七年级高于九年级、八年级。C区、I区三个年级得分率均高于市均值，A区、B区、E区三个年级得分率均低于市均值。区域间，七年级得分率差异较大，I区认知性知识得分率最高，为0.53，E区认知性知识得分率最低，为0.33。

表3　初中各区科学知识得分率

区域	程序性知识			内容性知识			认知性知识		
	七年级	八年级	九年级	七年级	八年级	九年级	七年级	八年级	九年级
A区	0.22	0.28	0.32	0.31	0.36	0.31	0.36	0.28	0.24
B区	0.21	0.30	0.31	0.37	0.43	0.34	0.37	0.30	0.29
C区	0.34	0.43	0.35	0.49	0.62	0.41	0.51	0.34	0.39
D区	0.24	0.38	0.32	0.37	0.62	0.37	0.40	0.34	0.35
E区	0.10	0.35	0.32	0.30	0.48	0.33	0.33	0.29	0.28
F区	0.22	0.37	0.37	0.38	0.57	0.40	0.41	0.32	0.41
G区	0.32	0.34	0.33	0.46	0.55	0.37	0.49	0.32	0.34
H区	0.27	0.36	0.33	0.44	0.56	0.39	0.46	0.30	0.35
I区	0.32	0.49	0.35	0.51	0.69	0.43	0.53	0.35	0.42
J区	0.23	0.41	0.35	0.43	0.57	0.36	0.45	0.33	0.29
K区	0.29	0.39	0.32	0.43	0.60	0.39	0.44	0.32	0.36
广州市	0.27	0.37	0.33	0.42	0.56	0.38	0.44	0.32	0.35

（二）科学能力表现

具体分析学生在科学能力上的表现，发现在解释科学现象得分率上，小学以四年级得分率最高，初中以七年级得分率最高。在识别科学问题得分率上，小学以三年级得分率最高，初中差异不大。在运用科学证据得分率上，小学呈"阶梯式"差异，初中无明显差异（见图4）。

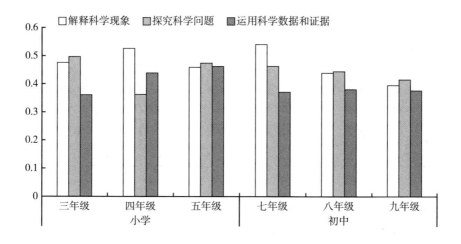

图4　小学、初中科学能力得分率表现

1. 小学科学能力得分率表现

从解释科学现象看，四年级学生的得分率最高，为0.53，其中C区、D区、I区、K区得分率连续三年高于市均值。从识别科学问题看，三年级学生的得分率最高，为0.50，其中C区、D区、I区、J区得分率连续三年高于市均值。从运用科学证据看，五年级学生的得分率最高，为0.46，其中C区、D区、I区、K区得分率连续三年高于市均值（见表4）。

表4 小学各区科学能力得分率

区域	解释科学现象			识别科学问题			运用科学证据		
	三年级	四年级	五年级	三年级	四年级	五年级	三年级	四年级	五年级
A 区	0.41	0.43	0.39	0.43	0.28	0.40	0.30	0.34	0.39
B 区	0.33	0.33	0.32	0.33	0.22	0.36	0.27	0.28	0.33
C 区	0.59	0.62	0.54	0.59	0.44	0.55	0.45	0.55	0.53
D 区	0.53	0.83	0.60	0.54	0.67	0.64	0.38	0.73	0.62
E 区	0.44	0.45	0.39	0.48	0.31	0.45	0.32	0.36	0.42
F 区	0.46	0.51	0.45	0.48	0.34	0.49	0.35	0.45	0.45
G 区	0.45	0.55	0.49	0.46	0.37	0.48	0.32	0.42	0.49
H 区	0.47	0.50	0.45	0.50	0.31	0.46	0.35	0.41	0.45
I 区	0.57	0.58	0.49	0.61	0.41	0.50	0.45	0.49	0.50
J 区	0.52	0.54	0.46	0.59	0.38	0.49	0.37	0.48	0.46
K 区	0.49	0.61	0.51	0.49	0.46	0.51	0.38	0.51	0.53
广州市	0.48	0.53	0.46	0.50	0.36	0.47	0.36	0.44	0.46

2. 初中科学能力得分率表现

从解释科学现象看，七年级学生的得分率最高，为0.54，其中C区、I区、K区得分率连续三年高于市均值。从识别科学问题看，七年级学生的得分率最高，为0.46，其中C区、I区得分率连续三年高于市均值。从运用科学证据看，三个年级学生的得分率相差不大，在0.38左右，其中C区、I区得分率连续三年高于市均值（见表5）。

表5 初中各区科学能力得分率

区域	解释科学现象			识别科学问题			运用科学证据		
	七年级	八年级	九年级	七年级	八年级	九年级	七年级	八年级	九年级
A 区	0.40	0.32	0.32	0.35	0.30	0.30	0.31	0.28	0.27
B 区	0.48	0.36	0.34	0.35	0.35	0.36	0.31	0.30	0.32
C 区	0.62	0.47	0.43	0.54	0.51	0.45	0.44	0.42	0.42

续表

区域	解释科学现象			识别科学问题			运用科学证据		
	七年级	八年级	九年级	七年级	八年级	九年级	七年级	八年级	九年级
D 区	0.48	0.47	0.37	0.42	0.48	0.41	0.33	0.40	0.37
E 区	0.38	0.38	0.34	0.32	0.37	0.33	0.29	0.34	0.32
F 区	0.49	0.43	0.43	0.43	0.44	0.48	0.34	0.38	0.44
G 区	0.59	0.43	0.38	0.54	0.44	0.40	0.40	0.35	0.36
H 区	0.57	0.43	0.41	0.49	0.42	0.42	0.38	0.36	0.37
I 区	0.64	0.52	0.46	0.56	0.55	0.47	0.46	0.49	0.46
J 区	0.54	0.45	0.36	0.45	0.45	0.36	0.38	0.39	0.32
K 区	0.56	0.46	0.40	0.46	0.46	0.42	0.37	0.41	0.38
广州市	0.54	0.44	0.39	0.46	0.44	0.41	0.37	0.38	0.38

（三）科学态度与责任表现

1. 科学情感态度与科学素养得分关系

学生科学情感态度与科学素养得分呈现正向关联性，科学信心、科学兴趣、科学态度水平越高，科学素养得分总体表现越高（见图5、图6、图7）。

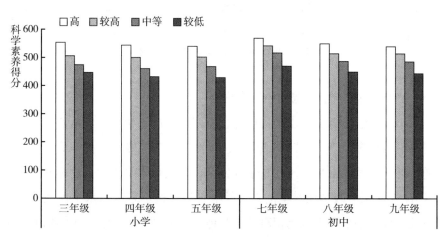

图5 小学、初中科学信心水平分布

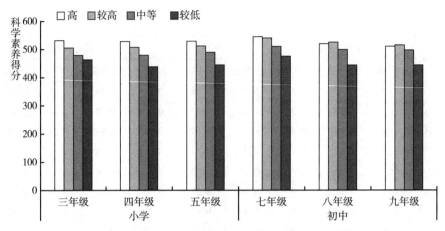

图6 小学、初中科学兴趣水平分布

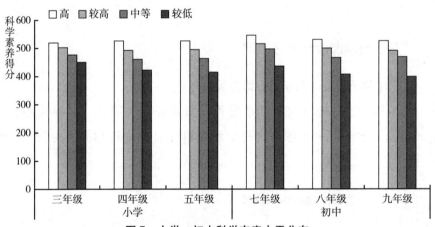

图7 小学、初中科学态度水平分布

2. 小学各区科学情感态度水平占比

从小学科学情感态度水平占比看，广州市各区五年级科学信心、科学态度高水平占比多高于三、四年级学生。D 区四、五年级学生科学信心、科学兴趣、科学态度高水平占比均高于其他区，且较低水平学生占比相对低于其他各区。I 区三年级学生科学信心、科学兴趣、科学态度高水平占比均高于其他区，且低水平学生占比相对低于其他区。A 区、B 区学生科学信心、科学兴趣、科学态度较低水平占比相对较高（见表6）。

表6 小学各区科学态度与责任水平占比

单位：%

	科学信心											
区域	三年级				四年级				五年级			
	高	较高	中等	较低	高	较高	中等	较低	高	较高	中等	较低
A 区	23.01	24.71	34.71	17.57	23.48	23.18	32.63	20.71	34.03	26.15	26.52	13.30
B 区	16.14	21.63	39.48	22.75	15.45	22.02	37.92	24.60	28.01	24.20	28.10	19.69
C 区	36.00	27.75	26.56	9.69	47.19	26.64	19.24	6.93	43.43	29.67	20.87	6.03
D 区	27.56	21.02	32.67	18.75	67.23	19.21	10.73	2.82	67.73	18.31	11.34	2.62
E 区	20.52	27.27	32.21	20.00	27.25	24.30	32.35	16.11	28.11	28.24	30.18	13.47
F 区	21.97	26.91	33.25	17.86	37.53	24.02	26.21	12.24	48.78	27.47	19.91	3.84
G 区	29.38	31.36	28.91	10.36	42.19	27.33	23.33	7.14	53.48	26.37	16.38	3.77
H 区	30.08	24.68	29.63	15.61	32.24	24.26	28.97	14.53	38.84	26.02	25.63	9.51
I 区	45.46	25.70	20.83	8.01	44.60	26.32	21.52	7.55	47.62	26.55	19.58	6.25
J 区	33.89	23.62	30.30	12.20	37.70	27.65	23.54	11.11	45.00	28.59	20.13	6.28
K 区	26.98	26.44	30.38	16.20	42.22	25.63	22.81	9.34	42.34	28.56	22.28	6.83

	科学兴趣											
区域	三年级				四年级				五年级			
	高	较高	中等	较低	高	较高	中等	较低	高	较高	中等	较低
A 区	26.40	27.87	35.00	10.74	30.08	16.73	30.61	22.58	30.16	22.59	31.13	16.12
B 区	26.78	26.61	34.94	11.67	27.09	15.72	27.98	29.22	29.49	22.12	29.14	19.25
C 区	36.00	29.90	27.03	7.06	42.53	24.85	22.34	10.27	32.33	30.16	30.04	7.48
D 区	31.25	25.28	30.11	13.35	66.95	18.93	10.73	3.39	62.79	23.84	11.05	2.33
E 区	27.27	30.26	31.56	10.91	31.01	20.81	27.65	20.54	24.74	22.93	36.40	15.93
F 区	28.79	28.55	31.26	11.40	42.61	20.44	23.09	13.86	41.09	28.64	24.21	6.05
G 区	30.13	31.64	32.02	6.21	39.14	23.33	28.10	9.43	43.13	26.55	24.58	5.74
H 区	32.61	26.21	30.18	11.00	35.06	18.17	29.63	17.14	32.92	22.67	31.59	12.81
I 区	41.66	30.92	22.02	5.40	42.53	23.50	24.58	9.41	37.74	25.89	27.92	8.45
J 区	30.55	32.22	29.78	7.45	34.39	24.21	27.38	14.02	34.49	25.26	33.21	7.05
K 区	29.84	32.22	27.22	10.72	41.68	23.83	24.49	10.00	38.32	25.45	29.10	7.13

	科学态度											
区域	三年级				四年级				五年级			
	高	较高	中等	较低	高	较高	中等	较低	高	较高	中等	较低
A 区	37.65	32.79	23.01	6.54	36.23	28.43	19.20	16.13	43.16	31.95	16.27	8.62
B 区	38.54	31.33	21.72	8.41	33.48	25.75	18.83	21.94	38.16	34.35	15.09	12.40

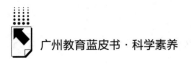

续表

科学态度											
区域	三年级				四年级				五年级			
	高	较高	中等	较低	高	较高	中等	较低	高	较高	中等	较低
C 区	47.61	32.30	15.91	4.19	54.12	28.32	12.66	4.90	56.82	30.40	9.65	3.14
D 区	40.91	34.09	17.90	7.10	74.86	20.06	3.39	1.69	72.67	22.38	4.65	0.29
E 区	40.78	31.56	20.13	7.53	40.54	29.53	15.44	14.50	48.96	32.64	12.05	6.35
F 区	35.84	34.78	20.09	9.28	50.23	26.21	15.59	7.97	62.86	26.19	8.96	1.98
G 区	41.53	32.11	21.94	4.43	51.52	29.33	13.90	5.24	56.40	30.13	10.36	3.11
H 区	39.79	34.39	19.57	6.24	44.83	30.45	15.46	9.26	49.73	33.32	12.67	4.29
I 区	55.01	28.07	14.48	2.43	57.07	26.92	10.49	5.52	60.54	27.92	8.69	2.86
J 区	44.42	31.96	18.10	5.52	50.26	31.08	11.24	7.41	61.92	26.15	9.49	2.44
K 区	41.69	32.34	18.28	7.68	52.57	29.52	11.68	6.23	51.80	34.61	10.60	2.99

说明：数据四舍五入保留两位，合计可能不等于100.00。全书同。

3. 初中各区科学情感态度水平占比

从初中科学情感态度水平占比看，I 区七年级学生科学信心、科学态度高水平占比均高于其他区，且较低水平学生占比相对低于其他区。D 区九年级学生科学兴趣高水平占比高于其他区，且较低水平学生占比相对低于其他区。J 区八年级学生科学信心、科学态度高水平占比均高于其他区。A 区、E 区学生科学信心、科学兴趣、科学态度较低水平占比相对较高（见表7）。

表7　初中各区科学态度与责任水平占比

单位：%

科学信心											
区域	七年级				八年级				九年级			
	高	较高	中等	较低	高	较高	中等	较低	高	较高	中等	较低
A 区	9.78	15.38	39.74	35.10	8.86	21.91	39.80	29.43	7.29	20.92	44.37	27.42
B 区	6.57	19.15	43.09	31.19	7.54	20.14	49.57	22.75	8.33	21.94	48.33	21.39
C 区	19.96	25.95	38.88	15.21	20.04	26.11	39.40	14.45	13.98	24.04	45.31	16.67
D 区	12.43	22.16	39.46	25.95	24.50	30.40	33.30	11.80	18.34	27.82	40.61	13.24
E 区	5.88	21.57	38.24	34.31	13.13	22.22	38.38	26.26	6.54	15.89	52.34	25.23

续表

科学信心												
区域	七年级				八年级				九年级			
	高	较高	中等	较低	高	较高	中等	较低	高	较高	中等	较低
F 区	12.51	23.04	38.25	26.19	15.56	24.35	44.91	15.19	14.56	28.30	40.42	16.73
G 区	19.69	25.12	39.27	15.92	16.85	26.13	41.64	15.38	15.42	26.93	42.47	15.18
H 区	17.89	20.99	44.58	16.55	19.61	28.03	38.16	14.19	14.73	27.80	42.46	15.01
I 区	25.40	24.76	37.86	11.98	27.10	27.74	33.71	11.45	18.34	32.38	37.80	11.48
J 区	20.71	21.01	35.80	22.49	27.63	26.73	32.13	13.51	17.27	23.33	40.91	18.48
K 区	14.80	20.21	40.36	24.64	17.44	27.36	39.77	15.43	13.75	25.36	43.71	17.19

科学兴趣												
区域	七年级				八年级				九年级			
	高	较高	中等	较低	高	较高	中等	较低	高	较高	中等	较低
A 区	19.55	17.47	45.99	16.99	21.40	15.72	35.12	27.76	13.79	14.58	43.42	28.21
B 区	14.91	19.15	49.93	16.01	10.29	17.54	47.97	24.20	8.19	15.42	58.47	17.92
C 区	24.33	24.62	39.73	11.31	19.65	25.92	38.73	15.70	11.49	22.89	49.23	16.38
D 区	22.79	21.71	43.87	11.62	25.50	24.68	38.75	11.07	17.17	23.43	48.75	10.64
E 区	31.37	14.71	40.20	13.73	21.21	13.13	39.39	26.26	9.35	11.21	48.60	30.84
F 区	20.25	21.69	42.39	15.66	16.30	24.17	43.24	16.30	12.84	23.15	51.27	12.75
G 区	29.25	25.12	38.44	7.19	20.76	24.66	39.56	15.02	15.30	25.62	45.43	13.64
H 区	24.51	23.38	43.45	8.66	22.25	23.82	40.01	13.91	13.76	24.34	47.58	14.32
I 区	29.71	25.24	37.54	7.51	26.61	25.48	36.94	10.97	14.35	26.95	44.34	14.35
J 区	25.15	24.85	39.05	10.95	25.83	25.53	33.63	15.02	14.85	20.91	40.91	23.33
K 区	20.28	20.21	46.43	13.08	17.04	22.33	45.61	15.02	12.58	21.98	49.55	15.89

科学态度												
区域	七年级				八年级				九年级			
	高	较高	中等	较低	高	较高	中等	较低	高	较高	中等	较低
A 区	29.33	49.84	11.22	9.62	29.77	36.12	15.55	18.56	26.94	41.52	14.10	17.43
B 区	24.21	49.38	19.43	6.98	19.57	50.58	16.52	13.33	19.31	56.94	15.00	8.75
C 区	42.21	45.72	9.70	2.38	39.88	44.80	9.06	6.26	34.29	47.89	10.15	7.66
D 区	34.59	44.50	15.14	5.77	39.29	43.10	12.43	5.17	36.40	47.14	11.54	4.92
E 区	40.20	40.20	7.84	11.76	29.29	39.39	14.14	17.17	16.82	53.27	13.08	16.82
F 区	33.48	45.36	12.15	9.00	32.87	50.09	11.94	5.09	37.52	52.17	8.68	1.63
G 区	43.87	43.40	10.26	2.48	34.55	47.01	12.21	6.23	33.69	48.64	11.27	6.41
H 区	39.08	45.70	12.18	3.03	38.09	44.44	11.41	6.06	34.09	50.14	10.86	4.91
I 区	48.40	40.42	9.27	1.92	48.39	38.71	8.87	4.03	44.98	41.31	7.66	6.06

续表

区域	科学信心											
	七年级				八年级				九年级			
	高	较高	中等	较低	高	较高	中等	较低	高	较高	中等	较低
J区	39.05	44.67	11.83	4.44	49.85	34.83	6.91	8.41	35.76	45.15	11.21	7.88
K区	33.95	45.71	15.39	4.95	33.53	47.89	12.14	6.44	29.64	50.13	14.33	5.90

四 广州市义务教育学生科学素养区域均衡表现

（一）小学区域均衡表现

根据三年级参测学校的均衡表现，各区分布在三个区域，分别为：①左下区域。特征为科学素养得分低于市均值且校间差异低于市差异系数，分别有H区、B区、A区、E区、G区、F区，其中B区校间差异最小。②右下区域。特征为科学素养得分高于市均值且校间差异低于市差异系数，分别有I区、D区、J区，其中J区校间差异最小。③右上区域。特征为科学素养得分高于市均值且校间差异高于市差异系数，为K区、C区。左上区域，特征为科学素养得分低于市均值且校间差异高于市差异系数，三年级无行政区落在此区（见图8）。

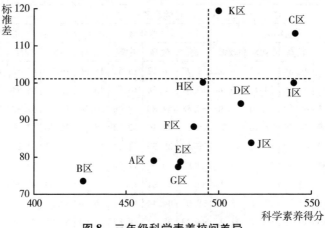

图8 三年级科学素养校间差异

根据四年级参测学校的均衡表现，各区分布在三个区域，分别为：①左下区域。特征为科学素养得分低于市均值且校间差异低于市差异系数，分别有 H 区、B 区、A 区、E 区、F 区，其中 B 区校间差异最小。②右下区域。特征为科学素养得分高于市均值且校间差异低于市差异系数，分别有 I 区、D 区、J 区、G 区、C 区，其中 D 区校间差异最小。③右上区域。特征为科学素养得分高于市均值且校间差异高于市差异系数，为 K 区。左上区域，特征为科学素养得分低于市均值且校间差异高于市差异系数，四年级无行政区落在此区（见图 9）。

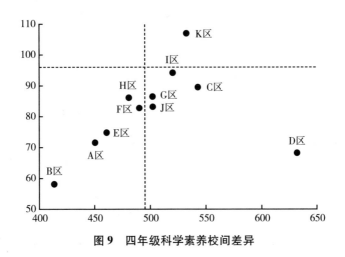

图9　四年级科学素养校间差异

根据五年级参测学校的均衡表现，各区分布在三个区域，分别为：①左下区域。特征为科学素养得分低于市均值且校间差异低于市差异系数，分别有 B 区、A 区、E 区、F 区、H 区，其中 E 区校间差异最小。②右下区域。特征为科学素养得分高于市均值且校间差异低于市差异系数，分别有 I 区、G 区、J 区，其中 G 区校间差异最小。J 区科学素养得分基本与市均值持平，且校间差异较低。③右上区域。特征为科学素养得分高于市均值且校间差异高于市差异系数，为 K 区、D 区、C 区。左上区域，特征为科学素养得分低于市均值且校间差异高于市差异系数，五年级无行政区落在此区（见图 10）。

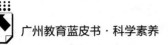
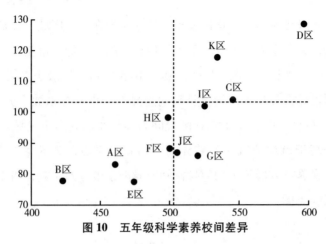

图 10　五年级科学素养校间差异

（二）初中区域均衡表现

根据七年级参测学校的均衡表现，各区分布在四个区域，分别为：①左下区域。特征为科学素养得分低于市均值且校间差异低于市差异系数，分别有 B 区、E 区、F 区，其中 E 区校间差异最小。②右下区域。特征为科学素养得分高于市均值且校间差异低于市差异系数，分别有 H 区、G 区、K 区、I 区、C 区，其中 K 区校间差异最大。③右上区域。特征为科学素养得分高于市均值且校间差异高于市差异系数，J 区落在此区。④左上区域。特征为科学素养得分低于市均值且校间差异高于市差异系数，为 A 区、D 区（见图 11）。

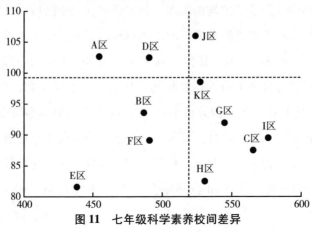

图 11　七年级科学素养校间差异

根据八年级参测学校的均衡表现，各区分布在四个区域，分别为：①左下区域。特征为科学素养得分低于市均值且校间差异低于市差异系数，分别有A区、B区、E区、H区、F区，其中A区校间差异最小。②右下区域。特征为科学素养得分高于市均值且校间差异低于市差异系数，有D区。③右上区域。特征为科学素养得分高于市均值且校间差异高于市差异系数，为K区、I区、C区、J区，其中K区校间差异最小。④左上区域。特征为科学素养得分低于市均值且校间差异高于市差异系数，G区落在此区（见图12）。

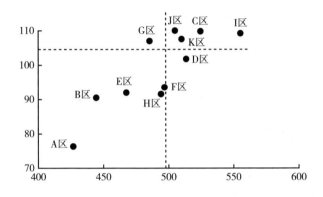

图12　八年级科学素养校间差异

根据九年级参测学校的均衡表现，各区分布在三个区域，分别为：①左下区域。特征为科学素养得分低于市均值且校间差异低于市差异系数，分别有B区、A区、E区、J区、D区、G区，其中A区校间差异最小。G区科学素养得分略低于市均值，且校间差异基本与市差异系数持平。②右下区域。特征为科学素养得分高于市均值且校间差异低于市差异系数，分别有H区、F区，其中F区校间差异最小。③右上区域。特征为科学素养得分高于市均值且校间差异高于市差异系数，为K区、I区、C区。左上区域，特征为科学素养得分低于市均值且校间差异高于市差异系数，九年级无行政区落在此区（见图13）。

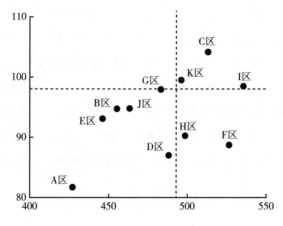

图 13 九年级科学素养校间差异

五 科学素养影响因素

（一）性别发展差异

1.小学性别发展差异

广州市小学三至五年级学生整体在解释科学现象表现上，性别差异不大。其中，四年级男生得分率最高，为 0.53；五年级女生得分率最低，为 0.45。三年级女生得分率高于男生，四、五年级男生得分率均高于女生。各年级 C 区、D 区、I 区、K 区男女生得分率均高于市均值，A 区、B 区、E 区男女生得分率均低于市均值。整体来看，四年级各区男女生得分率普遍高于三、五年级（见表 8）。

广州市小学三至五年级学生整体在识别科学问题表现上，性别差异不大。其中，三年级女生得分率最高，为 0.50；四年级男女生得分率最低，均为 0.36。三、五年级女生得分率均高于男生，四年级得分率男女无差异，均为 0.36。各年级 C 区、D 区、I 区、J 区男女生得分率均高于市均值，A 区、B 区男女生得分率均低于市均值。整体来看，三、五年级各区男女生得分率普遍高于四年级。

广州市小学三至五年级学生整体在运用科学数据与证据表现上，几乎无性别差异。其中，五年级男女生得分率最高，均为0.46；三年级男女生得分率最低，均为0.36。除四年级女生得分率略高于男生外，三、五年级男女生得分率均相同，无性别差异。各年级C区、I区、K区男女生得分率均高于市均值，A区、B区、H区、E区男女生得分率均低于市均值。整体来看，五年级各区男女生得分率普遍高于三、四年级。

表8　小学各区科学能力性别差异

区域	三年级		四年级		五年级	
	男	女	男	女	男	女
解释科学现象性别差异						
A 区	0.42	0.41	0.44	0.42	0.39	0.39
B 区	0.33	0.34	0.33	0.32	0.33	0.32
C 区	0.58	0.59	0.63	0.62	0.53	0.54
D 区	0.50	0.56	0.80	0.86	0.57	0.64
E 区	0.44	0.43	0.46	0.45	0.41	0.37
F 区	0.46	0.46	0.53	0.50	0.47	0.43
G 区	0.46	0.44	0.55	0.55	0.51	0.47
H 区	0.47	0.47	0.51	0.49	0.46	0.45
I 区	0.57	0.57	0.59	0.57	0.50	0.48
J 区	0.53	0.52	0.54	0.54	0.47	0.45
K 区	0.48	0.50	0.60	0.62	0.51	0.52
广州市	0.47	0.48	0.53	0.52	0.46	0.45
识别科学问题性别差异						
A 区	0.44	0.42	0.28	0.27	0.40	0.40
B 区	0.33	0.33	0.22	0.23	0.36	0.36
C 区	0.59	0.59	0.45	0.43	0.54	0.56
D 区	0.51	0.58	0.65	0.69	0.61	0.67
E 区	0.49	0.47	0.31	0.30	0.45	0.45
F 区	0.48	0.47	0.35	0.32	0.49	0.48

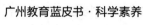

续表

识别科学问题性别差异						
区域	三年级		四年级		五年级	
	男	女	男	女	男	女
G 区	0.46	0.45	0.37	0.37	0.49	0.48
H 区	0.48	0.51	0.31	0.31	0.46	0.47
I 区	0.60	0.61	0.42	0.40	0.51	0.50
J 区	0.58	0.59	0.37	0.39	0.48	0.49
K 区	0.48	0.51	0.45	0.48	0.50	0.52
广州市	0.49	0.50	0.36	0.36	0.47	0.48

运用科学证据性别差异						
区域	三年级		四年级		五年级	
	男	女	男	女	男	女
A 区	0.30	0.30	0.35	0.34	0.40	0.38
B 区	0.27	0.26	0.28	0.28	0.33	0.33
C 区	0.46	0.44	0.55	0.56	0.52	0.53
D 区	0.35	0.41	0.70	0.76	0.58	0.67
E 区	0.33	0.32	0.37	0.35	0.42	0.41
F 区	0.34	0.35	0.44	0.45	0.47	0.43
G 区	0.33	0.31	0.42	0.41	0.50	0.48
H 区	0.35	0.35	0.41	0.41	0.45	0.45
I 区	0.45	0.45	0.49	0.48	0.50	0.49
J 区	0.39	0.35	0.47	0.49	0.46	0.45
K 区	0.37	0.39	0.49	0.53	0.52	0.55
广州市	0.36	0.36	0.43	0.44	0.46	0.46

2. 初中性别发展差异

广州市初中生整体在解释科学现象表现上，性别差异不大。其中，七年级女生得分率最高，为 0.55；九年级男生得分率最低，为 0.39。三个年级女生得分率均高于男生。各年级 C 区、I 区、K 区男女生得分率均高于市均值，A 区、B 区、E 区男女生得分率均低于市均值。整体来看，七年级各区男女生得分率普遍高于八、九年级（见表9）。

　　广州市初中生整体在识别科学问题表现上，性别差异不大。其中，七年级男生得分率最高，为 0.47；九年级男生得分率最低，为 0.40。七年级男生得分率高于女生，八、九年级男生得分率均低于女生。各年级 C 区、I 区男女生得分率均高于市均值，A 区、B 区、E 区男女生得分率均低于市均值。整体来看，七年级各区男生得分率普遍高于八、九年级，三个年级各区女生得分率略有差异。

　　广州市初中生整体在运用科学数据与证据表现上，性别差异不大。其中，七年级男生得分率最高，为 0.40；七年级女生、九年级男生得分率最低，均为 0.36。七年级男生得分率高于女生，八、九年级男生得分率均低于女生。各年级 C 区、I 区男女生得分率均高于市均值，A 区、B 区、E 区男女生得分率均低于市均值。整体来看，七年级各区男生得分率普遍高于八、九年级，七年级各区女生得分率普遍低于八、九年级。

表 9　初中各区科学能力性别差异

解释科学现象性别差异					
区域	七年级		八年级		九年级	
	男	女	男	女	男	女
A 区	0.40	0.40	0.30	0.36	0.32	0.34
B 区	0.47	0.49	0.35	0.40	0.34	0.36
C 区	0.61	0.63	0.48	0.50	0.44	0.44
D 区	0.47	0.49	0.48	0.50	0.37	0.40
E 区	0.38	0.38	0.35	0.45	0.35	0.34
F 区	0.48	0.50	0.43	0.47	0.44	0.45
G 区	0.57	0.61	0.42	0.47	0.39	0.40
H 区	0.56	0.58	0.42	0.46	0.40	0.43
I 区	0.63	0.64	0.51	0.56	0.45	0.48
J 区	0.51	0.58	0.44	0.50	0.35	0.40
K 区	0.54	0.57	0.45	0.50	0.40	0.42
广州市	0.53	0.55	0.43	0.47	0.39	0.41

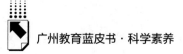
续表

识别科学问题性别差异						
区域	七年级		八年级		九年级	
	男	女	男	女	男	女
A 区	0.36	0.34	0.29	0.31	0.29	0.31
B 区	0.37	0.34	0.33	0.36	0.34	0.38
C 区	0.57	0.51	0.50	0.53	0.43	0.47
D 区	0.43	0.40	0.47	0.50	0.39	0.43
E 区	0.34	0.29	0.34	0.39	0.32	0.34
F 区	0.44	0.43	0.43	0.45	0.46	0.49
G 区	0.56	0.51	0.42	0.46	0.39	0.41
H 区	0.50	0.48	0.41	0.44	0.40	0.44
I 区	0.59	0.53	0.53	0.57	0.46	0.48
J 区	0.44	0.46	0.42	0.49	0.32	0.41
K 区	0.47	0.45	0.42	0.49	0.41	0.44
广州市	0.47	0.45	0.42	0.46	0.40	0.43

运用科学证据性别差异						
区域	七年级		八年级		九年级	
	男	女	男	女	男	女
A 区	0.33	0.30	0.26	0.30	0.27	0.26
B 区	0.34	0.31	0.30	0.31	0.30	0.33
C 区	0.48	0.42	0.42	0.41	0.41	0.43
D 区	0.36	0.32	0.38	0.41	0.36	0.39
E 区	0.31	0.29	0.30	0.38	0.30	0.35
F 区	0.37	0.33	0.38	0.38	0.43	0.44
G 区	0.44	0.39	0.33	0.36	0.36	0.36
H 区	0.41	0.37	0.34	0.38	0.35	0.39
I 区	0.51	0.43	0.48	0.49	0.44	0.48
J 区	0.40	0.39	0.36	0.43	0.29	0.35
K 区	0.40	0.37	0.38	0.44	0.37	0.39
广州市	0.40	0.36	0.37	0.39	0.36	0.39

（二）学习投入

1.小学完成科学作业时间与科学素养得分的关联

分析小学完成科学作业时间与科学素养得分的关联，发现：①三年级完成科学作业时间在30分钟及以内的学生科学素养得分表现最高，随着完成科学作业时间的延长，科学素养得分逐渐下降，完成科学作业时间在60分钟以上的学生科学素养得分最低，全市有10.49%的学生完成科学作业时间在60分钟以上，其中B区占比高于其他区，占24.01%。②四年级没有作业的学生科学素养得分表现最低，全市占比12.11%，其中B区占比高于其他区，占17.71%。随着完成科学作业时间的延长，科学素养得分呈小幅度上升。③五年级完成科学作业时间在30分钟及以内的学生科学素养得分表现最高，全市有59.62%的学生完成科学作业时间在30分钟及以内，其中G区占比高于其他区，为89.08%。科学作业时间在60分钟以上，科学素养得分最低，全市有3.66%的学生完成科学作业时间在60分钟以上，其中B区占比高于其他区，为6.50%（见图14、表10）。

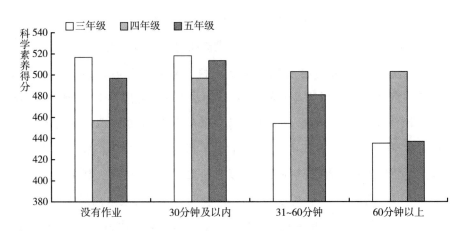

图14 小学科学作业时间水平差异

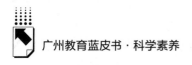
表 10　小学各区科学作业时间水平占比

单位：%

区域	各区学生完成科学作业时间占比											
	三年级				四年级				五年级			
	没有作业	30分钟及以内	31~60分钟	60分钟以上	没有作业	30分钟及以内	31~60分钟	60分钟以上	没有作业	30分钟及以内	31~60分钟	60分钟以上
A 区	14.47	53.64	18.22	13.67	15.34	38.03	29.80	16.83	31.80	52.08	10.77	5.35
B 区	13.12	40.39	22.47	24.01	17.71	32.64	30.19	19.46	28.36	52.99	12.14	6.50
C 区	29.22	54.75	9.38	6.65	11.46	43.44	29.83	15.27	32.09	54.52	10.74	2.65
D 区	26.70	50.00	13.35	9.94	4.80	19.21	45.20	30.79	8.72	83.14	7.27	0.87
E 区	42.17	38.29	10.87	8.67	14.93	37.25	33.82	14.00	37.82	50.13	9.07	2.98
F 区	39.51	38.81	12.12	9.56	12.92	36.10	32.41	18.57	24.91	63.10	8.73	3.26
G 区	0.19	69.51	20.17	10.13	6.62	39.55	40.49	13.34	1.60	89.08	6.97	2.35
H 区	36.53	40.54	13.17	9.75	13.99	37.75	30.75	17.51	46.48	41.89	7.79	3.84
I 区	26.67	60.28	8.30	4.74	10.40	36.46	35.92	17.21	33.10	55.00	8.69	3.21
J 区	24.01	57.89	10.91	7.19	11.10	40.21	32.77	15.93	20.64	60.64	14.10	4.62
K 区	23.41	52.41	13.84	10.34	9.28	26.65	43.25	20.82	10.36	77.54	9.58	2.51
广州市	24.84	50.66	14.01	10.49	12.11	35.66	34.57	17.66	27.20	59.62	9.52	3.66

2. 初中完成科学作业时间与科学素养得分的关联

分析初中完成科学作业时间与科学素养得分的关联，发现：①七年级完成科学作业时间在 30 分钟及以内的学生科学素养得分表现最高，全市有 50.50% 的学生完成科学作业时间在 30 分钟及以内。完成科学作业时间在 60 分钟以上的学生科学素养得分表现最低，全市有 14.17% 的学生完成科学作业时间在 60 分钟以上，其中 E 区占比高于其他区，占 29.41%。②八年级没有作业的学生科学素养得分表现最低，全市占比 14.93%，其中 E 区占比高于其他区，占 28.71%。完成科学作业时间在 30 分钟及以内的学生科学素养得分表现最高，全市占比 32.64%，其中 C 区占比高于其他区，占 36.69%。③九年级完成科学作业时间在 31~60 分钟的学生科学素养得分表现最高，全市占比 29.40%，其中 F 区占比高于其他区，占 35.26%。随着完成科学作业时间延长，科学素养得分呈现下降，全市有 22.91% 的学生完

2020~2022年广州市义务教育学生科学素养调查报告

成科学作业时间在 60 分钟以上，其中 A 区占比高于其他区，占 31.70%（见图 15、表 11）。

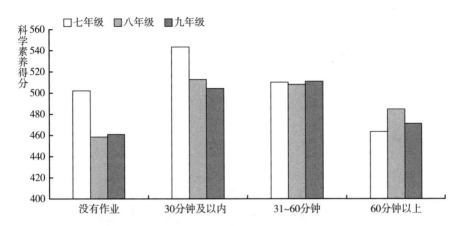

图 15 初中科学作业时间水平差异

表 11 初中各区科学作业时间水平占比

单位：%

<table>
<tr><th colspan="13">各区学生完成科学作业时间占比</th></tr>
<tr><th rowspan="2">区域</th><th colspan="4">七年级</th><th colspan="4">八年级</th><th colspan="4">九年级</th></tr>
<tr><th>没有作业</th><th>30分钟及以内</th><th>31~60分钟</th><th>60分钟以上</th><th>没有作业</th><th>30分钟及以内</th><th>31~60分钟</th><th>60分钟以上</th><th>没有作业</th><th>30分钟及以内</th><th>31~60分钟</th><th>60分钟以上</th></tr>
<tr><td>A 区</td><td>10.58</td><td>32.69</td><td>32.53</td><td>24.20</td><td>19.41</td><td>27.14</td><td>31.74</td><td>21.71</td><td>15.21</td><td>31.06</td><td>22.03</td><td>31.70</td></tr>
<tr><td>B 区</td><td>10.38</td><td>38.52</td><td>30.74</td><td>20.36</td><td>18.61</td><td>27.84</td><td>39.20</td><td>14.35</td><td>12.64</td><td>34.03</td><td>29.72</td><td>23.61</td></tr>
<tr><td>C 区</td><td>9.70</td><td>58.75</td><td>23.00</td><td>8.56</td><td>11.97</td><td>36.69</td><td>35.92</td><td>15.42</td><td>14.56</td><td>33.14</td><td>29.50</td><td>22.80</td></tr>
<tr><td>D 区</td><td>11.32</td><td>41.06</td><td>26.86</td><td>20.75</td><td>11.73</td><td>30.14</td><td>39.35</td><td>18.77</td><td>13.34</td><td>38.41</td><td>26.86</td><td>21.40</td></tr>
<tr><td>E 区</td><td>12.75</td><td>31.37</td><td>26.47</td><td>29.41</td><td>28.71</td><td>29.70</td><td>24.75</td><td>16.83</td><td>21.50</td><td>32.71</td><td>20.56</td><td>25.23</td></tr>
<tr><td>F 区</td><td>15.56</td><td>49.64</td><td>20.23</td><td>14.57</td><td>15.80</td><td>34.25</td><td>35.89</td><td>14.06</td><td>6.60</td><td>37.34</td><td>35.26</td><td>20.80</td></tr>
<tr><td>G 区</td><td>3.53</td><td>59.76</td><td>26.47</td><td>10.24</td><td>13.87</td><td>32.21</td><td>39.20</td><td>14.72</td><td>12.10</td><td>35.82</td><td>28.59</td><td>23.49</td></tr>
<tr><td>H 区</td><td>12.10</td><td>55.56</td><td>20.39</td><td>11.95</td><td>18.12</td><td>36.03</td><td>32.16</td><td>13.69</td><td>12.72</td><td>35.13</td><td>29.32</td><td>22.82</td></tr>
<tr><td>I 区</td><td>7.19</td><td>66.29</td><td>19.01</td><td>7.51</td><td>10.27</td><td>33.23</td><td>38.84</td><td>17.66</td><td>13.40</td><td>40.19</td><td>26.63</td><td>19.78</td></tr>
<tr><td>J 区</td><td>14.41</td><td>52.06</td><td>18.53</td><td>15.00</td><td>14.33</td><td>30.15</td><td>31.34</td><td>24.18</td><td>15.76</td><td>28.79</td><td>32.42</td><td>23.03</td></tr>
<tr><td>K 区</td><td>10.91</td><td>49.90</td><td>27.55</td><td>11.64</td><td>13.89</td><td>32.51</td><td>39.32</td><td>14.29</td><td>13.10</td><td>32.94</td><td>31.45</td><td>22.50</td></tr>
<tr><td>广州市</td><td>10.72</td><td>50.50</td><td>24.62</td><td>14.17</td><td>14.93</td><td>32.64</td><td>36.47</td><td>15.96</td><td>12.70</td><td>34.99</td><td>29.40</td><td>22.91</td></tr>
</table>

（三）学生自身发展

从学习能力、学习动机、学习策略、学业负担不同水平学生的科学素养表现看，学习能力、学习动机、学习策略与科学素养表现呈正向关联，学生自身学习能力、学习动机、学习策略水平高，科学素养表现也较高；而学业负担与科学素养表现呈负向关联，学生学业负担水平高，科学素养表现较低（见图16~19、表12~15）。

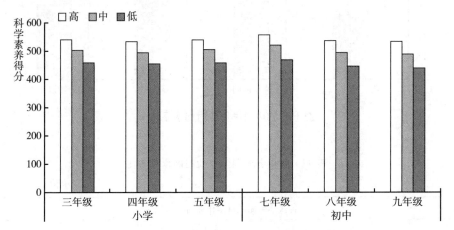

图16　小学、初中学习能力水平分布

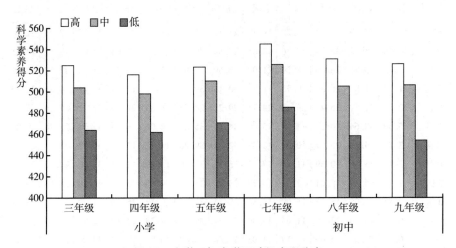

图17　小学、初中学习动机水平分布

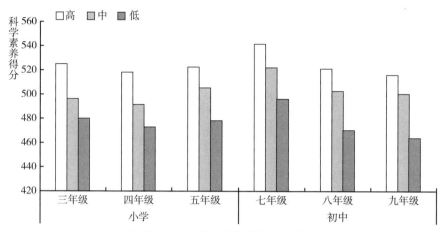

图 18　小学、初中学习策略水平分布

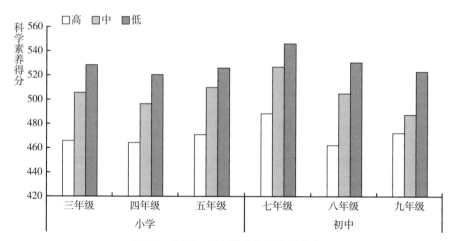

图 19　小学、初中学业负担水平分布

表 12　小学、初中各区学习能力水平占比

单位：%

| 区域 | 小学学习能力 | | | | | | | | |
| | 三年级 | | | 四年级 | | | 五年级 | | |
	高	中	低	高	中	低	高	中	低
A 区	26.30	39.02	34.68	27.53	40.53	31.94	28.26	34.51	37.23
B 区	18.07	29.02	52.91	19.19	31.88	48.93	18.97	35.62	45.41

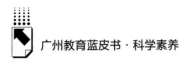

续表

小学学习能力								
区域	三年级			四年级			五年级		
	高	中	低	高	中	低	高	中	低
C 区	42.70	36.30	21.00	46.54	36.04	17.42	48.75	36.59	14.66
D 区	30.40	47.44	22.16	42.37	44.63	12.99	38.14	48.87	12.99
E 区	23.19	44.66	32.15	23.08	47.72	29.20	27.81	41.91	30.27
F 区	29.93	37.82	32.25	32.42	38.83	28.75	38.28	44.37	17.36
G 区	31.83	43.29	24.88	26.90	46.58	26.52	34.43	46.53	19.04
H 区	29.09	46.47	24.44	28.71	46.82	24.47	30.44	41.59	27.97
I 区	36.14	44.73	19.14	37.19	41.99	20.82	40.42	40.78	18.80
J 区	40.69	40.95	18.36	40.85	41.49	17.65	38.21	43.08	18.72
K 区	31.85	38.68	29.47	35.71	39.81	24.48	32.56	42.88	24.56
广州市	30.68	40.80	28.52	31.85	41.55	26.60	33.39	40.93	25.68

初中学习能力								
区域	七年级			八年级			九年级		
	高	中	低	高	中	低	高	中	低
A 区	28.50	27.24	44.25	20.16	25.20	54.65	13.27	14.06	72.67
B 区	28.61	40.05	31.34	30.52	28.75	40.74	33.51	22.21	44.28
C 区	49.58	35.44	14.99	52.74	29.06	18.21	49.62	17.78	32.60
D 区	30.78	38.97	30.25	44.90	38.42	16.68	54.59	31.00	14.41
E 区	40.38	32.69	26.92	12.31	26.15	61.54	21.50	21.50	57.01
F 区	31.15	34.65	34.20	36.85	39.00	24.15	57.25	29.43	13.33
G 区	34.58	41.97	23.45	41.99	40.12	17.89	35.87	28.96	35.17
H 区	42.76	39.86	17.38	38.76	39.31	21.93	50.03	30.49	19.47
I 区	50.00	36.86	13.14	52.23	25.16	22.61	47.60	24.28	28.12
J 区	38.01	34.50	27.49	26.55	41.59	31.86	21.70	21.41	56.89
K 区	35.49	41.84	22.67	41.25	38.78	19.97	48.57	32.42	19.01
广州市	37.11	37.88	25.01	39.90	35.33	24.77	44.46	26.56	28.99

表13 小学、初中各区学习动机水平占比

单位：%

区域	小学学习动机								
	三年级			四年级			五年级		
	高	中	低	高	中	低	高	中	低
A 区	27.99	35.71	36.30	30.84	36.20	32.97	30.61	29.14	40.25
B 区	29.37	30.82	39.81	29.56	29.39	41.05	33.48	22.66	43.86
C 区	38.55	39.38	22.06	39.86	38.90	21.24	38.38	33.49	28.13
D 区	38.35	34.94	26.70	54.52	34.46	11.02	63.84	26.55	9.60
E 区	28.85	35.70	35.44	32.72	37.55	29.73	24.97	35.58	39.46
F 区	36.08	33.06	30.86	38.72	36.31	24.97	46.44	33.45	20.11
G 区	33.33	40.47	26.20	27.74	41.71	30.55	37.90	35.08	27.02
H 区	37.98	37.43	24.59	35.37	35.47	29.16	35.03	31.23	33.74
I 区	48.76	32.17	19.08	43.06	34.34	22.60	42.22	30.30	27.49
J 区	36.33	39.92	23.75	34.02	40.08	25.90	37.95	35.90	26.15
K 区	33.63	34.34	32.03	41.00	36.01	22.99	41.46	33.63	24.91
广州市	35.84	35.58	28.58	36.30	36.10	27.60	37.85	31.46	30.69

区域	初中学习动机								
	七年级			八年级			九年级		
	高	中	低	高	中	低	高	中	低
A 区	22.68	31.34	45.98	14.96	26.61	58.43	11.69	21.48	66.82
B 区	25.07	36.65	38.28	17.44	32.70	49.86	17.03	34.88	48.09
C 区	41.94	37.79	20.26	34.34	38.11	27.55	27.15	35.09	37.76
D 区	31.76	36.39	31.85	41.35	34.43	24.22	41.05	33.62	25.33
E 区	29.81	36.54	33.65	15.38	20.00	64.62	19.63	30.84	49.53
F 区	29.62	36.89	33.48	30.59	36.05	33.36	32.74	39.45	27.82
G 区	33.41	37.87	28.72	31.35	41.05	27.60	28.60	38.10	33.29
H 区	33.79	39.03	27.17	34.21	34.07	31.72	31.53	37.70	30.77
I 区	44.07	35.74	20.19	38.54	34.08	27.39	33.55	36.26	30.19
J 区	33.63	36.26	30.12	30.09	34.51	35.40	24.93	25.81	49.27
K 区	31.22	36.66	32.12	30.09	36.19	33.72	27.28	36.98	35.74
广州市	32.74	36.82	30.44	31.16	35.08	33.76	28.43	35.21	36.36

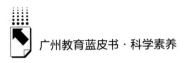

表14 小学、初中各区学习策略水平占比

单位：%

区域	三年级			四年级			五年级		
	高	中	低	高	中	低	高	中	低

小学学习策略

区域	高	中	低	高	中	低	高	中	低
A 区	26.97	35.19	37.84	30.18	34.14	35.68	31.57	33.26	35.17
B 区	28.17	32.71	39.13	29.05	32.48	38.47	31.42	31.33	37.25
C 区	32.50	37.84	29.66	39.02	32.10	28.88	33.61	37.31	29.08
D 区	33.24	30.68	36.08	56.21	25.42	18.36	64.41	24.29	11.30
E 区	23.32	35.57	41.11	29.20	30.90	39.90	23.29	34.15	42.56
F 区	29.81	35.03	35.15	34.14	31.04	34.82	42.99	32.41	24.60
G 区	26.38	37.75	35.87	24.09	36.27	39.64	33.77	33.77	32.46
H 区	33.93	32.84	33.23	33.60	32.61	33.79	33.55	31.48	34.98
I 区	44.73	30.09	25.18	38.61	32.44	28.94	41.02	30.42	28.56
J 区	35.56	34.15	30.30	35.31	35.18	29.51	38.59	33.85	27.56
K 区	29.59	34.88	35.53	39.63	32.74	27.63	36.71	35.29	28.00
广州市	31.93	34.07	33.99	34.35	32.78	32.87	35.78	32.78	31.44

初中学习策略

区域	七年级			八年级			九年级		
	高	中	低	高	中	低	高	中	低
A 区	23.31	34.65	42.05	21.73	30.55	47.72	15.32	33.18	51.50
B 区	20.44	40.87	38.69	17.57	36.38	46.05	21.80	39.65	38.56
C 区	38.45	36.48	25.07	32.36	38.58	29.06	28.01	39.58	32.41
D 区	29.63	36.92	33.45	38.78	34.87	26.35	38.86	35.26	25.87
E 区	27.88	36.54	35.58	20.00	35.38	44.62	13.08	34.58	52.34
F 区	29.08	37.34	33.57	27.91	35.51	36.58	31.57	37.48	30.95
G 区	33.41	37.28	29.31	32.75	36.73	30.53	34.35	38.69	26.96
H 区	31.10	37.17	31.72	32.00	36.62	31.38	32.22	37.49	30.28
I 区	41.51	38.14	20.35	38.06	37.58	24.36	36.58	37.38	26.04
J 区	27.49	41.81	30.70	37.76	35.69	26.55	30.21	33.14	36.66
K 区	29.92	34.59	35.49	27.56	36.25	36.19	27.99	34.24	37.76
广州市	30.70	37.02	32.28	30.44	36.05	33.51	29.86	36.76	33.38

表15 小学、初中各区学业负担水平占比

单位：%

区域	小学学业负担								
	三年级			四年级			五年级		
	高	中	低	高	中	低	高	中	低
A区	41.51	32.26	26.23	39.35	33.77	26.87	43.19	28.70	28.11
B区	50.51	23.20	26.28	48.33	25.19	26.48	45.92	23.43	30.64
C区	28.11	35.71	36.18	21.72	36.87	41.41	27.53	36.00	36.47
D区	28.69	35.51	35.80	13.84	29.66	56.50	9.60	22.88	67.51
E区	37.81	33.20	28.99	35.33	33.38	31.29	46.18	34.67	19.15
F区	35.38	32.71	31.90	28.52	32.88	38.60	22.18	30.80	47.01
G区	30.99	36.15	32.86	35.61	33.46	30.93	27.86	33.40	38.74
H区	29.28	34.12	36.59	35.18	31.52	33.30	35.37	31.52	33.10
I区	24.11	28.73	47.16	26.51	31.32	42.17	28.92	30.90	40.18
J区	31.07	33.38	35.56	28.22	36.86	34.92	26.15	34.74	39.10
K区	36.96	31.31	31.73	28.46	31.19	40.34	27.52	32.38	40.09
广州市	34.00	31.93	34.07	32.45	32.11	35.44	32.58	31.06	36.36

区域	初中学业负担								
	七年级			八年级			九年级		
	高	中	低	高	中	低	高	中	低
A区	52.44	27.72	19.84	56.22	28.82	14.96	38.23	50.39	11.37
B区	39.24	39.51	21.25	48.09	34.33	17.57	32.56	44.55	22.89
C区	22.81	38.74	38.45	31.04	37.55	31.42	32.50	41.40	26.10
D区	35.23	32.56	32.21	27.86	29.99	42.15	27.40	33.30	39.30
E区	31.73	38.46	29.81	50.77	35.38	13.85	36.45	50.47	13.08
F区	40.48	35.28	24.24	37.66	35.24	27.10	27.64	37.66	34.70
G区	32.12	37.63	30.25	29.71	40.82	29.47	28.84	42.09	29.07
H区	31.24	35.31	33.45	32.90	35.72	31.38	24.74	44.14	31.12
I区	20.83	37.02	42.15	28.98	34.55	36.46	26.84	42.01	31.15
J区	33.63	33.63	32.75	37.17	37.46	25.37	32.26	47.51	20.23
K区	33.94	34.97	31.09	34.44	36.58	28.99	32.49	40.04	27.47
广州市	33.79	35.42	30.79	35.35	35.20	29.45	29.94	41.64	28.42

（四）教师教学行为

1.小学学生感受教师教学方式使用情况

分析小学学生所感受的科学学科教师教学方式使用情况，三年级学生感受教师使用四种教学方式，使用频率上以教师主导教学、探究实践使用频率较高，适应性教学、师生双向反馈使用频率较低。四年级学生感受教师使用四种教学方式，使用频率上以探究实践使用频率较高，师生双向反馈使用频率较低。五年级学生感受教师使用教学方式上存在差异，主要表现在教师主导教学使用频率较高，师生双向反馈频率较低。从各区表现来看，三年级 E 区教师各项教学方式使用频率均低于其他区；四年级 A 区除适应性教学外，另外三种教学方式使用频率均低于其他区；五年级 E 区适应性教学、师生双向反馈使用频率最低，A 区教师主导教学、探究实践使用频率最低（见表16）。

表 16　小学各区教师教学方式使用得分率

区域	三年级				四年级				五年级			
	适应性教学	师生双向反馈	教师主导教学	探究实践	适应性教学	师生双向反馈	教师主导教学	探究实践	适应性教学	师生双向反馈	教师主导教学	探究实践
A 区	0.67	0.66	0.69	0.71	0.66	0.63	0.64	0.68	0.67	0.65	0.69	0.70
B 区	0.72	0.72	0.73	0.73	0.69	0.67	0.67	0.69	0.69	0.68	0.72	0.72
C 区	0.65	0.68	0.75	0.75	0.84	0.85	0.86	0.88	0.64	0.66	0.81	0.77
D 区	0.64	0.64	0.67	0.68	0.64	0.64	0.70	0.71	0.84	0.83	0.85	0.87
E 区	0.60	0.60	0.63	0.65	0.67	0.66	0.73	0.74	0.61	0.60	0.74	0.73
F 区	0.63	0.63	0.66	0.68	0.69	0.70	0.77	0.76	0.72	0.73	0.79	0.80
G 区	0.67	0.67	0.72	0.73	0.70	0.69	0.79	0.79	0.70	0.70	0.80	0.78
H 区	0.65	0.64	0.68	0.69	0.64	0.67	0.78	0.78	0.68	0.67	0.76	0.75
I 区	0.69	0.70	0.75	0.77	0.65	0.66	0.74	0.74	0.72	0.71	0.82	0.81
J 区	0.63	0.66	0.69	0.71	0.74	0.73	0.76	0.76	0.69	0.71	0.78	0.78
K 区	0.67	0.66	0.67	0.69	0.69	0.68	0.73	0.74	0.75	0.73	0.78	0.78
广州市	0.66	0.66	0.70	0.71	0.66	0.63	0.64	0.68	0.70	0.69	0.77	0.76

2. 初中学生感受教师教学方式使用情况

分析初中学生所感受的科学学科教师教学方式使用情况，七年级学生感受教师使用四种教学方式，使用频率上以教师主导教学使用频率较高，师生双向反馈使用频率较低。八年级学生感受教师使用四种教学方式，使用频率上以教师主导教学使用频率较高，师生双向反馈使用频率较低。九年级学生感受教师使用教学方式上存在差异，主要表现在教师主导教学使用频率较高，师生双向反馈频率较低。从各区表现来看，七、八年级 B 区教师各项教学方式使用频率均低于或等于其他区；九年级 E 区教师各项教学方式使用频率均低于其他区（见表 17）。

表 17　初中各区教师教学方式使用得分率

区域	七年级				八年级				九年级			
	适应性教学	师生双向反馈	教师主导教学	探究实践	适应性教学	师生双向反馈	教师主导教学	探究实践	适应性教学	师生双向反馈	教师主导教学	探究实践
A 区	0.70	0.68	0.71	0.71	0.71	0.70	0.71	0.70	0.65	0.62	0.66	0.64
B 区	0.67	0.65	0.70	0.69	0.68	0.66	0.68	0.67	0.65	0.61	0.68	0.65
C 区	0.71	0.65	0.78	0.74	0.71	0.67	0.78	0.73	0.67	0.60	0.74	0.68
D 区	0.69	0.67	0.72	0.70	0.76	0.73	0.79	0.77	0.71	0.66	0.74	0.70
E 区	0.74	0.71	0.74	0.75	0.69	0.67	0.70	0.67	0.63	0.58	0.63	0.60
F 区	0.70	0.67	0.73	0.71	0.72	0.69	0.77	0.73	0.71	0.63	0.79	0.70
G 区	0.75	0.71	0.81	0.78	0.74	0.69	0.78	0.74	0.71	0.66	0.76	0.71
H 区	0.70	0.67	0.75	0.72	0.72	0.70	0.74	0.74	0.68	0.62	0.74	0.67
I 区	0.73	0.69	0.80	0.76	0.77	0.73	0.82	0.78	0.71	0.64	0.77	0.71
J 区	0.72	0.70	0.77	0.74	0.75	0.72	0.81	0.78	0.69	0.62	0.74	0.68
K 区	0.69	0.65	0.74	0.72	0.71	0.68	0.75	0.72	0.68	0.62	0.72	0.67
广州市	0.70	0.67	0.75	0.72	0.73	0.70	0.76	0.73	0.68	0.63	0.73	0.68

（五）学校文化

从学校认同各水平学生的科学素养表现分析看，学校认同与科学素

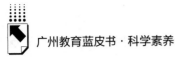

养表现存在正向关联，越高学校认同的学生科学素养表现越高（见图20、表18）。

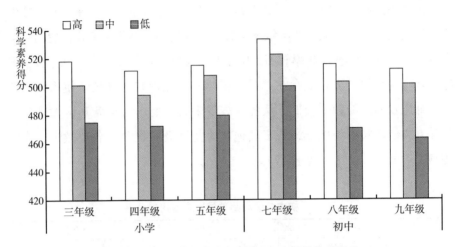

图20 小学、初中各水平学校认同的科学素养得分

表18 小学、初中各区学校认同水平占比

单位：%

区域	小学学校认同								
	三年级			四年级			五年级		
	高	中	低	高	中	低	高	中	低
A 区	30.77	33.77	35.46	32.01	34.95	33.04	34.04	33.46	32.50
B 区	32.02	30.99	36.99	33.05	32.53	34.42	35.65	30.85	33.50
C 区	41.76	33.45	24.79	41.90	36.19	21.90	36.90	37.26	25.83
D 区	35.13	36.26	28.61	60.45	26.55	12.99	67.23	25.42	7.34
E 区	32.46	33.90	33.64	31.44	38.03	30.53	27.48	37.55	34.97
F 区	35.73	35.61	28.65	38.37	35.40	26.23	44.18	35.96	19.86
G 区	32.52	39.27	28.21	28.96	38.61	32.43	36.77	38.09	25.14
H 区	41.16	32.63	26.21	37.82	34.32	27.86	37.26	31.54	31.20
I 区	50.00	29.35	20.65	42.03	33.31	24.66	41.33	33.47	25.19
J 区	41.59	32.61	25.80	38.79	36.34	24.87	42.56	35.64	21.79
K 区	32.96	34.68	32.37	41.55	35.39	23.06	39.92	35.94	24.14
广州市	37.54	33.43	29.02	37.68	34.93	27.40	38.65	34.22	27.13

区域	初中学校认同								
	七年级			八年级			九年级		
	高	中	低	高	中	低	高	中	低
A 区	25.31	35.85	38.84	21.26	34.33	44.41	15.80	30.17	54.03
B 区	23.02	38.56	38.42	16.76	39.10	44.14	18.80	46.46	34.74
C 区	42.32	35.34	22.34	35.66	37.26	27.08	27.76	40.97	31.27
D 区	33.66	38.72	27.62	43.66	36.38	19.96	41.93	37.11	20.96
E 区	26.42	38.68	34.91	27.06	38.82	34.12	14.95	45.79	39.25
F 区	30.73	38.71	30.56	29.70	39.89	30.41	33.72	39.62	26.65
G 区	36.58	36.93	26.49	34.85	41.52	23.63	35.51	42.29	22.20
H 区	34.87	37.49	27.64	36.50	36.23	27.27	34.00	41.95	24.05
I 区	40.76	37.42	21.82	38.38	38.69	22.93	34.87	39.97	25.16
J 区	37.72	35.96	26.32	34.71	36.47	28.82	26.61	35.96	37.43
K 区	31.05	35.32	33.64	28.07	38.94	32.99	25.62	41.12	33.27
广州市	33.46	37.07	29.47	32.40	37.99	29.61	29.98	40.23	29.80

六 发展建议

（一）关注学生心理发展与学习投入状态

学生科学素养与性别相关性不明显，与学习投入时间相关性明显，学业负担与科学素养呈现负相关。综合来看，义务教育阶段完成科学作业的时间控制在30分钟左右较好，教师应合理控制科学作业的难度与数量，保证学生有自主学习的时间。随着年级和学段上升，教师应根据学生心理和能力发展变化，布置更有挑战性和创新性的科学作业，巩固科学知识，培养科学探究能力，掌握科学探究的基本思维方式。

（二）优化教师教学行为，加强师生互动

义务教育阶段学生普遍感受到教师在课堂中主导教学，而师生双向反馈较少，学习能力、学习动机、学习策略与科学素养表现呈正向关联。为此，

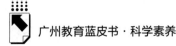

教师应建立民主、和谐的师生关系，为学生提供更多的情感支持与良性互动，根据教学内容和学生情况灵活调整教学策略，组织丰富多样的科学探究活动，加强课上课后师生交流，激发学习动机，传授学习策略，强化学习能力，促进学生科学素养发展。

（三）建立学校科学教育区域均衡发展机制

学校认同与科学素养表现存在正向关联，而各区域之间学校认同度有差异，全市各区域学生科学素养发展也存在一定差异。教育集团应加大科学教育资金投入，使集团学校科学设施配置均衡，增强校园文化认同感。教育行政部门加强师资质量均衡配置，开展骨干教师集中培训，提升薄弱地区教师科学素质。各区政府应丰富社区内科学类竞赛活动，举办科学类公共讲座活动，拓展学生的科学视野，构建科学教育区域均衡发展机制。

参考文献

胡卫平：《为培养科技创新后备人才创建高质量义务教育科学课程》，《全球教育展望》2022 年第 6 期。

姜言霞：《中学生科学核心素养影响因素模型的构建及实证研究——应用多维分析的方法》，《教育科学研究》2020 年第 6 期。

李长毅：《新时代小学生科学素养培养的实践探究》，《中国教育学刊》2020 年第 S2 期。

王耀村：《培育科学素养：初中综合科学课程建设的浙江探索》，《全球教育展望》2021 年第 12 期。

伍远岳、郭元祥：《中学生科学学习的性别差异与课程应对——基于 PISA 2015 中国四省市的数据分析》，《华东师范大学学报》（教育科学版）2019 年第 5 期。

姚昊、蒋帆：《家庭背景、学校教师质量如何影响学生学科素养？——基于 PISA 2018 的实证分析》，《教育经济评论》2022 年第 5 期。

占小红、温培娴、符吉霞：《"开放性科学实践活动"对初中生科学能力影响机制的实证分析》，《全球教育展望》2021 年第 5 期。

教学变革篇
Teaching Reform Reports

B.8

基于科学监测数据的广州市初中物理
教研改进调查报告*

谢桂英　涂秋元　姚正鑫　庞新军　黄小燕**

摘　要： 义务教育质量监测是各级教育主管部门评判区域教育质量的重要
途径，其目的是诊断、改进、提高教育质量。为解决荔湾区当前
基础教育中关于利用科学监测数据精准有效指导实际教学的热点
和难点问题，本文通过对科学监测数据进行全面解读，聚焦
"学生物理学业水平较差""教师探究水平不高""学生物理课动
手实验少"三大问题开展二次调研工作。结合中央文件精神和

*　本文系广东省教育科学"十四五"规划 2021 年度研究项目"基于区域大数据的初中生学生
学业水平增值研究"（项目编号：2021YQJK045）研究成果之一。

**　谢桂英，广州市荔湾区教育发展研究院中学教学指导中心物理教研员，高级教师，主要研究
方向为教育评价、中学物理教育；涂秋元，广州市荔湾区教育发展研究院院长，高级教师，
主要研究方向为教育管理、教育评价、中学语文教育；姚正鑫，博士，广州市荔湾区教育发
展研究院教学质量监测中心教研员，主要研究方向为教育评价；庞新军，广州市荔湾区教育
发展研究院教学质量监测中心主任，正高级教师，主要研究方向为教育评价、中学数学教
育；黄小燕，广州市荔湾区教育发展研究院副院长，正高级教师，主要研究方向为教育管
理、教育评价、中学语文教育。

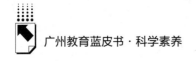

课标要求寻找解决方案，提出以强化实验教学为主体的教学研究改进有效建议，以促进区域内物理教学质量的全面提升。

关键词： 科学监测数据　初中物理　教学改进研究　广州市

一　问题的提出

2013 年，教育部发布了《教育部关于推进中小学教育质量综合评价改革的意见》①，国家义务教育质量监测的探索之路也由此开始；2020 年，中共中央、国务院印发《深化新时代教育评价改革总体方案》②，方案要求加强监测结果应用。如何运用好监测结果这把"尺子"，深入理解监测报告内容，摸清区域教育教学的优势与不足，并针对问题查找原因，为改进和提高教育质量提出切实可行的教学建议，是摆在广大教育工作者面前的热点和难点问题。

科学素养的培养是学生核心素养培养的关键一环③。科学素养的培养不仅是对科学知识的掌握，更重要的是对科学思维方法、科学精神的体验和对科学态度的培养。对科学素养的培养应聚焦于培养学生的创新思维，让学生在解决问题时能够运用科学的方法。对科学素养的培养关乎国家科技创新能力，在构建创新型国家、实现中华民族伟大复兴方面起着基础性作用。只有广大的学生群体具备良好的科学素养，国家的创新能力和整体素质才能得到提升。因此，如何有效培养和提高学生的科学素养，已经成为教育改革和发展的重要议题。

---

① 《教育部关于推进中小学教育质量综合评价改革的意见》（教基二〔2013〕2 号），中华人民共和国教育部网站（2013 年 6 月 3 日），http：//www.moe.gov.cn/srcsite/A06/s3321/201306/t20130608_153185.html，最后检索时间：2023 年 7 月 9 日。
② 《深化新时代教育评价改革总体方案》（中发〔2020〕19 号），中华人民共和国中央人民政府网站（2020 年 10 月 13 日），https：//www.gov.cn/zhengce/2020-10/13/content_5551032.htm，最后检索时间：2023 年 7 月 9 日。
③ 王泉泉、魏铭、刘霞：《核心素养框架下科学素养的内涵与结构》，《北京师范大学学报》（社会科学版）2019 年第 2 期。

广州智慧阳光评价自 2020 年开始，连续三年开展科学素养评价，取得了较为完善的追踪性科学素养有关数据。2022 年，教育部基础教育质量监测中心发布了第二轮国家义务教育质量监测（以下简称国测）科学学习质量报告①，物理是其中一个参测学科。本报告以广州市荔湾区为例，对近三年的科学监测数据进行分析，以期为初中物理教学研究改进提供更有针对性的意见和建议。

二 解决问题的过程

（一）研究策略

基于对科学监测数据的解读与分析，聚焦主要问题进行区、学校调研，从多层面把握基础教育质量状况，查找原因并提出相应的教学研究建议（见图 1）。

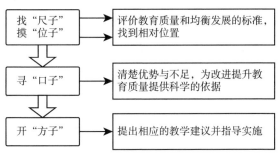

图 1 研究策略路径

（二）研究方法

1. 数据分析法

本研究将对 2020 年、2021 年、2022 年三年的广州智慧阳光评价·科学素养测评荔湾区初中数据和 2022 年发布的国测广州市荔湾区科学学习质量

---

① 教育部基础教育质量监测中心：《国家义务教育质量监测广东省广州市荔湾区科学学习质量监测结果报告》，2022 年 1 月。

报告中初中科学、物理部分进行分析和解读；此外，还将对问卷调查所得数据进行统计分析。

2. 问卷调查法

本研究基于对监测数据的分析解读，设计了针对初中物理教学影响因素的调研问卷，在 2022 年向全区初中物理老师进行发放，共发放问卷 174 份，回收有效问卷 125 份，从而对荔湾区物理教学影响因素更为准确地把握。

三 数据分析与讨论

（一）对监测结果进行解读，找到"尺子"，摸准"位子"

物理监测结果显示，荔湾区初中物理教学具有如下优势：一是学业表现达到中等及以上水平的比例为 83.6%，高于广东省和广州市数据，位于全国前 30%；二是在学生动手实验时有教师讲解、指导的比例为 100%；三是学校配有实验室和实验仪器、设备的比例为 100% 等。但存在以下三个主要问题。

1. 学业水平优秀比例低，学习自信心不足

学生国测物理成绩平均分稍高于广东省和全国，低于广州市平均分；学业表现水平优秀比例仅为 7.8%，远低于广东省（13.1%）和广州市（16.0%）；学业表现水平优秀和良好比例之和为 42.8%，低于广州市 4.6 个百分点（见表 1）。

表 1　学生物理学业总体表现情况

国测物理成绩平均分（分）		荔湾区	广州市	广东省	全国
		205	208	194	200
物理学业表现水平	水平Ⅰ（待提高）比例（%）	16.4	19.7	28.7	24.5
	水平Ⅱ（中等）比例（%）	40.8	32.8	34.5	34.1
	水平Ⅲ（良好）比例（%）	35.0	31.4	23.6	26.8
	水平Ⅳ（优秀）比例（%）	7.8	16.0	13.1	14.5

说明：由于小数点后二位四舍五入，因而总和不一样等于 100.0。

资料来源：《国家义务教育质量监测广东省广州市荔湾区科学学习质量监测结果报告》。

广州科学素养测评数据显示，2020 年，荔湾区初中学生科学素养 A、B、C 等级学生比例均低于市均值，D、E 等级比例高于市均值，而 F 等级比例低于市均值。2021 年和 2022 年数据显示，荔湾区 A、B、C、D 等级学生比例连续两年高于市均值，而 E、F 等级学生比例连续两年低于市均值。整体上呈现下降趋势，虽然 A 等级学生比例持续上升，但占比依然较低（见表 2）。

表 2　学生科学学业等级分布情况

单位：%

科学等级	区域	A	B	C	D	E	F
2020 年	荔湾区	0.6	8.3	24.7	32.9	20.2	13.2
	广州市	2.4	11.9	25.3	28.2	18.0	14.3
2021 年	荔湾区	1.1	6.2	12.5	19.1	21.0	40.3
	广州市	1.0	5.4	11.5	17.5	21.9	42.7
2022 年	荔湾区	1.4	8.3	19.2	26.1	19.8	25.1
	广州市	0.8	4.3	13.0	19.9	22.2	39.8
荔湾区变化趋势		上升	持平	下降	下降	下降	上升

虽然广州科学素养测评显示荔湾区学生科学兴趣和科学信心数值与广州市均值相同，但国测数据中学生学习物理自信心高和较高的比例之和为 39.2%，远低于广州市（46.7%）、广东省（43.0%）和全国（45.1%）（见表 3）。

表 3　学生物理学习自信心情况

单位：%

分类	荔湾区	广州市	广东省	全国
学习自信心较高比例	34.4	36.2	32.4	36.6
学习自信心高比例	4.8	10.5	10.6	8.5
合计	39.2	46.7	43.0	45.1

资料来源：《国家义务教育质量监测广东省广州市荔湾区科学学习质量监测结果报告》。

在广州科学素养测评中，科学素养关联性分析同样显现出与学习动机相关性不强，且呈逐年下降趋势，学习动机以负向动机占主导，正向动机不

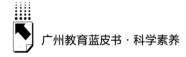

足，与国测学生物理自信心较低趋势一致。

2.物理教师探究水平有待提高

国测数据显示荔湾区教师探究教学水平高和较高的比例之和为58.5%，低于广州市（61.2%）、广东省（58.8%）和全国（58.6%），探究教学水平高的比例仅为3.0%，远低于广州市（8.5%）、广东省（16.4%）和全国（11.2%）（见表4）。

表4　教师探究教学水平分布情况

单位：%

分类	荔湾区	广州市	广东省	全国
探究教学水平较高比例	55.5	52.7	42.4	47.4
探究教学水平高比例	3.0	8.5	16.4	11.2
合计	58.5	61.2	58.8	58.6

资料来源：《国家义务教育质量监测广东省广州市荔湾区科学学习质量监测结果报告》。

在广州科学素养测评中，荔湾区物理教师教学能力两年均值为85.0，在13个学科中处于第9位，职业压力均值为42.5，在各学科中处于第2位，工作动力均值为74.5，在各学科中处于第9位（见表5）。表明荔湾区物理老师整体职业压力较高，但教学能力和工作动力较低。

表5　教师素养评测分布情况

项目	教学能力	职业压力	工作动力
物理	85.0	42.5	74.5
区均值	85.8	39.5	75.3
学科排位	9	2	9

资料来源：《广州智慧阳光评价荔湾区报告》。

3.学生在课上动手做实验较少，配有物理实验耗材学校的比例较低

学生在物理课做过3次及以上动手实验的比例为56.6%，低于广州市4.3个百分点；教师经常使用实验仪器、设备的比例为77.6%，低于广州市

3.3 个百分点；配有物理实验耗材的学校比例为 67.7%，明显低于广州市（94.3%）、广东省（97.3%）和全国（97.7%）（见表 6）。

表 6 物理实验教学分布情况

单位：%

项目		荔湾区	广州市	广东省	全国
学生物理动手做实验	0~2 次	43.4	39.1	55.2	58.0
	3 次及以上	56.6	60.9	44.8	42.0
物理教师使用实验仪器、设备	有，从不使用	0.0	0.0	1.1	1.3
	有，偶尔使用	22.4	19.1	21.3	22.5
	有，经常使用	77.6	80.9	77.6	76.3
物理耗材的配备与使用	配有实验耗材学校比例	67.7	94.3	97.3	97.7
	教师教学经常使用实验耗材的比例	72.6	60.0	58.9	56.5

资料来源：《国家义务教育质量监测广东省广州市荔湾区科学学习质量监测结果报告》。

（二）对监测主要问题进行再次调研，寻找突破的"口子"

聚焦"学生物理学业水平较差""教师探究水平不高""学生物理课动手实验少"三大问题，设计了调查问卷，包含物理教师基本情况、学生学习物理自信心、实验室建设情况、实验教学情况等内容，全区 174 名物理教师当中，有 39 所学校 125 名教师参加调研，调研结果如下。

1. 教师基本状况

如表 7 所示，此次调研共有 55 名男性物理教师和 70 名女性物理教师参与，46~50 岁的教师占比最多（27.2%），年龄超 40 岁教师占 55.2%，30 岁以内的年轻教师占 20%（其中大部分为非编教师）；教龄 20 年以上占比最多，教龄 15 年以上占 55.2%，教龄 5 年以内占 16%（编制内教师为 0）。数据表明：初中物理教师男女比例均衡，年龄和教龄均结构偏大，断层大，梯度不合理。

表7 物理教师执教分布情况

年龄(岁)	20~25	26~30	31~35	36~40	41~45	46~50	51~55	56~60
	5.6%	14.4%	16.0%	8.8%	16.0%	27.2%	2.4%	9.6%
教龄	5年以内		5~10年		11~15年		16~20年	20年以上
	16.0%		17.6%		11.2%		9.6%	45.6%

资料来源：针对初中物理教学影响因素的问卷调研。

2.提高学生学习自信心因素

教师问卷问题为"你觉得以下哪些因素对提高学生学习自信心有作用，并按你认为的重要程度排序"，设置6个选项，数据经过处理后如图2。数据表明：老师们认为对提高学生学习自信心有作用的因素，最重要的是学生分组实验，其次为对物理概念的理解，然后依次是考试内容难易程度、教师演示实验和信息技术的运用。

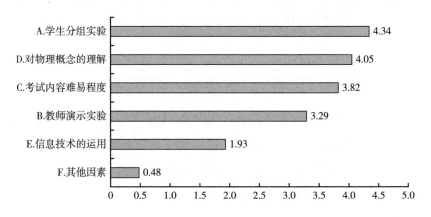

图2 学生自信心影响因素分布情况

资料来源：针对初中物理教学影响因素的问卷调研。

3.实验教学情况

（1）对于教材中的"想想做做"及"动手动脑学物理"板块中所涉及的物理实验的处理情况中，有67.2%的教师选择"一部分会按照教材要求进行授课"，2.4%的教师作为科普知识进行授课；只有25.6%的教师每次按照教材要求进行授课。

（2）物理教学中，对于教材中的演示实验的完成情况：只有41.6%的教师会全部做，53.6%做了大部分，4.8%做了一半左右。

（3）演示实验的教学中，让学生自己观察、描述、理解实验现象，并自己归纳、总结得出实验结论情况：只有42.4%的基本都是，44.0%大部分是，13.6%做了一半左右或小部分是。

（4）学生实验的完成情况：只有47.2%的全部都做，42.4%做了大部分，还有4.8%的老师做了一小部分。

（5）学生实验教学时，老师让学生在明确实验目的、理解实验原理的前提下独立操作实验情况：91.2%的可以做到总是或经常，只有8.8%的老师有时或很少（见表8）。

表8　物理实验教学完成情况

教材中的"想想做做"及"动手动脑学物理"板块中所涉及的物理实验	A. 每次按照教材要求进行授课	B. 一部分会按照教材要求进行授课，其他按所谓科普知识进行授课	C. 都作为科普知识进行授课	D. 偶尔会作为科普知识进行授课	E. 从来没有涉及
	25.6%	67.2%	2.4%	4.8%	0.0%
教材中的演示实验	A. 全部都做	B. 做了大部分	C. 做了一半左右	D. 做了一小部分	E. 从没做过
	41.6%	53.6%	4.8%	0.0%	0.0%
演示实验教学中,让学生自己观察、描述、理解实验现象,并自己归纳、总结得出实验结论	A. 基本都是	B. 大部分是	C. 一半左右	D. 小部分是	E. 从没有过
	42.4%	44.0%	12.0%	1.6%	0.0%
教材中的学生实验	A. 全部都做	B. 大部分是	C. 一半左右	D. 小部分是	E. 从没有过
	47.2%	42.4%	5.6%	4.8%	0.0%
学生实验教学时,让学生在明确实验目的、理解实验原理的前提下独立操作实验	A. 总是	B. 经常	C. 有时	D. 很少	E. 从不
	44.8%	46.4%	8.0%	0.8%	0.0%

资料来源：针对初中物理教学影响因素的问卷调研。

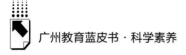

总体来看，老师们不够重视实验教学，无论是课堂教师演示实验、学生实验还是课后实践作业中的实验，只有约50%的教师会按课标要求做足；另外在实验教学（特别是演示实验教学）过程中，还是以教师为主，缺乏对学生的有效引导。

4. 实验器材和耗材配置情况

（1）老师动手开发和设计新实验项目或实验器材的情况：有31.2%的教师有6次以上开发经历，有14.4%的教师从来没有开发过实验，有3次以上经历占69.6%。

（2）学校现有的实验仪器能否满足实验课的需要情况：有31.2%的教师认为基本都能满足需要，有40%的教师认为能满足大部分需要，认为能满足小部分或不能满足的占8%。

（3）学校实验仪器耗材的补充能否满足实验课的需要情况：有36.8%的教师基本都能满足，有32.8%的教师认为能满足大部分，能满足小部分或不能满足的占10.4%。

（4）实验教学最大的困难排前三位的因素有：时间不够（44%）、实验设备不足（41%）和教学秩序混乱（6.4%）（见表9）。

表9 物理实验教学仪器情况

动手开发和设计新实验项目或实验器材的次数？	A. 6次以上	B. 5~6次	C. 3~4次	D. 1~2次	E. 没有
	31.2%	13.6%	24.8%	16.0%	14.4%
学校现有的实验仪器能否满足实验课的需要？	A. 基本都能满足	B. 能满足大部分	C. 满足一半左右	D. 满足小部分	E. 不能满足
	31.2%	40.0%	20.8%	4.8%	3.2%
学校实验仪器耗材的补充能否满足实验课的需要？	A. 基本都能满足	B. 能满足大部分	C. 满足一半左右	D. 满足小部分	E. 不能满足
	36.8%	32.8%	20.0%	5.6%	4.8%
进行实验教学最大的困难是？	时间不够		实验设备不足		教学秩序混乱
	44.0%		41.0%		6.4%

资料来源：针对初中物理教学影响因素的问卷调研。

总体来看，大部分教师都有自己开发实验或实验器材的经历；有一半以上学校的实验设备、仪器和实验耗材不能满足现在实验教学的需要；造成实验教学困难的原因排前三位的分别是：实验时间不够、实验设备不足和教学秩序混乱。

四　教学研究改进建议

（一）以监测数据为依据，提出教育教学策略

阳光评价渗透到中学物理课堂，必然要重视评价依据的转变，改正传统教学中"唯分数论"的不足。基于监测结果，进行综合分析，结合学生实际，判断学生存在的问题，才能科学、有效地进行教学策略的调整。从一节课的教学策略，到学校教学管理策略，再到教科研的研究策略，层层递进，以监测数据为依据落实策略调整，有针对性地全面落实立德树人根本任务，提高学生科学素养（见图3）。

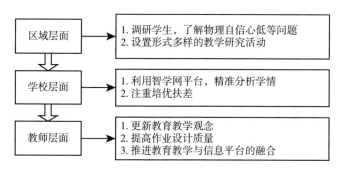

图3　教育教学质量提高策略

区域层面：以全面提高荔湾区初中物理阶段学生学业水平质量为目标，基于"双减"背景，设计调查问卷，了解学生物理学习信心不足的具体原因。结合区域学生的实际情况，组织研究人员对调查结果进行综合分析，寻找问题根源，讨论解决思路与方法。组织教研活动，结合一线教师的实践经验，鼓励教师转变教学理念，运用多种方法提高学生的物理学习信心。全力

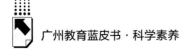

落实并推进"强腰教学计划",务求"减负—增效—提质"。

学校层面:结合智学网平台的数据,进行更为科学精准地学情分析。关注不同层级学生,设计培养方案,进行有针对性地培优扶差。评价的角度多样化,从德智体美劳多角度去挖掘学生的闪光点。通过阳光积极的评价体系,点燃学生的求学热情,在多角度科学的评价体系下,促进学生更加全面的发展。

教师层面:教师基于阳光评价的教学理念,以核心素养为导向,对传统的课堂进行优化,突出学生的主体地位。在实践中不断更新教学理念,打造高效课堂,不断优化教学组织形式。通过创设物理情境,开展问题导向下的互动式、启发式、探究式、体验式等高效物理课堂。在教学实践中,注重研究性和验证性的教学,加强课题研究、项目设计、研究性学习等跨学科综合性教学。作业设计注重科学性,提高作业设计的实用价值,有针对性地布置符合物理学科特性的探究性、实践性、综合性作业。以阳光评价系统为导向,将物理学科与学生身心发展相结合,注重对学生学习兴趣的培养。在教学过程中,激发学生的学习动机,增强学生的自我效能感。在实验中,培养学生的科学探究精神,渗透物理学科严谨的科学态度。

(二)结合新课程标准要求,更新教育教学理念(见图4)

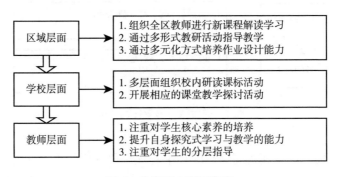

图 4 教学理念更新策略

区域层面:以教、学、考的一致性为出发点,基于义务教育新课程、新课标的颁布与实施,及时组织全区教师进行新课程标准解读学习。以专题讲座、公开课展示和专家点评等形式，在视导课、蹲点教研、"强腰教学工程"专题教研和区教研等场合，引导教师注重对学生科学思维能力的培养，提升探究式教学能力。充分发挥教科研活动的示范引领作用，指导学校建设阳光评价科组，推动教师的成长。以课题研究、专业比赛为契机，指导教师提升多元化作业设计能力。

学校层面：以科组集备、校内集体教研等形式，组织教师集体研读新课程标准，开展学习心得交流会、基于新课标与阳光评价的课堂教学设计研讨等活动。引导教师更新教学理念，更新教学设计，优化以新课标为引领的课堂环节设计。以新课标为指导，结合阳光评价的内容，实现荔湾区科学学科教学水平的全面提升。

教师层面：研读新课程标准，关注对学生核心素养的培养，从物理观念、科学思维、科学探究、科学态度与责任四个方面，结合阳光评价的中心思想，更新教学理念。关注各个层级学生的发展，对不同层级学生给予有针对性的指导。整合探究式教学与学生身心发展规律，提升探究式教学能力。对于学生的评价，既要考虑全方位、多方面发展原则，也要从多角度去增强学生学习的积极性。结合阳光评价体系，在培养过程中挖掘学生的天赋，引导学生积极探索，在科学探究中培养学生的科学思维。

（三）强化实验教学，促进学生科学素养的发展

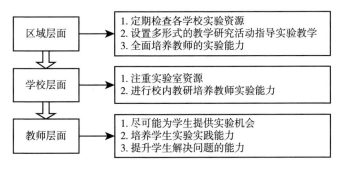

图5 实验教学强化策略

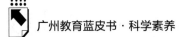

区域层面:实验是培养创新型人才的重要途径,阳光评价需要结合学科特征,促进学生实验动手能力和实验创新能力的发展。通过定期检查各学校物理实验室、实验仪器和设备、实验耗材等情况,促进区域学校实验室的建设与发展。利用实验专题讲座、实验技能比赛、实验教学微课比赛等方式,在视导听课、蹲点教研、"强腰教学工程"专题教研和区教研等场合,指导物理教师改进创新实验教学,提高教师物理实验操作水平和实验教学水平。

学校层面:依据课程标准要求开齐物理实验课程,定期检查并及时补充实验耗材,重视实验室的建设、实验仪器和设备的配置。注重教师实验能力培养,进行实验教学专题培训,通过实验技能比赛、科技活动等方式,培养教师物理实验操作水平和实验教学水平。以阳光评价环节为依据,设计科技活动节,引导学生创新实验设计,培养学生科学兴趣。

教师层面:在教学环节设计中,尽可能给学生提供动手实验的机会,引导学生在实验探究中获得自我效能感,提升学习兴趣。在实验操作中给予学生适当的指引,通过循序渐进的实验操作,让学生体会完成实验的满足感。培养学生物理观念,形成用物理的思想去看待问题、思考问题、解决问题的思维习惯。从生活中的现象出发,联系相关的物理概念,提出问题,引导学生进行实验探究。学生从实验中发现新的问题,解决困惑,完成知识内化的过程。由传统的教师讲、学生听,转化为学生动手探究,体现阳光评价的多元性。

五 解决问题的效果

本研究依据科学监测数据,聚焦物理教学关键因素进行调查研究,从区域到学校再到教师角度进行分析,体现阳光评价的实用价值。实践表明,区域内物理教学质量得到有效提升。

通过区域、学校和教师多层面近两年的努力,教师探究能力、实验教学能力和科研能力均有明显提高,论文方面:荔湾区有2位教师论文获全国一等奖，2 位教师参加人民教育出版社和课程教材研究所主办的"中学物理教学创新交流活动"展示，2 位老师获广东省中学物理教学改革成果交流的物理教学论文一等奖。实验创新方面：2 位教师创新实验作品获全国一等奖，3 位老师实验创新作品参加人民教育出版社和课程教材研究所主办的"中学物理教学创新交流活动"参展，2 位教师分别获广东省中学物理教学改革成果交流的创新实验一、二等奖。优秀课例方面：5 位教师获评基础教育精品课省优课，7 位教师获评市优课；6 位教师的精品实验课获评市优课；教师区级以上课题立项 20 项。

基于阳光评价的教育监测，旨在通过判断学生存在的问题，运用阳光评价的思想，对教育教学工作进行改进，最终目的是提高教育教学质量。后测数据表明，学生的物理学习自我效能感增强了，区中考成绩亦取得较大进步，尤其优秀率涨幅最大。学生在积极的学习氛围中进行探究式学习，自主学习能力和实验意识得到培养，动手实践能力得到提升。从传统的分数评价转化为形式丰富的阳光评价，完成从结果评价到过程评价的提升。

参考文献

中华人民共和国教育部：《义务教育物理课程标准》，北京师范大学出版社，2022。

谢桂英：《运用"四味"物理课堂提升初中学生物理素养》，《物理教学》2019 年第 8 期。

谢桂英、余耿华：《"双减"背景下初中物理作业设计与实施探索——以《物理》8 年级上册为例》，《物理教师》2022 年第 43 期。

B.9

"探索娃在研究"项目式学习提升
广州市小学生科学素养调查报告

邓贝 郑琪*

摘 要: 为进一步拓展学生科学学习的方式和分享平台,广州市天河区华阳小学依托"华阳少科院"开展"探索娃在研究"项目式学习。该项目式学习打破时间限制、突破空间壁垒、创造展示平台、健全评价机制,通过实验趣分享、发明乐创造、数据传星火三个子项目进行设计、实施与评价。2022年广州市智慧阳光评价·科学素养测评结果显示:参与项目式学习的测评学生的与探究实践相关的程序性知识显著增加、运用科学证据的能力显著提高,表明"探索娃在研究"项目式学习的实施对提升学生科学素养具有重要作用。

关键词: 项目式学习 科学素养 科学教育 广州市

项目式学习是一种以学生为中心设计执行项目的教学和学习方法,从而提升学生的学习效果,在一定的时间内,学生选择、计划、提出一个项目构思,通过多种途径解决实际问题。为了更好地激发学生的科学学习兴趣,营造爱科学、学科学、用科学、玩科学的探索氛围,天河区华阳小学自2019年开展了"探索娃在研究"项目式学习,该项目自创设起面向集团校内所有学生,鼓励学生用心观察、发现问题、勇于探究,学生可以将项目研究过

---

* 邓贝,广州市天河区华阳小学科学教师,中小学二级教师,"探索娃在研究"项目课程建设组成员,主要研究方向为小学科学教育实践;郑琪,广州市天河区华阳小学科学教师,"探索娃在研究"项目课程建设组成员,主要研究方向为小学科学教育实践。

程整理后发表在"华阳少科院"微信公众号上，既能展示自我风采、激发进一步探索的内驱力，又能辐射引领其他学生一起研究。2023 年 2 月 21 日，习近平总书记在中共中央政治局就加强基础研究进行第三次集体学习时强调："要在教育'双减'中做好科学教育加法，激发青少年好奇心、想象力、探求欲，培育具备科学家潜质、愿意献身科学研究事业的青少年群体。"①"探索娃在研究"项目正是对这一理念的实践。

一 "探索娃在研究"项目的设计、实施与评价

"探索娃在研究"项目的目标是播种、摆渡、引领，为爱好科学的学生搭建展示的平台，发现并培育科技好苗子。该项目通过实验趣分享、发明乐创造、数据传星火三个子项目进行设计、实施与评价，截至 2023 年 5 月 11 日已发表 107 期文章，涵盖低、中、高不同年段，让不同年段的学生都能在做中学、玩中学、学中思，从而不断提升学生的科学素养。

（一）实验趣分享

发展学生科学素养，要激发学生探究的兴趣。小学科学学习遵循学生生活经验的增长规律、认知规律和心理、生理特点，从而逐步构建起小学生生活经验发展的脉络，并以此为"切入点"和"生长基"，循序渐进地展开科学探究活动②。但课上的时间有限，无法满足学生教材之外的探索欲，因此在"探索娃在研究"项目式学习中，鼓励学生自主探究感兴趣的实验，或者结合课堂所学，尝试老师分享的拓展实验，将探究活动拓展到生活中去，引领学生将课本中的科学实验探究活动与生活实际联系起来，将科学知识运用于生活、服务于生活，拉近科学与学生生活的距离，实现学生从学科学到玩科学的转变。

---

① 《习近平在中共中央政治局第三次集体学习时强调 切实加强基础研究 夯实科技自立自强根基》，新华网（2023 年 2 月 21 日），https://mp.weixin.qq.com/s/mwUBgSzSjrkkowlUXRbNTQ，最后检索时间：2023 年 8 月 15 日。
② 魏立峰：《小学科学实验探究活动的课外拓展与延伸》，《中国教育技术装备》2014 年第 15 期，第 140~141 页。

在往期发表的项目式学习文章中，学生结合所学知识开展了许多拓展实验研究。在低年段，当学完植物单元后，有的学生研究种子的萌发条件、分享种植经历与植物观察记录；有的学生喜欢动物，学完动物单元后，自己定制了蚂蚁工坊观察蚂蚁的生活习性；还有的学生对溶解现象感兴趣，于是用水和白糖配成不同浓度的糖水，再加上色素就制成了分层彩虹水，如图1所示。

图1　学生种植植物，观察蚂蚁工坊，自制分层彩虹水

系列研究也是该项目的一大亮点，学生可以根据他人的分享多角度深入探究，例如：一张纸除了用来书写、绘画、包装，还有强大的力量，有的学生尝试将纸折成不同形状（三棱柱、四棱柱、八棱柱、圆柱）探究纸的称重能力，还有的学生实地探访华南理工大学制浆造纸工程国家重点实验室，在工作人员的指引下，了解纸的历史、体验"造纸术"，不仅了解技术的发

展、文化的传承，还能感受到一张纸背后无数人的心血和努力，学会节约用纸，如图2所示。

图 2　学生探究纸的称重能力，体验造纸

在中、高年段，学生的探究实践由浅入深，更加关注科学原理，体现了学习进阶。例如运用控制变量模拟鸡蛋在海水中的沉浮；将生鸡蛋泡在白醋里，观察记录鸡蛋壳的变化从而研究物质的变化与化学反应；提取并对比分析洋葱和黑枸杞中的花青素等。

除了实验分享，中、高年段的学生实践探究能力也不断提高，很多学生能够尝试运用科技小制作探究科学原理。例如有的学生自制移动摄像小车，研究稳定拍摄的原理；有的学生结合电磁铁知识制作电磁起重机，破解起重机搬运的奥秘；有的学生 DIY 电子琴探究发声原理；有的学生 DIY 紫外线验钞机帮助人们识别人民币；有的学生自制全息 3D 投影仪，实现裸眼看立体影像的效果；有的学生制作仿生机器人，揭秘人工智能，如图 3 所示。

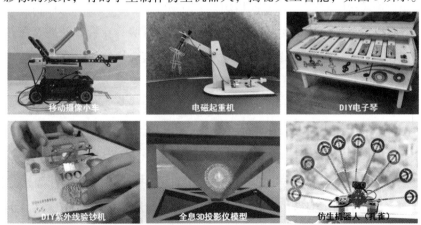

图 3　学生研究科技小制作探索原理

（二）发明乐创造

发展学生科学素养，要拓展学生科技创新实践的空间，创造学生展示交流的平台。在学习中需要培养学生的逆向思维、发散思维和创造思维。众所周知，创造能力是创新教育的核心，创造能力的形成与发展对培养未来需要的创新人才具有重要意义。在教育实践中需要教师引导学生留心观察生活，寻找生活中不方便使用并能加以改进的物品，运用创造发明的方法如"加一加""减一减""改一改""反一反"等方式尝试改进物品，鼓励学生发现问题、提出问题、分析问题、解决问题，从而培养学生的创造性思维和创造能力。

学生在生活中有许多奇思妙想，中、高年段学生掌握的科学知识越来越丰富，对信息技术的运用能力也在不断提升，他们结合时事热点发明创造了许多作品。例如在新冠疫情防控期间，有的学生就设计制作了"智能防控防聚集装置"，通过视觉模块，结合非接触式温度传感器，当被测人员温度正常时，门会自动打开。场所内另设一个视觉模块用于检验场所内人员数量，如果人员数量等于或大于所设置的人数上限，就会语音播报"疫情期间，请勿聚集！"及时提醒人们不要在密闭场所聚集；还有的学生为了解决疫情防控下人们生活的各种不便，设计了智能垃圾投递机器人，让人们足不出户就能达到准确投递垃圾的效果；有的学生DIY了简易呼吸机，利用风泵的微风压对人的呼吸进行模拟，从而帮助呼吸困难的人进行呼吸；在社区开展全民核酸检测时，为了减轻医务人员的工作压力，设计了核酸检测机器人和搬运机器人，如图4所示。

还有的学生结合生活中遇到的问题想出了应对之策，例如有的学生探究了眼睛近视的原理，通过请教眼科医生设计了3D护眼旋转灯，充分运用科学知识创造性地解决了生活中遇到的问题；还有的学生发现晚上小区里隔音效果较差，练琴的声音经常会影响人们休息，于是研究了不同材料的隔音效果，后续在此基础上利用编程知识设计制作了"琴童音量管控机器人"，可以自己设置分贝提醒装置，当声音达到设置的音量上限时就会语音提醒，小巧的设

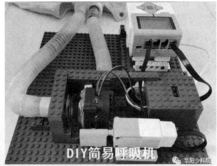

图4 学生结合时事热点创造作品

计既便携又实用；当今社会饲养宠物在人类生活中越来越普遍，但因为工作、学习等原因往往不能很好地喂养家中的宠物，而市面上的宠物喂养器虽然能按照预设的时间给宠物喂食，但不能根据实际需求来喂养宠物，因此有学生运用所学的编程知识制作了"智能宠物喂养器"，通过编程改变舵机角度实现给宠物定时投喂功能，而且能够通过液位开关监测水位，当水箱水不足时蜂鸣器响起提醒及时补水，还能在宠物长时间未喝水时更换洁净的饮用水；地球是我们赖以生存的家园，水作为生命之源对我们的生活有着重大意义，而如今的环境污染越来越严重，尤其是水污染，不仅对水的生态造成了很大的影响，也严重威胁着人的身体健康。为了帮助清除水中的污染，学生创作了"水上机器人"，不仅安全（无人）、结构简单、重量轻而且尺寸小、造价低，是一种非常适合于湖面清洁、水上作业的既经济又安全的工具，操作人员只需控制方向和漏斗的抬放即可完成水上垃圾清洁操作，如图5所示。

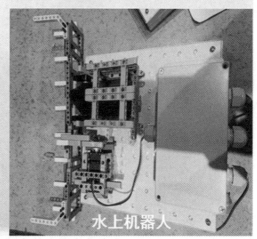

图5　学生解决生活难题创作作品

还有的学生开始接触云服务器，学习搭建属于自己的网站；团队合作设计分拣芯片的制造工厂，如图6所示。

图6　学生实现探究兴趣创作作品

（三）数据传星火

发展科学素养，要加大学生理想信念教育力度。习近平总书记高度重视筑牢少年儿童的理想之基、信念之塔，对少年儿童寄予殷切期望，指明奋斗方向："从小坚定听党话、跟党走的决心，刻苦学习，树立理想，砥砺品格，增长本领，努力实现德智体美劳全面发展。"广州智慧阳光测评的学科素养中包含数学素养和科学素养，科学与数学都涉及数据分析，而大数据是社会发展的必然趋势，人们对于数据的关注以及研究越来越重视，数据分析的应用越来越广泛。因此有必要在小学教育阶段培养学生数据分析能力，而根据小学生年龄、思维方式和心理特征，教师应在数据分析中提高实践性和趣味性[1]。

华阳小学在此背景下一直尝试在各学科中渗透立志教育，弘扬以爱国主义为核心的民族精神，引导学生树立远大理想，增强自尊心、自信心、自豪感。"数据传星火"子项目中学生通过文献检索、资料查询、访谈调查等方式获取信息，调查了建党 100 周年以来祖国发生的变化，包括从新中国成立以来全民基础教育（部分数据）概况看社会进步；从中国铁路运营里程的发展、中国汽车行业状况、中国航天运载火箭发展历程等看中国经济腾飞；从家庭彩电拥有量与衣食住行品质提高、人均寿命延长等看中国居民生活质量水平的提高。图 7 为部分学生根据所选主题撰写的研究报告，文中再结合具体数据得出结论。

学生在深入调查、分析数据的过程中，不仅提高了数据分析的能力，而且能感受到祖国经济、科研技术的突飞猛进，激发民族自豪感。

祖国的繁荣富强离不开革命先辈的牺牲与奉献。饮水思源，从数据分析中可以看到延安精神的诞生与传承，如学生对比了延安时期耕地面积和粮食产量与新时期农村人口数量和人均可支配收入变化、陕甘宁边区财政支出和2012~2022 年国家一般财政支出预算，结合历史视频，了解边区军民经受严峻考验后不畏艰险、艰苦拼搏终于渡过经济和生活上的难关，也让学生感受

---

[1] 张亮亮：《大数据时代下小学生数据分析观念的培养》，《科技资讯》2021 年第 3 期，第 31~33 页。

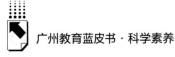

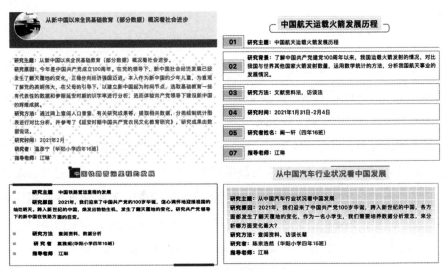

图7　学生撰写的研究报告

中国共产党人自力更生、艰苦奋斗的优良品质；从北斗卫星发射到研制北斗卫星导航系统，学生通过航天科技的发展感受我国综合国力的提升。科教兴国，在学生心中已种下科技的种子。

在整个研究过程中引导学生根据主题收集数据，并以柱状图、折线图、饼状图等图表方式绘制统计表，再分析数据，如图8所示。"星星之火可以燎原"，虽然对于小学生来说研究的深度、广度还不够充分，但随着知识能力和信息技术水平的提升，学生的数据分析能力一定能逐步增长。

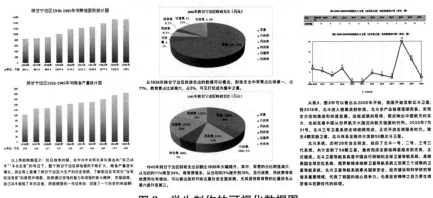

图8　学生制作的可视化数据图

二 "探索娃在研究"项目式学习的实践效果

2022 年广州市智慧阳光评价·科学素养测评抽取了华阳小学五年级 3 个班共计 134 名学生为样本进行测评，基于测评数据，参照差异程度百分比，对比该校五年级学生在科学知识、科学能力、科学态度三方面与本区及本市五年级学生的差异，分析该校学生的科学素养水平。

（一）"科学知识"测评分析

科学知识从学生的认知过程角度进行测评，涵盖了内容性知识、认知性知识、程序性知识三方面。

如图 9 所示，华阳小学五年级学生内容性知识、认知性知识、程序性知识水平均高于本区及本市五年级学生。结合表 1 数据，计算不同知识类型差异程度百分比，发现该校五年级学生在科学知识测评中，内容性知识超出本区五年级学生 15.33%，超出本市五年级学生 23.55%；认知性知识超出本区五年级学生 10.92%，超出本市五年级学生 19.92%；程序性知识超出本

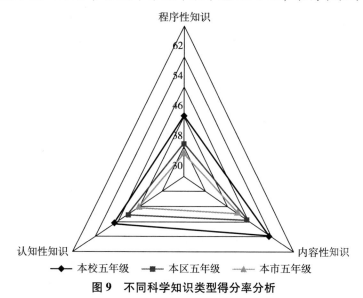

图 9 不同科学知识类型得分率分析

区五年级学生18.72%，超出本市五年级学生27.68%。不难发现，该校五年级学生在三种类型的科学知识中，对比其他群体学生占优势的显著程度为程序性知识>内容性知识>认知性知识。由此可推测，"探索娃在研究"项目式学习的推行，帮助学生在探究实践中发展程序性知识、巩固内容性知识、掌握认知性知识。

表1　不同科学知识类型得分率情况

分类	内容性知识	认知性知识	程序性知识
本市五年级	49.76	46.08	36.31
本区五年级	53.31	49.82	39.05
本校五年级	61.48	55.26	46.36

注：①内容性知识：评估学生对事实、关系、过程、概念和设备等的知识。
②认知性知识：评估学生将科学知识与特定环境结合生成解释，解决实际问题的知识。
③程序性知识：评估学生能否运用推理、分析等方法得出结论，使用证据和科学理解来分析、综合和概括，将结论扩展到新领域的知识。

（二）"科学能力"测评分析

科学能力涵盖了识别科学问题、解释科学现象、运用科学证据的能力。这三种能力对科学实践有重要意义，例如归纳推理和演绎推理、系统性思维、批判性决策、信息转换都是上述三种能力的体现。

如图10所示，华阳小学五年级学生识别科学问题、解释科学现象、运用科学证据的能力均高于本区及本市五年级学生。结合表2数据，计算不同科学能力差异程度百分比，发现华阳小学五年级学生在科学能力测评中，识别科学问题能力超出本区五年级学生12.07%，超出本市五年级学生19.24%；解释科学现象能力超出本区五年级学生9.37%，超出本市五年级学生18.73%；运用科学证据能力超出本区五年级学生19.60%，超出本市五年级学生28.72%。由此可得，华阳小学五年级学生在三种类型的科学能力中，对比其他群体学生占优势的显著程度为运用科学证据>识别科学问题>解释科学现象。运用科学证据能力的显著占优再次佐证了"探索娃在研究"项目式学习在促进学生科学能力上的作用。

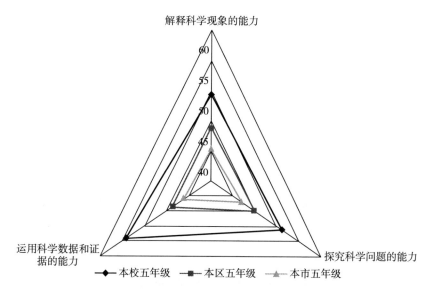

图 10 不同科学能力类型得分率分析

表 2 不同科学能力类型得分率情况

分类	识别科学问题	解释科学现象	运用科学证据
本市五年级	46.94	45.23	45.75
本区五年级	49.94	49.10	49.24
本校五年级	55.97	53.70	58.89

注：①识别科学问题能力：能够识别科学问题与非科学问题，对科学问题进行检验、论证提出改进意见。

②解释科学现象能力：包括在特定情况下应用科学知识，科学地描述或解释现象，进行预测。

③运用科学证据能力：包括解释科学结论、理解结论背后的假设和推理、反思科学技术发展给社会带来的意义。

（三）"科学态度"测评分析

学生的主观态度在一定程度上会影响学生科学素养的发展，广州素养测评将学生的科学态度分为科学兴趣、科学信心（自我效能感）两方面。由

图 11 可知五年级科学兴趣、科学信心得分率均高于区均值（见表3）。学校将优秀的项目式学习成果发表在"华阳少科院"公众号上，给学生提供了优质的展示平台，这势必会进一步提升学生对科学的兴趣及学生在今后科学学习中的信心。

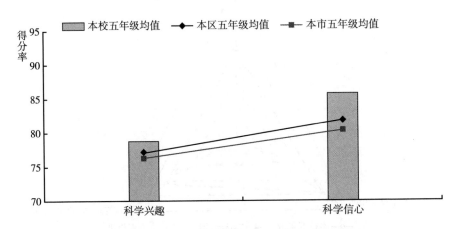

图 11　不同科学态度的科学素养得分率分析

表 3　不同科学态度的科学素养得分率情况

分类	科学兴趣	科学信心
本市五年级	76.30	80.37
本区五年级	76.98	81.80
本校五年级	78.89	85.86

三　"探索娃在研究"项目式学习的实践经验

"探索娃在研究"项目式学习自创立以来，一直致力于丰富科学学习方式、提升探究实践能力、培育创造发明意识。以项目助力成长，以实践落实素养，尤为注重广州科学素养测评与科学教育的有机结合，深受学生家长们的喜爱，根据实施效果，做出如下经验总结。

（一）家校社多方协同促进学生科学探究能力发展

在小学阶段，学生对世界的认知正从"简单认识"转化为"科学概念"，这一过程集中发生在课堂学习中。而就我国教育现状而言，课堂上学生的主体地位发挥不充分，主要依靠教师讲授，并且由于校内课时有限，极易出现内容性知识和认知性知识掌握情况好而程序性知识不足的"高分低能"现象。此时家庭教育就发挥着重要的补位功能，与学校教育相互配合，更好地完成对孩子科学素养的培育。

"探索娃在研究"项目式学习鼓励学生将课上所学或日常观察取得的研究成果以公众号文章的形式投稿。一方面为学生家长提供科学研究的展示平台；另一方面为家庭提供更为充足的实践场地和实践资源。在此过程中，调动家庭参与科学素养培育的积极性，发挥家庭教育灵活性高、针对性强等优点，补足学生在学校教育中自主实践探究的缺失。学生探究过程中，科学老师同时帮助提高家长的科学素养及教育技能，增强家长对孩子科学素养培育的信心和与孩子沟通的技巧，有利于家庭亲子关系的和谐，搭建学生与家长之间、教师与家长之间、家长与家长之间多方交流的桥梁。最终项目成果的发表，对学生及家长而言都是莫大的鼓励与肯定，促成多次投稿小循环、家校合作大循环。

"探索娃在研究"项目式学习的成果经"华阳少科院"公众号发表后在社会上引起了广泛关注，2022年12月22日，广州日报记者采访该项目并在社区报版面刊登了题为"小学生创意制作玩科学"的报道。

（二）结构化设计项目式学习培养学生科学素养

"探索娃在研究"项目式学习由实验趣分享、发明乐创造、数据传星火三个子项目构成，子项目的设计围绕科学素养展开，层层递进体现学习进阶。在具体实施中结合学校生本理念，让学生自主选择感兴趣的内容进行研究，并以文字和视频记录研究过程，做到了充分尊重与信任学生。《学习金字塔理论》显示：听讲、阅读、视听、演示等被动学习时，学生的学习内容保持率相对比较低；而讨论、实践、教授给他人等主动学习的信息保存率较高，尤其是教授给他人，学习内容保存率高达90%[①]。该项目式学习改变了学生学习的方式，从教师教变为学生教，从要我学变为我要学，学生在梳理研究报告和录制视频中进一步巩固科学观念，掌握思维方法，提升实践能力，树立科学态度。

实验趣分享旨在让学生掌握基本的科学方法，具有初步的探究实践能力。小学生好奇心强，对科学实验有浓厚的兴趣，当学生确定想要研究的主题后，教师会引导学生从研究背景、实验材料、实验步骤、实验现象、实验结论及原理、在生活中的拓展应用等方面记录研究过程。对于动手实践能力比较强的学生，教师鼓励学生应用科学原理设计并制作简单的装置，提升设计、实施、验证与改进的能力，做到以教促学。

发明乐创造旨在针对生活中遇到的问题提出创造性的见解和方案，培养创新思维，提高解决问题的能力。该子项目根据学生学情分层次设计了项目式学习方案，例如在寒暑假发布"创意金点子"征集活动，引导学生在实际生活中发现问题，以"改善人类生活"为主题运用所学知识完成创意金点子或设计发明作品，从创作缘由、思路和过程、科学性、先进性、实用性等方面给学生搭建支架。实践能力较弱的学生，以手绘图形式提交；实践能力较强的学生以模型或实物作品提交。为了激励学生的创新精神，给积极参与的学生评奖并择优推荐科技创新大赛，做到以赛促学。

数据传星火旨在让学生通过查阅资料、实地调查、咨询访谈等方式获取信息，运用图表分析处理数据，提高收集、处理信息的能力，培养实事求是的科学态度。学生根据主题选择研究领域，从研究目的、研究方法、研究过程、收获感想等方面撰写研究报告，做到以研促学。

（三）发挥网络自媒体优势营造科学学习氛围

"探索娃在研究"项目式学习依托"华阳少科院"微信公众号展示学生

---

① 陈琳琳、张虹萍：《"学习金字塔"理论在历史问题教学法中的运用》，《经济师》2022年第8期，第180~181、183页。

研究成果，发挥网络自媒体优势，从而打破时间限制、突破空间壁垒，为爱好科学的学生创造了学习、交流、分享的平台，营造了浓厚的科学学习氛围。从 2019 年 5 月至 2023 年 5 月，"华阳少科院"微信公众号累计关注人数达 3944 人，辐射范围广泛。在平台的推广下，"探索娃在研究"项目系列成果也获得了较高的阅读量，如："纸"想遇见你、细菌培养小实验、智能宠物喂养器三期成果展示超 600 人阅读。为了进一步激发学生学习科学的兴趣，以点带面发挥榜样作用，当学生的研究成果发表后，教师在班级内展示并表扬，家长们纷纷表示学生受到了很大的鼓舞，想要尝试更多科学探究。由此可见，平台的榜样示范与激励功能不仅让更多学生参与到项目式学习中来，更让家长增强了对学校的认同感，为家校共育添砖加瓦。

四　"探索娃在研究"项目式学习未来计划

（一）项目式学习与课程教学相嵌套

项目式学习对学生科学素养的发展与提高显而易见，因此更应该全面发挥其作用，将项目式学习与课程教学相嵌套，提高小学科学教学质量。

目前学生对项目的构思多数源于自身感兴趣的方向，缺乏系统的指引，在接下来的项目式学习中，我们将把重心放在指引学生去研究课程中的项目。要在课堂上实现项目式学习，对学生的科学探究能力是不小的挑战，它强调学生对习得知识技能的应用，并且需要学生有一定的自学能力，更适合在有一定能力基础的中高年段进行。比如三年级以蚕的生长为例探究动物的一生；四年级通过运动的小车探究运动和力的关系及力对改变物体运动状态的影响；五年级通过水的蒸发和凝结、热在金属和水中的传递等探究热现象的原理；六年级通过昼夜交替与四季变换探究地球的自转与公转等。这些知识贴近学生的日常生活，提供适当的指引及"脚手架"，学生就能在解决实际问题的过程中锻炼综合、分析、判断等高层次思维技能。

除了教科书上的知识，对于一些概念原理，教师可以给予一定的"留白"，以激发学生进一步探究的欲望。比如在学习种子的传播一课中，动物传播的方式远不止通过动物的皮毛和啃食，将这部分内容交由学生自行去探究，完成后再给全班做分享，这不仅可以丰富课堂知识，还可以增强学生的科学自信。

（二）项目式学习与教师教研相结合

要想实现项目式学习与课程教学的有效嵌合，少不了教师团队的研修研学。事实上，并不是所有的知识都适用项目式学习，教师在实施项目式学习课程前，首先应依据教学实际，研讨高度适配、行之有效的项目。这些项目应该具有以下特点：其一，多为探究性内容，有明确的待解决问题作为项目的目标，指引学生的学习；其二，与学生的日常生活贴近，帮助学生从知识技能和生活经验两方面入手解决问题。

确定好可供实践的项目后，教师应先对项目进行预设计：包括依据核心素养设置学习目标、提出具有驱动性的问题、创设一个真实的情境、完善多维度的评价机制等。除此之外，还需要根据学生的知识基础、能力素养提供恰如其分的"脚手架"，在解决问题的过程中，充分调动学生积极性，引导学生运用"脚手架"完成项目。项目完成后，需要教师对项目的完成情况做整体评析，及时肯定学生的成果，增强学生的科学自信心，并进一步分析过程中出现的问题，完善下一次的项目设计。

（三）项目式学习与学生学习共同体相促进

项目式学习是从建构主义教学理论中衍生的一种教学方法，这个学习过程以知识为依托、以验证学习为目的、以推进项目的开展为手段，强调小组成员间合作的重要性。因此，组建有效的学生学习共同体，对学生运用科学能力、获取科学知识、提升自身素养都有重要作用。

首先，课堂上的学习过程需要学生组成学习共同体。学习共同体的组成不宜简单粗暴地采取就近原则，而应该综合考虑学生的知识基础、个人能力、身心发展的差异，做到组内异质、组间同质，进而促进同质竞争、异质帮扶。学习共同体不仅促进项目式学习，项目式学习的形式也促进学习共同体彼此间的磨合。在这过程中，项目解决方法的选择、共同体内部的组建与分工、过程中成员的沟通与合作等，都在一步步加强学生的合作意识、团队意识。

其次，学习共同体不应拘泥于课堂，课后的学生社团也是重要的表现形式。志趣相投的学生聚集在一起，共同研究一个又一个有趣的项目，与此同时，对于课堂上教师的"留白"都可以在社团活动中进行"补白"，既丰富了课堂知识，又在以此为基础的学习方法中，让学生的个性和能力都获得相应的提升。

（四）项目式学习与跨学科学习深度融合

2020 年广州智慧阳光测评新增学业发展维度下的学科素养以及劳动实践维度。其中，学科素养分为数学素养、科学素养和阅读素养；劳动实践维度下设劳动素养。《科学课程标准》（2022 年版）新增四个跨学科概念，倡导开展跨学科学习。在接下来的项目式学习中，学校将围绕"科学+语文""科学+数学""科学+美术""科学+劳动"开展跨学科深度融合。

"科学+语文"跨学科项目式学习可以挖掘科学教材中同语文相关联的阅读、实验、写作素材，例如可以讲解"科学家的故事"，提升语言表达能力，渗透立志教育；开展植物种植、养蚕等活动，让学生了解生命周期，通过撰写观察日记培养持续观察、记录、整理资料、形成结论的能力；结合语文教材中的"花钟""吹泡泡"，写作中的"做一个小实验"，让学生像科学家一样提出问题并进行研究。

"科学+数学"跨学科项目式学习可以将很多数学方法运用到科学的实验研究中。例如研究凤仙花茎的生长变化规律时，运用数学统计方法将每天观察记录的高度数据转化为更加直观的折线统计图，发展学生的数据处理能力；学习宇宙中的星座时，运用数学课上学习的东西南北四个方向，极大地帮助学生辨别星座间的方位及绘制地图。

"科学+美术"跨学科项目式学习可以在科学作品中提高学生感受美、

欣赏美、创造美的能力。例如低年段科学和美术教材中都有动物的知识，因此可以在学习完动物的结构特征与生活习性后借助绘画记录观察到的动物，还可以用黏土捏出动物及其生活的环境，在创作的同时又和美术的艺术表现做区分，强调科学学科的严谨性与实事求是；在高年段电路单元，可以结合节日设计制作发光贺卡展开项目式学习，通过创设真实情境，掌握工程设计的一般流程，在完成实物模型或作品的过程中运用美术的艺术表现形式增强美感。

"科学+劳动"跨学科项目式学习可以在科学教学中融入劳动实践、体会劳动价值、培育劳动精神。例如开展科学种植活动时，让学生翻土、播种、施肥、除草、浇水，感受劳动的快乐与辛苦，从而珍惜粮食；结合三年级的养蚕，教师可以在科学课上讲解抽丝的方法，让学生课后尝试利用蚕茧抽丝制作蚕丝扇，通过了解古代丝绸之路感受劳动人民的智慧，树立文化自信意识。

参考文献

中华人民共和国教育部：《义务教育科学课程标准（2022 年版）》，北京师范大学出版社，2022。

韦英哲、穗教研：《智慧阳光评价，破解"唯分数"顽疾——中小学教育质量综合评价改革的广州方案》，《广东教育（综合版）》2022 年第 1 期。

曾宝俊、胡紫霞：《小学科学跨学科概念的教学建议》，《湖北教育》（科学课）2022 年第 12 期。

刘忠学：《基于核心素养的小学科学跨学科学习的思考》，《湖北教育》（科学课）2022 年第 12 期。

黄申友：《小学科学项目式学习设计及优化策略——以"创意小乐器"项目为例》，《科教导刊》2021 年第 36 期。

和学新：《从规范教学秩序到构建学生发展的有效教学机制——我国教学组织形式变革 70 年的回顾与展望》，《课程·教材·教法》2019 年第 3 期。

B.10
"双减"背景下科学素养测评在小学
科学生活化教学实践中应用调查报告

——以广州为例

黄婉君　刘少君*

摘　要： 小学科学生活化教学实践直接关系创新型科研人才的培养，探索生活化教学模式可以为教师的课堂提供参考依据。本研究基于广州智慧阳光评价的理念、指标内容等，详细分析"双减"背景下科学素养测评在小学科学生活化教学实践中的应用路径。研究发现，在小学科学教研中教师大多以书本作为备课材料，忽略学生身边的生活素材；以学生取得高分为目标进行探讨，缺少对培养学生能力进行研究。小学科学课程中唯分数论的现象仍然存在，这使得小学生的科学素养无法得到发展。建议小学科学教师在教学理念、教学模式、评价方式等方面进行转型并结合生活化教学理念，对科学教学进行改革与创新。

关键词： "双减"政策　智慧阳光评价　小学科学　生活化教学　广州市

一　研究问题的提出

教育部颁布的《义务教育课程方案（2022年版）》和《义务教育科学课

---

* 黄婉君，广东番禺中学附属学校二级教师，主要研究方向为小学教育、班主任工作管理等；刘少君，佛山市南海区大沥实验小学高级教师，主要研究方向为科学教育、科技创新教育。

程标准（2022年版）》要求教师落实生活化的教育原则，将科学课与现实生活紧密相连。其目的就在于，要将单一的课本教学转化为贴近生活的、注重实践的生活化教学。科学课作为一门培养学生探究能力从而提升学生科学素养的课程，教师更需要在课堂上遵循生活化教学的原则，将科学知识与现实生活紧密相连，以生活化的教学方式，不断拓展学生的想象空间和促进学生的抽象思维能力发展。逐步培养学生的感性思维，促进学生学习科学知识并提升学生的综合素质，不断增强学生的自我认知，进而推进教学活动的有序开展。

广州智慧阳光评价是以学生电子成长档案为基础，为区域教育管理人员提供完整的综合素质评价的解决方案。在这种评价方式下，能全面了解学生的情况，结合信息技术更高效地帮助教师与学校对班级进行更好的管理。但在智慧阳光评价实施过程中，发现大部分教师对智慧阳光评价不够了解，仍在使用传统的评价模式，多数小学科学教师的专业能力不足，课堂质量不够好，任务的布置大多是抄、背、做等传统方式，忽视小学科学生活化的特点，同时也未能从科学核心素养上全面评价学生。

基于上述背景，本研究从教师结合智慧阳光评价创新发展校本化评价体系是否可行出发，明确小学科学教学需要一种新的模式，创建生活化的科学素养课堂。下文就针对智慧阳光评价在小学科学生活化教学实践中的应用开展探讨。

二　研究设计

（一）研究意义

1. 生活化教学对教学模式改革具有积极的推动作用

结合智慧阳光评价开展生活化教学实践，有助于提升小学科学课的整体教学质量和教学效率，保证教学的独特性和前瞻性，从而推动教学改革。这也是小学科学生活化教学的必然趋势，更是我国教育改革的必要条件。所以小学科学教师在日常授课中利用智慧阳光评价手段能够满足当前时代背景下教育改革的需求，进而推动我国的教学体制改革。

2. 生活化教学模式有助于提升教师教学水平

结合智慧阳光评价开展生活化教学实践，有助于教师对学生进行更加全面的了解。在"双减"政策的背景下，小学科学教师需要在教学过程中面对各个层次的学生。因此教师需要对班级内的学生进行全面了解，并且根据不同学生的实际情况来进行有针对性的教学，以保证不同层级的学生能够在有限的教学中充分掌握课上所学的知识。而利用智慧阳光评价手段，教师可以通过计算机技术了解学生的整体学习情况，并且形成直观的图表信息，让教师能够全面了解班级内每个学生的学习程度。

3. 生活化教学模式有助于促进学生个性化发展

结合智慧阳光评价开展生活化教学实践，有助于促进学生个性化发展。在传统的教育模式下，小学科学教师往往过分追求学生成绩，在上课、布置课后任务的过程中往往忽略了学生的个性化发展，这样会导致科学教育无法满足各个层级学生的发展需求。在"双减"政策的指导下，小学教师可以利用智慧阳光评价体系，设计全面发展学生的课堂任务、评价方式等并推动小学科学的生活化教学。课堂的设计，建立在教师全面了解学生的整体情况后，学生在学习过程中才能够充分理解教师讲述的知识，进而培养学生独立解决问题的能力，促进学生的个性化发展。

（二）研究方法

1. 文献分析法

通过阅读相关论文、期刊以及最新发布的国家政策与文件，全面解读《义务教育科学课程标准（2022年版）》中小学科学的核心素养要求和目标，查看了与智慧阳光评价相关的资料。从而找到背景支持，研究并探讨出生活化教学对于小学科学课堂的意义以及教学评价方式转变的必要性。

2. 访谈法

在本研究第五部分实践效果的分析与反思中，通过对5名学生一对一深度访谈的内容进行分析，得出学生对基于智慧阳光评价改革的综合评价表的

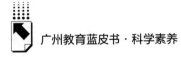

态度、感知有用性、感知易用性和自我效能感。

3. 课堂观察法

通过对科学课堂上的观察，了解科学课程与学生现实生活是否相结合、智慧阳光评价指标是否结合教师的评价体系实施，为深入研究生活化教学与智慧阳光评价做现实基础。

（三）研究框架

本研究的研究框架见图1。

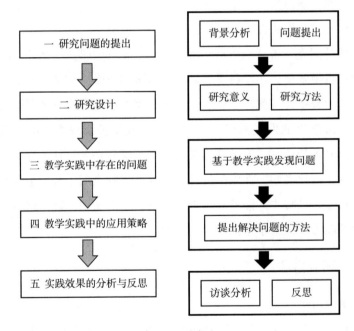

图1　研究框架

三　"双减"背景下小学科学生活化教学实践中存在的问题

在"双减"政策的背景下，传统的教学模式已经无法满足小学科学生活化教学需求，所以科学教师需要在授课过程中对现有的教学模式进行不断优化与创新，只有这样才能充分发挥智慧阳光评价指标的作用。但是从目前的教学情况来看，许多教师受到传统教学理念的影响，在教学过程中还是采用传统的教学模式，这就使得智慧阳光评价的作用无法得到充分发挥，学生也无法在学习过程中得到全面发展。传统的教学模式存在以下三个问题。

（一）课程设计没有贴近学生的生活

传统的教学模式下，教学方法单一，课堂的内容生硬，教师只是单纯地传授知识。具体情况如下：第一，情境的设计往往脱离学生生活实际。不是学生熟知的生活场景，学生难以形成具体的认知。第二，教学过程中虽然会设置学生学习的活动，但是过于形式化，没有让学生真正融入课堂。第三，课堂任务设置不合理，对于学生来说是在解决没必要的问题，难以吸引学生兴趣。在这样的教学模式下，课堂无法让学生产生共鸣，驱动力不足，属于无效课堂。此时，学生的学习是无意义的，无法提升学生学习科学的兴趣，也无法培养学生的科学素养。

（二）课后任务布置没有体现生活化特点

在小学科学生活化教学过程中，为了满足"双减"政策的要求，教师在布置课后任务的过程中就需要结合实际生活，为学生布置具有生活化特点的课后任务。但许多教师在布置课后任务的过程中往往只注重对课堂知识的巩固，没有将课后任务与实际生活联系起来。通常以习题的形式为主，都是填空题、判断题、选择题、主观题。这就导致学生在完成任务的过程中无法将所学的知识与实际生活联系起来，进而无法有效利用所学的知识解决实际生活中遇到的问题。因此，小学科学教师需要根据智慧阳光评价中各项指标设计课后任务，使得该任务能全面考察学生各方面的能力，进而提升学生的科学素养。

（三）缺乏合理的课程评价体系

想要保证小学科学生活化教学的有效性，就需要有一个完善的课程评价体系，但是在传统的课程评价体系中无法对学生进行全面了解。一般情况下，教师都是通过批改练习的方式，对学生掌握知识与技能的情况进行分数或等级评价。学生单从分数或者等级，无法了解自己其他方面的发展。教师也无法明确感受到自身的问题所在，进而阻碍小学科学生活化教学的全面开展。所以，小学科学教师需要利用智慧阳光评价指标保证课程评价体系的有效性，对学生的学业发展水平、身心发展水平、学习潜能、学业负担状况、对学校的认同等方面进行全面了解[①]，只有这样才能保证生活化教学的有效性。这些都需要教师在日常生活化教学的过程中转变教学观念，结合实际教学情况对现有的教学模式进行有效创新，只有这样才能满足小学科学的教学要求。

四 "双减"背景下智慧阳光评价在小学科学生活化教学实践中应用策略

为了提升智慧阳光评价指标在小学科学生活化教学中的作用，教师需要对现有的教学模式进行改变。根据生活化教学的概念，结合智慧阳光评价的指标，设计以智慧阳光评价为基础的生活化教学模式（见图2）。以下将结合教科版小学科学五年级下册第三单元第七小节《解决一个实际的环境问题》这节课，对该模式进行阐述。

（一）目标分类

这一环节是基于新课标要求，把这节课的教学目标按照科学知识、科学

---

① 韦英哲、穗教研：《智慧阳光评价，破解"唯分数"顽疾——中小学教育质量综合评价改革的广州方案》，《广东教育》（综合版）2022年第1期，第10页。

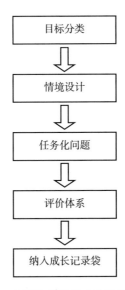

图 2　生活化教学模式的设计思路

能力和科学态度与价值观进行分类。该课在新课标对应的核心概念与学习内容要求分别是："7.4 人体的生命安全与生存环境密切相关"和"11.3 人类活动对环境的影响",即可生成本节课的目标并分类(见表1)。

表 1　《解决一个实际的环境问题》的目标分类

目标分类	内容
科学知识	(1)知道人类哪些活动对环境产生负面影响
	(2)知道一些具体的治理环境方法
科学能力	有一定的调查能力并能完成简单的调查报告
科学态度与价值观	意识到保护环境的重要性,并能从小事做起

(二)情境设计

这一环节是根据科学知识、科学能力和科学态度与价值观这三个目标分类进行设计的。教师走出课本,在校门外学生最为熟悉的日常生活场景中,寻找出与本节课内容贴合度高的情境,去贯穿整节科学课。

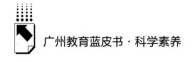

（三）创设任务化问题

这一环节是基于学生的日常生活，设计任务化问题。教师需要将课堂上所有的问题，尽可能以一个具体的任务来呈现。教师依托智慧阳光评价的指标，制定具有生活化特点的任务，让学生能够在完成任务过程中得到充分锻炼。具体要求如下。

1.利用学生身边的自然元素

教师在布置任务时，可以利用周围环境中的自然元素，如观察自然风光、四季变化、生态环境等，让学生在完成任务过程中对周围环境有更深的了解。

2.注重实际体验和实验

教师在布置任务时，可以布置实际体验和实验性的任务，让学生自己去观察和操作，进而提高学生动手能力与实践能力。

3.设置与生活相关的问题

教师在布置任务时，可以针对学生在日常生活中遇到的科学问题或现象进行提问和解答，将学生的问题融入任务中，这样才能有效帮助学生学会科学思考和探究。

4.探索科学技术应用

教师引导学生通过生动有趣的方式，体验和探索科学技术的应用，例如制作简单电路、纸飞机、简单机械等。

结合第一点利用学生身边的自然元素和第四点探索科学技术应用，设计任务一（见图3）。

结合第二点注重实际体验和实验和第三点设置与生活相关的问题，设计任务二（见图4）。

（四）构建合理的评价体系

许多学校长期以来都以学生的考试分数来评定学生的学习情况，这就导致学生无法全面发展，学校立德树人的任务也无法执行到位。新的校本化评

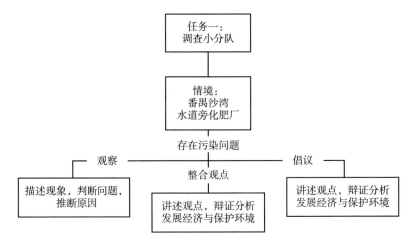

图 3　"调查小分队"任务流程

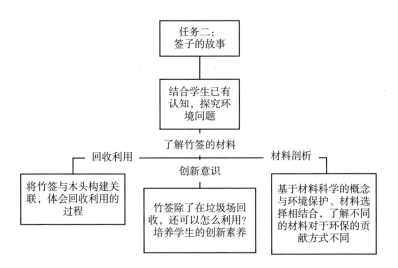

图 4　"签子的故事"任务流程

价体系是智慧阳光评价体系，其基于《义务教育科学课程标准（2022 年版）》的要求，以培养学生的科学思维能力、科学探究实践能力、科学态度与责任为重点。教师可以按照智慧阳光评价指标中"科学知识要求"与"内容性知识""认知性知识""程序性知识"的指标维度相结合，形成"科学观念"的评价维度；按照智慧阳光评价指标中"科学能力要求"与

"解释科学问题""识别科学现象""运用科学证据的能力"的指标维度相结合，形成"科学思维"的评价维度；按照智慧阳光评价指标中"情感态度要求"与"学习兴趣""学习态度""学习信心"的指标维度相结合，形成"态度责任"的评价维度；按照智慧阳光评价指标中"学生自身发展"与"学习能力""学习动机""学习策略""学习负担"的指标维度相结合，形成"探究实践"的评价维度，就可以融合成有4个评价维度、3个评价等级、3种评价视角的综合评价表（见表2和表3）。

表2 任务一的综合评价

评价维度	评价等级			评价区		
	★	★★	★★★	个人评价	小组评价	教师评价
科学观念	知道垃圾会污染环境	通过阅读题干得出污水中含有氮肥	能理解产生大量藻类的原因是水体富营养化	☆☆☆	☆☆☆	☆☆☆
科学思维	—	能具备仔细观察、忠实记录的思维	依据记录的数据进行合理的分析	☆☆☆	☆☆☆	☆☆☆
态度责任	能意识到老板的发言是错误的	合理列出污水带来危害的原因	在好奇心的驱使下，表现出对现象发生原因的因果兴趣	☆☆☆	☆☆☆	☆☆☆
探究实践			倡议书内容合理	☆☆☆	☆☆☆	☆☆☆
总体评价	☆☆☆					

表3 任务二的综合评价

评价维度	评价等级			评价区		
	★	★★	★★★	个人评价	小组评价	教师评价
科学观念	知道竹签是由竹子制成的	能通过查阅资料记录竹签的制作方法	能想到竹签的回收再利用方法	☆☆☆	☆☆☆	☆☆☆
科学思维	能够说出一种竹签的用途	能够说出两种竹签的用途	能够说出两种以上竹签的用途	☆☆☆	☆☆☆	☆☆☆

续表

评价维度	评价等级			评价区		
	★	★★	★★★	个人评价	小组评价	教师评价
态度责任	能够积极完成调查报告	能够基于调查的数据提出环境相关问题	表现出强烈的好奇心和探究热情,不仅提出了与竹签相关的环境问题,还尝试用自己的方法解决	☆☆☆	☆☆☆	☆☆☆
探究实践	能够在课下实地调查并互相讨论	能在讨论的基础上,应用百度等搜索软件搜集资料并验证讨论的结果是否正确	能将讨论的结果和查阅的资料进行结合,能判断资料的可用性	☆☆☆	☆☆☆	☆☆☆
总体评价	☆☆☆					

通过综合评价表的方式,教师评价学生变得更为全面与高效。教师还可以随时查看学生的电子成长档案,及时查看学生学习科学的情况,获得更为完整的"教—学—评"一体化评价体系。

除了课后任务的评价体系需要完善,学校也可以完善自身的评价系统。第一,学校可以采用"学业测试+问卷调查+非学业量表"进行综合评价,其中学业测试可以考查影响学生学业发展的相关因素,非学业测试可以从多方面了解和评价学生的综合素质。第二,学校可以利用每年发布的智慧阳光评价测评报告,去了解学生的整体情况。引导教师和学生树立科学的质量观,促进学生身心健康、学业的全面发展,而且在这种情况下教师也可以通过学生的反馈意识到自己的不足,进而结合评价数据对生活化教学模式进行不断优化创新,进而提升整体教学质量。第三,基于网络,依托大数据的教育质量评价技术支持,学校需要建立智慧阳光评价系统,实现数据上传、后台管理、抽样与数据采集、自动化报告等功能①,实现报告生成和结果运用的协同创新。

---

① 韦英哲、穗教研:《智慧阳光评价,破解"唯分数"顽疾——中小学教育质量综合评价改革的广州方案》,《广东教育》(综合版)2022年第1期,第9页。

（五）纳入成长记录袋

这一环节是利用智慧阳光评价，教师可以把综合评价表的内容进行整合与分析，最后录入学生的成长记录袋。

五　实践效果的分析与反思

（一）访谈分析

下文针对学生使用综合评价表的情况进行深度访谈（见表4），选取了一个典型小组（共5人）的访谈内容进行分析。

表4　访谈提纲

项目	内容
访谈目的	了解学生使用综合评价表的情况
访谈对象	参与第三单元第七节实践活动的5名学生
访谈问题	1. 之前的评价方式与这次用综合评价表的方式相比,你更喜欢哪一种评价方式？
	2. 你觉得这个综合评价表对你有没有帮助？
	3. 你觉得使用这个评价表难度大吗？
	4. 你觉得你能不能用好这个评价表？

问题1主要考察学生对两种不同评价方式的态度。在访谈中，S01、S03、S05都提到了，更喜欢新的评价表，以往的评价方式没有趣，只是做练习很无聊。新的评价表，可以自己评、小组评和老师评，还是用画星星的方法非常好玩。S02、S04则提到了以前的评价方式都是做练习，觉得很老套，新的评价表让人觉得很新奇、很喜欢。从访谈中可以得出，综合评价表相比传统的评价方式，学生更感兴趣，可以提升他们学习科学的激情。

问题2主要考察学生对综合评价表的感知有用性。在访谈中，S02、S04、S05都提到了，综合评价表对科学的学习是有用的。能清楚地感受到，这节课应该要学会哪些知识。S01、S03 则提到了，使用这个综合评价表后，可以根据表格上的等级分类知道自身还有哪些不足，这对学习的帮助很大。从访谈中可以得出，改进后的综合评价表对于学生来说是有用的，能对学生的身心发展与学业发展有一定的帮助。

问题 3 主要考察学生对综合评价表的感知易用性。在访谈中，S01、S02、S04 都提到了，相比之前通过做练习的方式，综合评价表要将学习的过程回想一遍，再分析表中的内容，最后进行评价，使用综合评价表是有一定的挑战性，但都可以完成。S03、S05 则提到了，综合评价表使用起来比较简单，表上对每个等级有详细说明，也不用打分数而是画星星。从访谈中可以得出，综合评价表让学生自我评价、小组之间评价、教师评价都变得更好操作、更易理解。

问题 4 主要考察学生使用综合评价表后的自我效能感。在访谈中，S01、S02、S03、S04、S05 都提到了，以往的评价方式只能从分数与等级判断自己的行为、发言、思考有没有价值，综合评价表则分了几个具体的方面，一定能从里面找到自己有价值与贡献的部分。从访谈中可以得出，综合评价表对学生提高自我效能是很有帮助的。不同于传统的评价方式，综合评价表是基于智慧阳光评价进行融合与创新，对学生进行全方位的评价，总有一方面能使学生找到自己的价值。

（二）反思

基于智慧阳光评价指标改革的综合评价表通过实践证明是可行的，但是在实践过程中仍有需要优化改进的地方。第一，教师在制作综合评价表时，划分评价等级比较困难，因为综合评价表里对于评价等级的划分没有一个统一的标准。第二，针对"探究实践"这个评价维度，教师在进行评价时很难做到客观公正，因为学生在完成课后任务的过程中，教师没有全程参与，无法根据学生完成任务的全过程进行评价。第三，综合评价表无法全面预测到学生所有的表现，会出现学生的行为在综合评价表中无法找到对应等级的可能。

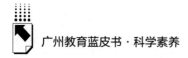

  想要在"双减"政策背景下有效打破唯分数论的评价体系，寻找到可以全面评价学生的评价方式，教师就需要在日常教学过程中利用智慧阳光评价的指标转变传统评价方式，这也对教师提出了更高的要求。因此小学科学教师需要不断提升自身的教学能力和充分理解智慧阳光评价的内涵。教师可以结合学生实际、学校情况、课程内容将智慧阳光评价的指标更细化，进行校本化融合，创新合适的评价体系。

参考文献

中华人民共和国教育部：《义务教育科学课程标准（2022 年版）》，北京师范大学出版社，2022。

张建军：《生活化教学策略在小学科学教育中的应用》，《新智慧》2022 年第 10 期。

张婷：《生活化思维在小学科学教学中的应用初探》，《读与写（上、下旬）》2021 年第 14 期。

郭挺秋：《"双减"背景下"教—学—评"一体化模式在小学语文教学中的应用》，《学园》2022 年第 28 期。

白生国：《生活化教学理念在小学科学教学中的应用研究》，《小学阅读指南》（教研版）2021 年第 7 期。

厉伟：《在小学科学教育中实施生活化教学的策略》，《科学大众》（科学教育）2011 年第 1 期。

B.11
"语文+科学"跨学科融合式大单元
教学实施调查报告

夏　玲*

摘　要： 通过分析初中语文教材中科学类文本所包含的科学要素与内容，为"语文+科学"教育实践提供内容准备，并结合大单元教学模式，融合跨学科教学理念，开展初中"语文+科学"大单元设计与实践。实践证明初中语文科学素养培养的实施路径，可从阅读渗透科学知识、写作培育科学思维、探究传授科学方法、活动养成科学态度等角度来推动"语文+科学"跨学科融合式发展，并由此展望科学阅读项目、科学写作体系、科学探究活动等评价方法与建议。

关键词： "语文+科学"　大单元教学　广州市

一　初中语文教材中科学要素与内容分析

一直以来语文阅读教学的重点都放在文学类文本上，而对科学类文本的阅读教学比较轻视，科学类文本的教学实践经验也很匮乏，但科学类文本天然地在渗透科学教育方面具有得天独厚的优势。"语文+科学"跨学科融合式教学，可以帮助学生掌握科学知识，锻炼逻辑思维，培养科学态度和价值观，促进语文与科学各学科间的交叉融合和相互作用，从而提高学生的科学

---

* 夏玲，广东番禺中学附属学校二级教师，主要研究方向为中小学语文教学。

素养。

　　科学类文本类型多样，包含科幻小说、科学散文（科学杂文、科学小品）、科学家传记、科技应用文（科普文、科技新闻）等，有不同于文学类文本的科学性，有些又兼具科学性和文学性。以现在广泛使用的统编本初中语文教材为研究内容，从中遴选出包含具体科学要素（科学知识、科学思维、科学方法、科学态度）的科学类文本，并对其内容进行具体分析，发现语文教学中的科学素养培育因子，为开展"语文+科学"跨学科融合式教学实践活动提供内容支撑。划分如表1所示。

表1　初中语文部编版教材科学要素与内容分析

册数	单元	篇目	类型	内容分析	科学要素
七年级下册	第一单元	《邓稼先》	科学家传记	物理	科学态度
	第六单元	《伟大的悲剧》	科学家传记	地理	科学态度
		《太空一日》	科学散文	地理	科学态度
		《带上她的眼睛》	科幻小说	物理	科学思维
		《海底两万里》	科幻小说	生物	科学知识
八年级上册	第一单元	《首届诺贝尔奖颁发》	科技应用文	物理	科学态度
		《一着惊天海》	科技应用文	物理	科学态度
		《新闻写作》	科技应用文	写作	科学思维
	第二单元	《美丽的颜色》	科学家传记	化学	科学知识
		《学写传记》	科学家传记	写作	科学思维
	第三单元	《三峡》	科学散文	地理	科学知识
		《与朱元思书》	科学散文	地理	科学知识
	第五单元	《蝉》	科学散文	生物	科学知识
		《昆虫记》	科学散文	生物	科学态度
		《说明事物要抓住特征》	科学散文	写作	科学思维
八年级下册	第二单元	《大自然的语言》	科学散文	地理	科学思维
		《阿西莫夫短文两篇》	科学散文	地理	科学知识 科学方法
		《大雁归来》	科学散文	生物	科学态度
		《时间的脚印》	科学散文	地理	科学知识
		《说明的顺序》	科学散文	写作	科学思维

续表

册数	单元	篇目	类型	内容分析	科学要素
八年级下册	第五单元	《壶口瀑布》	科学散文	地理	科学知识
		《在长江源头格拉丹东》	科学散文	地理	科学知识
		《登勃朗峰》	科学散文	地理	科学知识
		《一滴水游过丽江》	科学散文	地理	科学知识
		《学写游记》	科学散文	写作	科学思维
九年级上册	第五单元	《怀疑与学问》	科学散文	阅读	科学态度
		《谈创造性思维》	科学散文	阅读	科学态度
		《创造宣言》	科学散文	阅读	科学态度
		《论证要合理》	科学散文	写作	科学思维

二 初中"语文+科学"大单元设计——以八下第二单元科学散文为例

统编版初中语文教材所包含的科学教育因素不多，呈现各册各单元零散分布的特点，但主要是以阅读文本和写作话题为载体，在实现培养学生语文学科核心素养的同时渗透科学素养的培育。因此实践"语文+科学"的教学，大单元教学设计是最好的路径之一，可以有效地把初中语文教材中的"科学知识"转化为"科学素养"。

大单元教学的"大"不是指"大容量"，而是指一种新的教学理念。传统的教材单元，按照课程内容和学生的认知规律编排组合而成，以培养学生的核心素养、完成教学任务为目标。其教学内容零碎且重复，不利于发挥学生的主体作用，割裂了语文和生活的联系，不利于学生建立系统而丰富的知识体系。打破原有的教材编排结构，以大任务或大主题为中心，对教材中某种具有内在联系的学习内容进行分析、整合、重组和开发，通过创设学习情境、布置学习任务、组织学习活动和开展学习评价等环节，落实培养学生语文学科核心素养的教学目标。所以，大单元在这里指的是一种学习单位。

（一）大单元教学设计思路

大单元教学以整个单元为学习单位，其教学内容涉及范围广，教学难度大，学生容易存在畏难心理，往往不知道从何学起。因此提炼核心的单元学习主题、给予学生明确的单元学习目标、创设生活化的单元学习情境、整体规划单元活动任务是非常有必要的，而这也构成大单元教学设计思路的各个重要组成部分。一个完整的大单元教学设计需要包括大单元主题、大单元学习内容、大单元学习目标、大单元任务活动、大单元作业评价等几个环节。以八下第二单元科学散文为例，设计基于"语文+科学"的跨学科大单元教学设计思路，如图1所示。

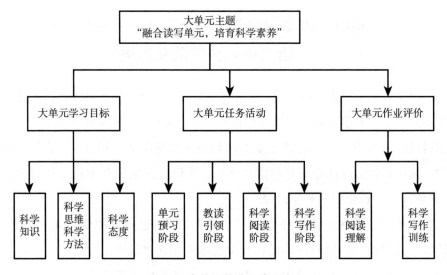

图 1　大单元教学设计思路

（二）大单元教学课时安排

有序地开展大单元任务活动，就需要教师统筹安排单元课时。以八下第二单元科学散文为例，本单元课时安排为六个课时，其中第一课时设置为预习课，第二、三、四课时设置为围绕三个不同主题逐层递进的教读课。第五课时为课外拓展性阅读课，以扩大学生语文学习的资源和素材，由课内教读驱动课外自主阅读。第六课时设置为写作课，布置单元性写作任务，通过读写结合，培育语文学科核心素养的同时渗透科学素养的发展。具体安排和主要内容如表2所示。

表2　大单元教学课时安排

阶段安排	课型设置	主要内容	课时分配
单元预习阶段	预习课	整体感知四篇课文内容，识记重点字词，了解相关文化常识	1课时
教读引领阶段	教读课——读懂课文内容，梳理说明顺序	理清说明顺序，筛选主要信息，读懂文章阐述的科学事理，明确说明方法的作用，体会说明语言的准确性和生动性	1课时
	教读课——细读科学散文，体会语言风格	把握文章基本写作顺序，学习科学性与文学性相结合的写作手法，品味生动说明的语言风格，感悟作者的科学精神	1课时
	教读课——学习科学方法，养成科学思维	分析文章思路，明确材料间的逻辑关系，学习科学分析推理的基本方法，激发科学探究兴趣，培育科学探究思维	1课时
科学阅读阶段	阅读课——《看看我们的地球》《看云识天气》《旅鼠之谜》《宇宙里有什么》	丰富科学知识，激发科学探究兴趣，培育自主探究思维，强化尊重科学、敬畏科学的意识	1课时
科学写作阶段	写作课——《说明的顺序》	当堂完成一篇不少于600字的事理说明文	1课时

（三）大单元教学目标设计

本单元的单元导读部分明确提出阐述事理性说明文蕴含着丰富的科学道理，涉及物候学、地质学、生态学等领域，具有学习分析推理的基本方法，激发科学探究的兴趣，培育严谨、求真的科学精神等课程教学价值。因此设计大单元教学目标时，应该注重通过开展说明文的阅读与探究等活动，来丰

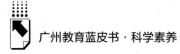

富科学知识、学习科学分析推理的基本方法、培养科学精神。此外，本单元的写作主题是"说明的顺序"，正好契合科学写作能力思维的训练。因此把该写作任务纳入本单元教学目标，致力于在科学读写结合活动中培养学生的科学思维与能力。

大单元教学目标应指向对学生学科核心素养的培育，不再局限于对简单知识点的理解与记忆，而是要培育学生在学科中应该具备的关键能力与品格。综合《义务教育语文课程标准（2022年版）》中对说明性文章的教学目标和《义务教育科学课程标准（2022年版）》中对科学教育的指引，本单元教学目标设定如表3所示。

表3 大单元教学目标设计

八上第二单元科学散文大单元教学目标	
知识与能力	理清说明顺序，分析文章思路，筛选主要信息，读懂文章阐述的科学事理，丰富科学知识
过程与方法	明确说明方法的作用，体会说明语言的准确性和生动性，学习科学分析推理的基本方法，激发科学探究兴趣
情感态度与价值观	学习科学性与文学性相结合的写作手法，感悟作者的科学精神，培育科学探究思维，强化尊重科学、敬畏科学的意识

（四）大单元教学内容分析

大单元教学不同于单篇阅读教学，单篇阅读是围绕单篇文章进行单一知识点的讲解。大单元教学立足于教材单元，是对教材内容进行整体性的分析、整合、重组和开发，创造性地融合阅读教学、写作教学和综合性学习等板块内容，打破原有的教材编排体系，统筹运用课内外语文学习资源和素材，拓展学生学习的内容，能够充分发挥学生学习的主体性，从根本上促进对学生核心素养的培育。

在进行大单元教学内容选择时，首先应该选择课内教学素材，并据此开展自读和教读课，让学生在自读过程中发现大单元学习主题，在教读引领下明确大单元学习目标。围绕《大自然的语言》《恐龙无处不有》《被压扁的沙子》《大雁归来》《时间的脚印》五篇课文，先让学生通过课文梳理表自读整体感知课文内容，理清说明顺序，筛选主要信息，读懂文章阐述的科学事理，概括每篇文章讨论的科学问题。接着通过课文说明方法学习表，明确说明方法的作用，体会说明语言的准确性和生动性（见表4、表5）。

表4　单元课文梳理

题目					
内容	《大自然的语言》	《恐龙无处不有》	《被压扁的沙子》	《大雁归来》	《时间的脚印》
自然现象					
阐述的科学事理					
用自己的话概括主要内容（80字左右）					

表5　说明方法学习

说明方法	例句	作用分析
举例子	物候学记录植物的生长荣枯,动物的养育往来,如桃花开、燕子来等自然现象,从而了解随着时节推移的气候变化和这种变化对动植物的影响。(《大自然的语言》)	思维缜密、举例典型
做引用	布谷鸟开始唱歌,劳动人民懂得它在唱什么:"阿公阿婆,割麦插禾。"(《大自然的语言》)	增强趣味性 通俗易懂
打比方	物候观测使用的是"活的仪器",是活生生的生物。(《大自然的语言》)	生动形象
下定义	每隔一段时期,板块会将所有的大陆汇聚在一起,地球此时仅由一个主要陆地构成,称为"泛大陆"。(《恐龙无处不有》)	准确说明
列数字	位于南极中心部位的南极洲是全球的大冰箱,地球上所有冰的9/10都在南极。(《恐龙无处不有》)	准确说明
做比较	一立方英寸被压扁的沙子比一立方英寸普通的沙子要重得多。(《被压扁的沙子》)	比较突出

续表

说明方法	例句	作用分析
打比方	如果大量的水结成了冰，形成冰河，它缓慢地移动着，破坏作用就更大了，就好像一柄铁扫帚从地上扫过，刨刮着所遇到的一些石头。（《时间的脚印》）	生动形象
列数字	根据计算，大约 3000~10000 年的时间，可以形成 1 米厚的岩石。（《时间的脚印》）	准确说明

大单元教学内容的选择不仅仅局限于课内，多基于单元主题选取课外教学资源和素材，以更好地提升学生的思辨能力和迁移思维。本单元在科学阅读阶段就特别设置了课外阅读拓展课，围绕科学教育主题，选取《看看我们的地球》《看云识天气》《旅鼠之谜》《宇宙里有什么》等课外阅读篇目，让学生在合作探究中丰富科学知识，激发科学探究兴趣，培育自主探究思维，强化尊重科学、敬畏科学的意识。其内容分析如表6。

表6　拓展阅读学习

文章	说明对象	科学知识	科学思维	科学精神
《看看我们的地球》	石圈	石圈中有各种新用途的原料，地球内部储存着大量热量	提出问题—猜想假设—收集材料—分析论证—得出结论	探索大自然的兴趣，自主探究的习惯
《看云识天气》	云	云能够帮助我们识别阴晴风雨，预知天气变化		
《旅鼠之谜》	旅鼠	旅鼠有三大奥秘：繁殖力惊人，为动物之最；繁殖过多便有种种奇怪的自杀行为；死亡大迁移，最终葬身大海		
《宇宙里有什么》	星星	宇宙里有千千万万个像银河系一样的恒星系，宇宙是无穷无尽的，它的运动也是无穷无尽的		

此外，还进行了科学写作任务的布置，根据课程要求，开展对科技类文章的写作规范、语言技巧、语法知识等方面知识的讲解，引导学生了解科技类文章的特点和写作方法。提供一些具有较高水平的科技论文或报告样本，

让学生仔细阅读分析，帮助他们感受科技写作风格，理解科技写作中的"套路"，并从中发现好的写作技巧和范例（见表7）。

表7 科学写作作业设计

（一）作业要求
阅读四篇文章后，请用自己的语言简要概括文章主要内容，提出至少一个相关的科学问题，尝试给出一个回答科学问题的科学方法或流程，请以科学论文写作的格式来完成本次作业。
（二）文章选项
1.《阿西莫夫短文两篇》：介绍了恐龙化石在世界范围内的分布情况，以及科学家们如何通过恐龙骨骼组成的"恐龙拼图"来还原史前生物的面貌和生活方式。 2.《大雁归来》：介绍了大雁迁徙的过程和规律，以及科学家们对大雁迁徙的研究成果，其中包括大雁的定位、飞行速度、飞行高度等方面的数据。 3.《时间的脚印》：介绍了年轮、冰芯、岩石等自然现象如何帮助科学家们研究地球历史、气候变化和恐龙灭绝等问题。 4.《大自然的语言》：介绍了动物和植物之间的信息交换方式，包括化学物质、声音、视觉信号等，以及科学家们如何通过观察、实验等方法研究这些信息交换的机制和规律。
（三）参考论文格式
标题：文章标题 摘要：简要概括文章主要内容，并提出一个科学问题。 引言：介绍本篇文章的背景和意义。 正文：分别介绍文章的主要内容，结合相关的科学问题，给出回答这些问题的科学方法或流程。 结论：总结文章内容，并对科学思维和科学方法进行展望和回顾。 参考文献：列出文章所涉及的参考文献。 注意事项： 　1. 请在文中注明参考文献； 　2. 文章长度不少于1000字； 　3. 请使用标准的科学论文写作格式。

三 "语文+科学"跨学科融合式大单元 教学实施路径

在实践的基础上发现问题，并总结反思经验教训。从语文阅读教学、写作教学、探究过程、活动创设等角度提出渗透科学知识、培育科学思维、传授科学方法、养成科学态度，最终形成学生科学素养的实施路径，以论证通过"语文+科学"跨学科融合式大单元教学培养学生科学素养的优势和可行性。

（一）阅读渗透科学知识

语文阅读教学中包含丰富的与科学相关的文本，在增加学生的科学知识、培养科学素养方面具有独到的优势。在语文教材的基础之上增加许多与科学相关的文本，如科普文章、科学报告、科学新闻等，并将其融入语文教学中，以引导学生了解科学知识。阅读科学类文本时，要注意引导学生采取科学的思维方式，如提出问题—寻找证据—分析结论，这可以帮助学生更好地理解和掌握所读内容，并把所学知识运用到科学实践中。以课文为核心，穿插多种教学方式，让学生在自主探索实践行动中逐步拓展科学知识面，发现科学问题与研究思路，这都为学生科学素养的培养奠定了坚实的基础。

（二）写作培育科学思维

写作教学是学生个性化的表达，是在阅读学习基础之上的自主实践。在语文写作教学中，可以为学生提供科学主题的写作机会，创作如科学论文、科普文章、科学小说等。在这一过程中，注意引导学生查阅科学文献、进行资料收集、运用科学知识分析问题的思维模式。通过跨学科的教学方式，将写作与其他科目进行整合，如布置作文与物理实验、化学实验相结合的写作任务，并注重对学生写作过程的指导与评价，及时发现并纠正学生不良的写作习惯，引导学生分析文章结构、表达方式、语言运用等方面内容，完善学生的科学写作技能。鼓励学生发挥创意，展示所学的科学知识，以培养学生的科学素养。

（三）探究传授科学方法

科学研究常常是从问题出发，在探究语文问题的过程中，不断思考、质疑和提出科学问题，并用科学方法去回答问题。语文教育中作文结构、写作技巧、阅读策略等很多需要探究的问题，教师都可以引导学生采用观察、实验、推理、归纳等科学方法进行。在探究过程中，通过搜集、分析、评价相关数据和证据，来进行数据和证据的分析推理，从而得出准确的结论。注重小组合作、课堂讨论、分享等方式的运用，加强课堂互动和合作，让学生在相互借鉴和互相配合中，加强团队协作精神和科学思维。此外，引导学生关注科学动态、了解当前的科技新闻和科学研究成果、熟悉科学家的工作方法和思维模式也是非常有必要的。这能够增强学生对科学的兴趣和好奇心，激发其科学素养的培养热情。

（四）活动养成科学态度

新课程标准要求下的语文教学特别重视活动任务的驱动，强调学生在多样化、生活化的语文学习活动中发展核心素养。通过阅读科学类书籍，学生可以更好地理解科学的概念和原理，了解科学在现实中的应用，逐渐养成科学精神和科学态度。选取一些有趣的科学问题，通过布置抢答游戏、竞赛等活动，将科普知识的学习游戏化呈现，让学生在探究中体验科学思维和科学方法，培养其科学素养和创新能力。此外，鼓励学生进行实验方法的探究和体验，自己动手进行实验设计与结果分析，以了解科学研究的过程，增加学生对科学知识的兴趣，促使学生主动探究科学问题。或者邀请科普专家到校举办讲座或线上交流活动，介绍科学研究和发现的背景信息与过程，激发学生的求知欲望。总之，通过各类型"语文+科学"活动的开设，可以不断地激发学生对科学的兴趣和好奇心，培养学生科学知识、科学思维、科学态度。

四 "语文+科学"跨学科融合式大单元 教学评价建议

语文学科作为一门综合性、实践性的学科，是学好其他学科的基础。语文教学先天性地具有培养学生科学素养的优势，可通过语言文字的表达，帮助学生掌握科学概念和知识，锻炼学生的逻辑思维，培养学生的科学态度和价值观，还可以促进各学科间的交叉融合，促进各学科间的联系和相互作

215

用。在大单元跨学科融合式教学实施之后,学生的科学素养是否得到真正的提升是关注的重点。因此制定合理的评价标准,全方面、多角度、客观地评估学生的科技综合素质势在必行。而这种评价标准的制定也能在一定程度上对如何提升学生的科学素养提供方向性的指导。

(一)科学阅读评价项目

在科普类文章阅读教学时,教师可以通过提出问题、引导讨论等方式,引导学生在阅读中逐渐发现科技知识、思考科学问题、积累科学经验,从而增强科学素养。此外,教师还可以课内为出发点,为学生提供适合年龄和能力水平的课外科技类书籍、报刊、文章等阅读材料,并制定针对性的测评。根据学生的实际表现情况,采用多种评价方式对学生进行科学阅读能力的测量和评价,如阅读测试、学习笔记、小组讨论、口头报告等方式。从不同角度、不同层面来考察和评价学生的科学阅读能力,引导学生积极思考问题,调整和完善阅读策略,提高学生科学阅读能力和科技素养。像科学阅读评价标准就可以尝试从以下几个方面来制定(见表8)。

表8 科学阅读评价标准

评价维度	内容要求
阅读理解能力	从文本中提取核心信息,理解文章的主旨及细节信息,对文本进行准确的归纳总结
科学知识运用能力	将阅读材料中的科技知识进行运用,了解知识的来源和基础,并能在实际问题中进行应用
信息获取与分析能力	通过阅读材料获取必要的信息,并能开展分析和推理思考,发现信息之间的关联性和相互作用
语言表达和写作能力	通过阅读材料以及自己的思考,确定写作的目标、受众和手段,进行精确的语言表达和写作输出
独立思考和质疑能力	在阅读过程中独立思考和质疑,对其中存在的问题和疑惑进行分析和探究
判断与评价能力	分析阅读材料,辨析正确与错误的观点并进行合理的判断和评价
信息呈现与传达能力	将阅读材料中的科技知识进行清晰、生动、有重点地呈现和传达

（二）科学写作评价体系

教师需要指导学生的科学写作并对其进行评价和反馈，强调制定合理的阶段性学习目标，如基本知识掌握、阅读理解、问题分析和文字表达等。注重"多元智能"，将学生的认识水平、语言表达、信息收集、分析和综合运用等方面都纳入评价范畴，以全面考察学生科学素养水平。强调对实践能力的培养，让学生学会把科技知识应用到实际问题中，积极参与科技活动，采取自主、合作、探究等方式进行实践。鼓励学生发现问题，提出疑问，引导他们运用逻辑思维、探究思维等多种思维方式来思考、分析解决问题，强化学生的创新反思意识和思维质量。结合课程特点和时代需求，采用多种方式进行评价，如科技作品评选、学术论文撰写、多媒体制作和公众演讲等，以激发学生的创新意识和自主学习能力。在教学过程中注重学生之间的沟通与协作，鼓励学生以小组合作、集体研究、交流讨论等方式进行团队协作，增加学生的互动性及群体感知能力，以此来建立科学写作评价体系。也可以借鉴美国教育"6+1要素"作文评价指标模式（见表9）。

表9 "6+1要素"作文评价指标模式

评价维度	内容要求
思想内容（Ideas）	作品的主题和论点是否明确，是否有独特性和深度
组织结构（Organization）	作品的结构是否连贯、清晰，是否有条理性和逻辑性
句子结构和措辞（Voice）	句子结构合理，用词准确、恰当，风格具有个性
词汇使用（Word Choice）	词语选择是否恰当、精准，是否充分表达了思想
句法（Sentence Fluency）	句子间的连接是否流畅，句子长度、节奏是否舒适
使用规范（Conventions）	作品的语言规范是否正确，包括拼写、标点符号、语法等
观点、态度和文化意识（Presentation）	作品表达的观点、态度是否明确，是否充分考虑到文化背景和社会价值观

（三）科学实验参与活动

初中语文教学中，教师挑选与当前教学进度相关的科学实验，为学生提

217

供实践操作的机会。在实验过程中，教师对学生的实验过程进行指导和点拨，引导学生对实验结果进行总结和分析，加深对科学知识的理解，并探究实验中存在的问题和不确定性。学生可以根据实验结果撰写报告或者科普文章，加深对实验过程和科学知识的理解和认识。教师在这个过程中可以提供指导和帮助，鼓励学生在语言表达和写作技能上不断突破。所以，在语文教学中通过开展跨学科的科学实验参与活动，可以让学生在实践操作中感受到科学知识的魅力，培养其实践能力和创新能力，同时也可以辅助教师进行教学内容的讲解和拓展，提高学生的学习效果和科学素养。其评价体系见表10。

表 10　科学实验参与活动评价体系

评价维度	内容要求
学生参与度	学生在实验活动中的积极程度、自主性和热情程度，了解他们对实验活动的兴趣程度和参与热情
实验效果	实验活动是否达到预期效果，包括学生对科学知识的掌握程度、对科学思维方法的理解和应用能力等
实验安全	实验活动是否存在安全隐患，是否有必要采取措施进行风险防范和事故应急处理
教师指导	教师的指导方式和水平，包括教师对实验活动的设计和组织能力，对学生实验操作的指导和评价能力等
实验环境	实验活动的环境是否适宜，设备是否齐全，实验材料是否充足等

（四）科学思维能力训练

在语文教育中，通过探究性学习和启发式教学等方式来培养学生的科学思维能力。例如，在阅读现代文时，可以教导学生如何根据文章的结构逻辑和上下文推断出作者的观点和态度，以及文章所描绘的事物之间的关系等。这些都是培养科学思维能力的重要内容。学生也可以在语文课上开展一些有关语言和文化的实验，比如使用不同的语言文字分析同一段话的意思，或者探讨课文中的某个文化现象和当今现实生活之间的联系。通过这些实验，学生可以巩固语文知识，同时也能够了解科学方法论的应用。教师可以让学生写一些具有科学思维的议论文，例如对某个社会问题进行分析和探讨，从而帮助学生理清问题的逻辑思路，挖掘其深层次的含义。在教学中，教师可以鼓励学生运用自己所学的语文知识进行创新，比如造新词、编故事等，这可以帮助他们在思维层面上实现"跨界"和"创新"，培养科学素质，引导学生思考科学问题，并通过语文表达来评价学生的思维能力。语文教学中的科学思维能力主要包括观察问题、提出假设、进行实验、总结归纳等能力。其评价训练方法如表 11 所示。

表 11　科学实验参与活动评价体系

评价方法	内容要求
观察记录表	让学生观察某个现象并将观察结果记录在表格中，从而锻炼学生的观察能力和记录能力，并便于教师进行评价
实验报告	让学生根据自己的假设进行实验，并以报告的形式呈现实验过程、结果和结论，从而锻炼学生的科学思维和表达能力
课堂讨论	通过课堂讨论，可以了解学生在观察问题、提出假设、进行实验和总结归纳过程中的表现和思考方式
组织比赛	例如科技创新大赛、科学知识竞赛等，可以激发学生的兴趣和创造力，提高他们的科学思维能力
实验环境	实验活动的环境是否适宜，设备是否齐全，实验材料是否充足等

综上所述，评价作为一种全面反映学生科学综合素质的方法，可以通过建立科学阅读和写作的评价体系、引导学生参与科学实验、运用信息技术手段以及培养学生的科学思维能力来培养学生的科学素养。

参考文献

陈家尧：《实现结构化：初中语文大单元教学设计的核心》，《语文建设》2022 年第 1 期。

谢莉斯：《小学语文教学中学生科学素养的培养研究》，《教育现代化》2016 年第

32 期。

杨双明、李春梅：《在语文教学中培养学生的科学素养》，《科学大众》（科学教育）2009 年第 12 期。

严慧：《初中语文大单元教学的构建策略》，《中学语文》2022 年第 18 期。

张彬彬：《"整"之有理"建"之有法：大单元教学的内容组织与结构形式》，《语文教学通讯》2021 年第 17 期。

区 域 篇
Regional Reports

B.12

广州市花都区：科学素养测评促进
初中生科学思维发展报告

徐敏红　杨焕娣[*]

摘　要： 科学思维是从科学的视角对客观事物的本质属性、内在规律及相
互关系的认识方式，是核心素养的重要组成部分。本文基于广州
市智慧阳光评价·科学素养测评对花都区的测试结果进行分析，
以科学思维培养的策略为切入点，探索出建模教学策略和论证教
学策略并进行实践研究。实践表明，建模教学策略和论证教学策
略在一定程度上能够促进初中生科学思维的发展，学生的科学素
养也得以提升。

关键词： 初中生　科学素养测评　科学思维　花都区

* 徐敏红，广州市花都区教育发展研究院教研员，高级教师，主要研究方向为教育评价、中学
生物学教育；杨焕娣，广州市花都区教育发展研究院教研员，高级教师，主要研究方向为教
育评价、小学数学教育。

2022 年义务教育科学课程标准颁布，在此课标中明确科学课程要培养的学生核心素养，主要是指学生在学习科学课程的过程中，逐步形成的适应个人终身发展和社会发展所需要的正确价值观、必备品格和关键能力，是科学课程与育人价值的集中体现，包括科学观念、科学思维、探究实践、态度责任等方面，其中科学思维是从科学的视角对客观事物的本质属性、内在规律及相互关系的认识方式，主要包括模型建构、推理论证、创新思维等。

2020~2022 年，花都区连续三年参加广州市智慧阳光评价·科学素养测评（以下简称"广州科学素养测评"），大数据呈现花都区科学素养情况，此测评结果对区域改进教研、教学方式有指导作用。花都区基于数据、以问题为导向，开展一系列的教学研究与实践，取得一定的效果。

一　基于新课标的广州科学素养测评指标分析

2020 年，广州智慧阳光评价项目组在总结往年广州市智慧阳光评价的成果上，再次开启对测评指标体系迭代更新。迭代更新后的测评指标体系中的知识技能分为阅读素养、数学素养和科学素养，其中科学素养的测评采用国际 PISA 形式，重点考察学生有效整合学科相关知识，运用学科相关能力，高质量地认识问题、分析问题、解决问题的综合品质。通过比较广州科学素养测评的指标框架与 2022 年版义务教育科学课程课标中的核心素养，可发现两者是高度吻合的，其中科学知识对应科学观念、科学能力对应科学思维和科学探究、科学态度与价值观对应态度责任（见图 1），由此可见广州科学素养测评其实就是前瞻性地考查学生的核心素养，而具备科学素养的人需要具备以下能力：科学地解释现象、评价和设计科学探究，以及科学地阐释数据和科学证据的能力。

科学素养的等级水平根据学生在测评上的表现，将学生分为六个水平（A-F 级）。A 级和 B 级学生能够熟练掌握知识点或技能，独立进行分析和推理，在生活场景中能将知识点灵活运用。C 级和 D 级的学生基本能够掌握知识点或技能，在一定条件下可以进行分析或推理，能够将部分知识或技能

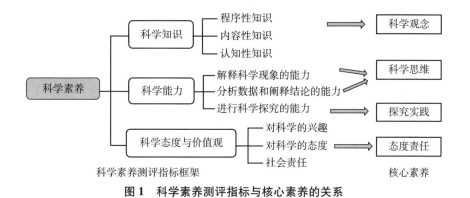

图1 科学素养测评指标与核心素养的关系

应用在生活场景中。E级和F级学生尚未掌握或仅掌握部分知识点或技能，无法在生活中运用相关知识点或技能。

二 花都区初中生科学素养测评现状及分析

2020~2022年，花都区连续三年参加广州科学素养测评，初中测评学校25所，2020年七年级参测人数6492人。

（一）科学成绩等级分布及分析

2020年数据显示花都区初中学生的科学成绩等级分布占比中，A等级学生占2.0%，B等级学生占比6.4%，C等级学生占比16.8%，D等级占比为29.3%，E等级占比为24.7%，F等级占比为20.8%（见表1）。

表1 2020年花都区科学成绩等级分布

单位：%

水平	达到该水平的学生能够做什么	2020年区比例	2020年市平均水平	与市比较
A	A级学生可以从物理、生命、地球和空间科学中汲取一系列相互关联的科学思想和概念，并使用内容、程序和认知性知识，为新的科学现象、事件和过程提供解释性假设或作出预测；在解释数据时，可以区分基于科学理论、证据的论点和基于其他考虑的论点；能够评估复杂的科学实验、进行实地研究或模拟设计	2.0	2.4	低于市0.4

续表

水平	达到该水平的学生能够做什么	2020年区比例	2020年市平均水平	与市比较
B	B级学生可以使用抽象的科学思想或概念来解释不熟悉或更复杂的现象、事件;能够利用理论知识解释科学信息或作出预测;可以评估科学探索的方法,识别数据解释的局限性,解释数据中不确定性的来源和影响	6.4	11.9	低于市5.5
C	C级学生可以使用更复杂或更抽象的知识,解释生活中的事件和过程;可以在受约束的环境中进行科学实验,能够证明实验设计的合理性;C级学生可以解释从实验中提取的数据,得出适当的科学结论	16.8	25.3	低于市8.5
D	D级学生可以利用中等复杂的科学知识来识别或解释生活中熟悉的现象;在不太熟悉或更复杂的情况下,可以用相关的提示来构建解释;能够利用科学知识进行简单的实验;能够辨别科学问题和非科学问题,找出简单的支持科学主张的证据	29.3	28.2	高于市1.1
E	E级学生能够运用科学知识或数据解决简单科学实验中的问题;可以利用基本的或日常的科学知识,从简单的图表或数据中得出一个有效结论	24.7	17.9	高于市6.8
F	F级学生在支持下,可以进行不超过两个变量的结构化科学调查;在科学问题中能够识别简单的因果关系、解释简单的图形或数据;无法使用科学知识对简单科学现象做解释	20.8	14.3	高于市6.5

通过与广州市平均水平比较,花都区 A、B、C 等级占比均低于全市平均水平,D 等级基本与市持平,E、F 等级高于全市平均水平,可见在花都区参测的初中学生中能独立进行分析和推理、在生活场景中将知识点灵活运用的人数占比较少,而无法在生活中运用相关知识点或技能的人数占比较高。

(二)科学知识表现及分析

科学知识从认知过程角度进行测评,涵盖了程序性知识、内容性知识、认知性知识三个测评指标。结果显示花都区七年级学生程序性知识、内容性知识、认知性知识均低于全市平均水平(见图2)。与自身相比,内容性知识和认知性知识相对较好，即能识别和陈述事实、关系和概念等知识；程序性知识较弱，表明实验技能操作、综合概括和知识迁移能力相对薄弱。

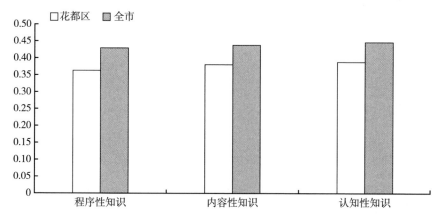

图2　花都区七年级科学知识比较

（三）科学能力表现及分析

科学能力具体表现包括解释科学现象、识别科学问题和运用科学证据，发现本区学生在科学能力中的解释科学现象、识别科学问题、运用科学证据等方面都低于全市平均水平，运用科学证据能力相较于解释科学现象和识别科学问题更弱（见图3）。

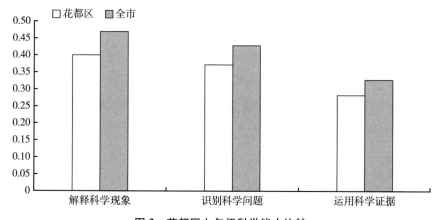

图3　花都区七年级科学能力比较

三 两种课堂教学策略的实践探索

上述 2020 年花都区的科学素养数据呈现本区学生在解释科学现象、识别科学问题、运用科学证据等方面都低于全市平均水平，这几方面都是科学思维的集中体现，可见对学生的科学能力特别是科学思维的培养尤为重要。科学思维是学科核心素养的组成部分，是学生学习了科学课程后形成的终生受益的学习成果。因此如何培养学生的科学思维是一个值得研究的问题。

针对以上出现的问题，花都区成立专项教研团队进行研究实践。通过文献研究发现不同的学者对科学思维的理解是大同小异的。库恩将科学思维定义为有意识地寻求知识的过程，包括以寻求和加强知识为目的而思考。科学思维是理论和证据相互协调的过程。学生在获取新知识的过程中，由于已掌握的知识理论不够完善，需通过新的证据检验和完善已有理论，并获取新的知识[①]。

《义务教育科学课程标准（2022 年版）》在课程目标中明确指出科学思维主要包括模型建构、推理论证等。模型建构体现在：以经验事实为基础，对客观事物进行抽象和概括，进而建构模型。推理论证体现在：基于证据与逻辑，运用分析与综合、比较与分类、归纳与演绎等思维方法，建立证据与解释之间的关系并提出合理见解。经过对科学课程的学习后，学生能基于经验事实抽象概括出理想模型，具有初步的模型理解和模型建构能力；能合理分析与综合判断各种信息、事实和证据，运用证据和推理对研究的问题进行描述、解释和预测，具有初步的推理和论证能力；能对不同观点、结论和方案进行质疑、批判、检验和修正，进而提出创造性见解和方案，具有初步的创新思维能力[②]。通过以上分析可以看出论证教学策略和建模教学策略

---

① 义务教育生物学课程标准修订组：《义务教育生物学课程标准（2022 年版）》，北京师范大学出版社，2022。
② 中华人民共和国教育部：《义务教育科学课程标准（2022 年版）》，北京师范大学出版社，2022。

是培养科学思维的有力抓手，如何在课堂实施？下文就这两种策略在课堂教学中的尝试应用做阐述。

（一）论证教学策略

2012 年美国出版的《K-12 科学教育框架》中明确强调要在科学课堂中培养学生的论证技能。无论是科学家发现知识或建立理论，还是工程师寻找解决问题的最佳答案，都依赖于论证技能。论证是一种基于证据和理论形成推理并得出结论，解释主体的立场或观点合理性的过程[①]。

通过培养学生的论证技能，学生能够学会如何提出、支持、评价及修正观点，运用证据支持自己的观点，为研究问题构建合理的解释。图尔明的论证模式中，包含数据、主张、理由、反驳等要素[②]（见图 4）。桑普森等对图尔明的论证模式作了简化，提出的论证模式由"主张、证据和理由"三部分组成[③]（见图 5）。在这个论证模式中，通过观察测量获得的数据是支持主张的具体事实，因此在教学中可安排观察测量活动、被认可的发现让学生获得直接的证据以证明解释所提出的主张。

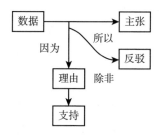

图 4　图尔明论证模式

---

① 廖元锡：《国外关于科学论证教学知识的研究》，《基础教育研究》2018 年第 23 期。

② Thomas, Polacsek, Sanjiv, et al. The Need of Diagrams Based on Toulmin Schema Application: An Aeronauticalcase Study ［J］. *Euro Journal on Decision Processes*，2018. DOI：10.1007/ s40070-018-0086-3.

③ Sampson V., Blanchard M R. "Science Teachers and Scientific Argumentation: Trends in Views and Practice". *Journal of Research in Science Teaching*，2012（9）.

科学论证

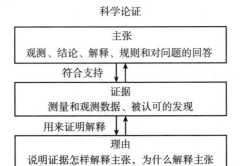

图5 桑普森论证模式

1. 基于测量获取证据

进行观察时，仅仅得出结论说某个物体"大"或者"重"是不够严谨的，必须通过工具来测量这个物体究竟有多大或多重。通过测量可以使观察的表达更为准确。如在讲到《藻类、苔藓和蕨类植物》一节时，学生通过观察藻类、苔藓和蕨类植物提出主张：与苔藓植物相比，蕨类植物长得比较高大，更适应陆地环境？针对这个主张，学生就要寻找相应的证据。学生通过测量苔藓和肾蕨的高度，根据直观的数据形成解释。再如讲到《输送血液的泵——心脏》一节时，在学习心脏的结构时，根据这个问题：从心脏壁的厚薄来看，心房与心室有什么不同？左心室与右心室又有什么不同？请试着解释问什么会有这些不同？学生会提出自己或小组的主张，比如主张：从厚薄来看心脏的四腔中左心室最厚。仅仅基于肉眼观察得出这样的主张还不够严谨，学生可以通过测量心脏四个腔的厚度形成证据进行解释就严谨规范，从而培养学生的科学精神。

2. 基于分析材料获取证据

教材是获得科学知识和信息的重要来源，如果教材不足以获取证据进行推理论证，可以适当增加阅读材料进行辅助。如在学到《人类的起源和发展》这节时，"从猿到人的进化"这部分内容的时空跨度大，在教材上不可能将科学研究的证据和成果都呈现出来，但究竟古人类的运动方式、脑部发育程度、使用和制造工具的能力等方面的情况是怎样的？学生需要了解才能建构概念，因此适时加入阅读材料，提供给学生"露西"少女、北京猿人、山顶洞人的材料，引导学生认真阅读材料并根据古人类的生物特征、当时的生活状况按其存在的年代由古至今进行排序，最后建立起人类进化的大致过程：环境变化→部分森林古猿下地生活→直立行走→制造和使用工具→大脑发达→产生语言→生存能力增强。

3. 基于实验获取证据

观察和实验是基石。实验是生物学教学的基本方式，也是学生的基本学习方法，是学生体悟科学本质、发展科学素养不可或缺的教学环节，通过实验可以获得直观的证据。如讲到《消化与吸收》这节时，在学习完食物的消化后，提出驱动问题：食物消化后的氨基酸、葡萄糖等物质，究竟是在哪里被吸收的？学生首先提出个人主张，然后小组讨论形成主张，最后全班交流形成主张：小肠、大肠都可吸收营养，其中小肠是吸收营养的主要器官。接下来就要寻找证据进行推理论证。实验观察是获取证据的重要手段，因此提供给每个小组新鲜的猪小肠和猪大肠，让学生用放大镜观察、用手触摸，认真地从长度、内部结构、红润程度角度进行观察记录。学生在完成观察后，形成直观证据进行推理，并借助补充的材料进行分析最后得出小肠是吸收营养的主要器官，完成科学论证的过程。

（二）建模教学策略

模型是在假设条件的基础上，借助形象化的实物或者具体的手段再现原型，从而凸显事物本质的一种思维方式或信息处理路径。所谓建模，就是寻找变量之间的关系构建模型，然后依据模型进行推导计算、做出预测、结论等。建立模型，可以简化复杂的程序、理顺胡乱的线条，使复杂的事物简单化，抽象的事物形象化[①]。因此建模教学策略也是科学思维培养的重要途径。

1. 借助阅读材料逐步建构实物模型

如在学到《人体内废物的排出》这节时，在提出驱动问题：尿液是如

---

① 郑小毛：《建模思想在中学生物教学中的应用》，《中学生物教学》2008年第3期，第5页。

何形成的后，给学生展示血液和尿液成分对比表，学生通过对比分析两种液体的成分，推测出血液与尿液的关系（尿液从血液中来，究竟血液形成尿液的过程中发生物质变化的部位在哪里？），接着提供学生阅读材料，让学生根据阅读材料用简笔画的形式初步构建解释图（见图6）。在初步构建解释图后再次进一步引导学生思考血液经过肾小球、肾小囊、肾小管时物质怎样发生的变化？哪些物质成分发生变化？因此逐步提供给学生血液与原尿成分对比表和原尿与尿液成分对比表，让学生阅读不同部位内液体成分表，分析比较各成分种类和含量的数据变化，得出血液流经肾小球、肾小管时成分发生哪些变化，同时进行模拟实验并让学生根据这种变化获得相应证据来推测与其过滤功能相适应的结构特点，不断修正解释图。最后在构建解释图、形成次位概念的基础上，让学生从两套材料中（①漏斗，塑料软管、塑料薄膜，毛线、胶带②超轻黏土）选择小组喜欢的材料制作简易的肾单位模型（见图7）。通过模型建构把平面的解释图变成立体模型，培养学生的建模能力和科学思维。

图6　血液与尿液的关系　　　　　图7　肾单位模型

2.借助实验逐步建构解释模型

如学到《输送血液的泵——心脏》一节时，首先安排一个观察活动，给每个小组分发解剖好的猪心脏，引导学生观察。学生分组在小纸条上写出四个腔，并粘贴在相应的部位，同时辨认心脏壁的厚薄，辨认心脏四个腔的关系，辨认心房与心室、心室与动脉之间的瓣膜。接着分发已写好血管名称的胶管，让学生放在猪心脏相应的血管里，学生对照人的心脏模型，观察猪心脏四个腔的连通关系及测量腔壁的厚度，让学生认识与心脏四个腔相连的血管。在以上观察实验的基础上学生尝试画出心脏的结构模式图，引导学生交流观察和绘制结果。接着教师演示猪心灌流实验，分别从下腔静脉、肺静脉、主动脉和肺动脉向猪心灌红墨水，观察红墨水流出的部位，启发学生思考心脏四个腔的连通关系，引导学生猜想血液不能倒流的原因，进而修正心脏结构模式图。

四 效果分析

经过两年的研究、推动及课堂实施，2022年对九年级学生的科学素养进行跟踪监测，发现在科学能力、推理能力方面有一定程度的提升，初步显现出效果。

（一）科学能力整体水平得到一定提升

在科学能力方面，本区九年级学生科学能力中识别科学问题的能力得分率较高（41.48），解释科学现象的能力、识别科学问题的能力、运用科学证据的能力得分率均低于市得分率（见图8）。但对比2020年的数据，可发现虽然解释科学现象、识别科学问题和运用科学证据都低于市得分率，但和市的差距在缩小，并接近市平均水平。

（二）推理论证能力特别推理能力得到较大提升

与本区科学素养基础水平学生发展关联性最强的非学业因素包括学习能力、健康生活方式等指标。学习能力是个体获得知识、发现问题、解决问题的能力，与科学素养正相关，因此对学习能力的测评结果进行分析（见图9），发现注意力、工作记忆、视觉空间能力、言语理解能力均高于市均值，而推理能力与广州市持平，相对2020年低于市均值有所提升。

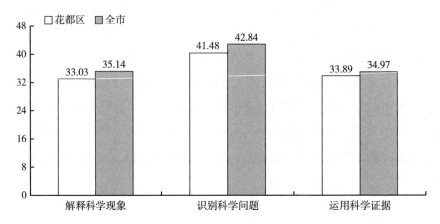

图8 花都区九年级科学能力比较

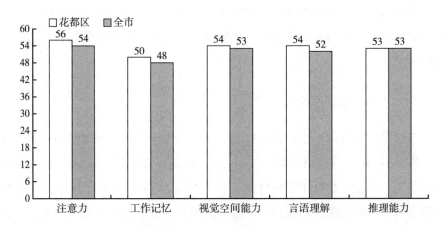

图9 花都区九年级学习能力比较

可见把论证教学策略和建模教学策略应用于课堂初见成效，解释科学现象、识别科学问题、运用科学证据三方面由实施前低于全市平均水平到实施后与市平均水平差距缩小，推理能力也得到一定的训练和提升，在一定程度上促进科学思维的培养，学生的科学素养也得以提升。

科学思维不是与生俱来的，是科学课程的明确培养目标，也是核心素养的要求。学校教育应为社会培养有用的人才，这些人才应具备发现问题并解决问题的能力，能使用合理的论证进行判断，而具备科学思维的学生才能成为这种人才，在步入社会后，科学思维可以指导学生运用证据和逻辑的武器面对生活中的问题并作出决策[1]。

参考文献

刘恩山：《核心素养为准绳　主动学习少而精——义务教育生物学课程标准（2022年版）解读》，《基础教育课程》2022年第10期。

王璨：《浅谈科学教育中的论证教学》，《中学生物教学》2021年第6期。

刘辰艳、张颖之：《美国科学教育中科学论证教学的困境、策略与启示》，《教学与管理》2022年第33期。

---

[1]　义务教育生物学课程标准修订组：《义务教育生物学课程标准（2022年版）》，北京师范大学出版社，2022。

B.13

广州市南沙区：2022年义务教育学生
科学素养测评分析报告

李展贤　杨莉　陈卓　周颖芊　张海水*

摘　要： 本文基于2022年广州智慧阳光评价·科学素养测评数据，深入
分析广州市南沙区义务教育阶段学生科学素养现状。研究发现：
一是广州市南沙区总体学生科学素养水平较分散，且在性别上存
在差异；二是五年级学生的程序性知识低于市平均得分率，其他
方面表现良好；三是九年级学生的认知性知识低于市平均得分
率，科学能力、科学态度仍需提高。基于此，本研究提出针对性
教学发展建议：关注全体学生，强化实验教学，拓展思维训练，
渗透品德教育，培养科学实践能力、科学探究能力、科学态度，
以期促进学生科学素养发展。

关键词： 科学素养　义务教育　科学教育　南沙区

一　引言

义务教育阶段是学生心理发展和能力成长的关键阶段，在义务教育阶段培

---

* 李展贤，广州市教育研究院教师、中山市中山纪念中学教师，主要研究方向为教育评价；杨
莉，广州市教育研究院智慧阳光评价项目组成员，主要研究方向为课程与教学论；陈卓，广
州市教育研究院智慧阳光评价项目组成员，主要研究方向为教育评价；周颖芊，广州市教育
研究院智慧阳光评价项目组成员，主要研究方向为教育评价；张海水，广州市教育研究院办
公室负责人，副研究员，主要研究方向为教育政策。

养学生的科学素养是《义务教育科学课程标准》的培养要求，也是落实新时代教育改革的必然要求。科学素养作为义务教育课程体系的聚焦点之一，是广州智慧阳光评价的重要监测内容。下文以南沙区为例，详细介绍区域科学素养现状、不足及发展建议，以期为广州市南沙区义务教育科学教育教学提供参考。

二 科学素养测评简介

"广州智慧阳光评价·科学素养测评"分成科学知识、科学能力和科学态度与责任三大方面。根据成功完成的任务类型，学生可以被分为拥有不同的科学水平（见表1）。表1介绍了学生在每一个熟练程度上应该知道和能够做什么的简短描述。根据学生在素养测评上的表现，将学生分为六个水平（A-F级）和三种等级（高、中、基础）。达到最高水平（A级和B级）的学生能够熟练掌握知识点或技能，独立进行分析和推理，并在生活场景中将知识点灵活运用。中水平（C级和D级）的学生基本能够掌握知识点或技能，在一定条件下可以进行分析或推理，能够将部分知识或技能应用在生活场景中。基础水平（E级和F级）学生尚未掌握或仅掌握部分知识点或技能，无法在生活中运用相关知识点或技能。

表 1 不同等级的科学水平

水平	五年级该水平最低分数	九年级该水平最低分数	达到该水平的学生能够做什么
A 级	681	722	A级学生可以从物理、生命、地球和空间科学中汲取一系列相互关联的科学思想和概念，并使用内容、程序和认知性知识，为新的科学现象、事件和过程提供解释性假设或作出预测；在解释数据时，可以区分基于科学理论、证据的论点和基于其他考虑的论点；能够评估复杂的科学实验、进行实地研究或模拟设计
B 级	615	656	B级学生可以使用抽象的科学思想或概念来解释不熟悉或更复杂的现象、事件；能够利用理论知识解释科学信息或作出预测；可以评估科学探索的方法，识别数据解释的局限性，解释数据中不确定性的来源和影响

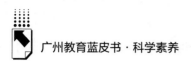

续表

水平	五年级该水平 最低分数	九年级该水平 最低分数	达到该水平的学生能够做什么
C 级	548	590	C 级学生可以使用更复杂或更抽象的知识,解释生活中的事件和过程;可以在受约束的环境中进行科学实验,能够证明实验设计的合理性;可以解释从实验中提取的数据,得出适当的科学结论
D 级	481	523	D 级学生可以利用中等复杂的科学知识来识别或解释生活中熟悉的现象;在不太熟悉或更复杂的情况下,可以用相关的提示来构建解释;能够利用科学知识进行简单的实验;能够辨别科学问题和非科学问题,找出简单的支持科学主张的证据
E 级	414	457	E 级学生能够运用科学知识或数据解决简单科学实验中的问题;可以利用基本的或日常的科学知识,从简单的图标或数据中得出一个有效结论
F 级	203	238	F 级学生在支持下,可以进行不超过两个变量的结构化科学调查;在科学问题中能够识别简单的因果关系、解释简单的图形或数据;无法使用科学知识对简单科学现象做解释

三　科学素养现状分析

（一）总体科学素养水平

1. 总体科学素养水平区域比较

南沙区五年级学生科学素养 A 水平学生占比 2.75%，低于全市平均占比；B 水平学生占比 10.31%，高于全市平均占比；C 水平学生占比 23.94%，高于全市平均占比；D 水平学生占比 31.43%，高于全市平均占比；E 水平学生占比 20.90%，低于全市平均占比；F 水平学生占比 10.66%，低于全市平均占比（见图 1）。南沙区九年级学生科学素养 A 水平学生占比 1.14%，高于全市平均占比；B 水平学生占比 4.11%，低于全市平均占比；C 水平学生占比 12.79%，低于全市平均占比；D 水平学生占比

18.95%，低于全市平均占比；E 水平学生占比 21.92%，低于全市平均占比；F 水平学生占比 41.10%，高于全市平均占比（见图2）。

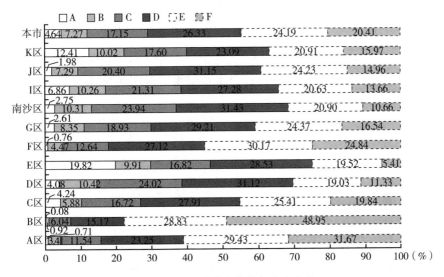

图1　五年级科学素养等级分布占比

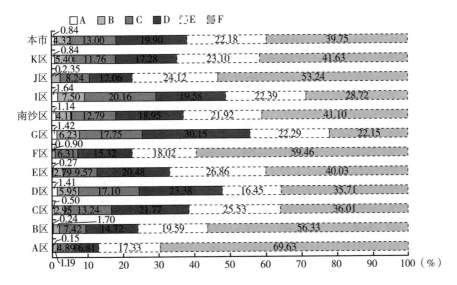

图2　九年级科学素养等级分布占比

2. 总体科学素养水平区域性别差异

南沙区五年级男生科学素养高水平占比（8.34%）高于女生（4.73%）；男生中等水平占比（27.26%）低于女生（28.10%）；男生基础水平占比（15.04%）低于女生（16.52%）（见图3~图5）。九年级男生科学素养高水平占比（4.00%）高于女生（1.25%）；男生中等水平占比（15.75%）低于女生（15.98%）；男生基础水平占比（33.56%）高于女生（29.45%）（见图6~图8）。

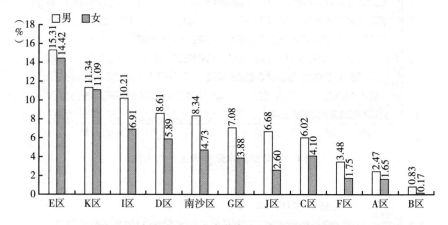

图3 五年级各区科学素养高水平比例的性别差异

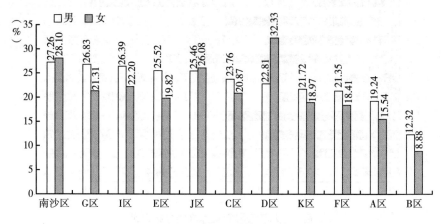

图4 五年级各区科学素养中等水平比例的性别差异

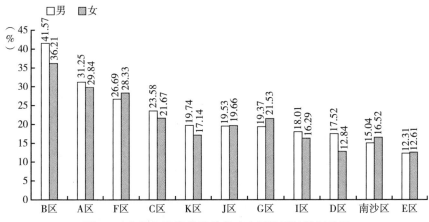

图 5　五年级各区科学素养基础水平比例的性别差异

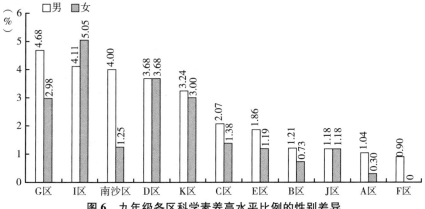

图 6　九年级各区科学素养高水平比例的性别差异

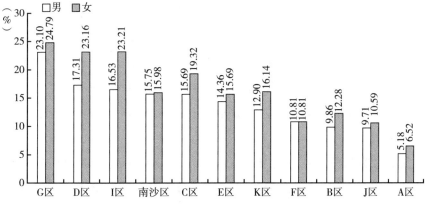

图 7　九年级各区科学素养中等水平比例的性别差异

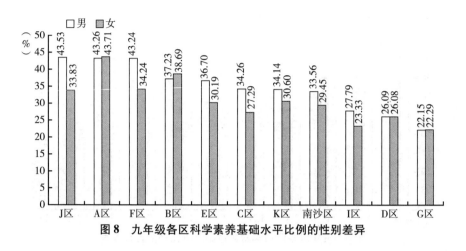

图8 九年级各区科学素养基础水平比例的性别差异

（二）科学素养各指标水平

1. 科学知识

科学知识从认知过程角度进行测评，涵盖了内容性知识、认知性知识、程序性知识三方面。对该三类知识的具体界定如下：内容性知识：评估学生对事实、关系、过程、概念和设备的知识。包括识别或陈述事实、关系和概念；识别特定有机体、材料和过程的特征或特性；识别科学设备和程序的适当用途；识别和使用科学词汇、符号、缩写、单位和比例。认知性知识：评估学生将科学知识与特定环境结合生成解释，解决实际问题的知识。包括使用图表或模型演示过程或找到解决问题的方法，利用科学概念来解释文本、表格、图片和图形信息，运用科学原理观察并解释自然现象。程序性知识：评估学生能否运用推理、分析等方法得出结论，使用证据和科学理解来分析、综合和概括，将结论扩展到新领域的知识，包括回答不同因素或相关概念的问题，测量和控制的变量，评估调查结果是否有足够的数据支持结论、证明因果关系。

通过数据发现，本区五年级学生科学知识中内容性知识得分率较高（54%），本区内容性知识、认知性知识得分率高于市得分率，程序性知识得分率低于市得分率，值得进一步关注（见图9）。本区九年级学生科学知识中内容性知识得分率较高（38%）。相比市平均得分率，本区程序性知识、认知性知识得分率低于市得分率，值得进一步关注（见图10）。

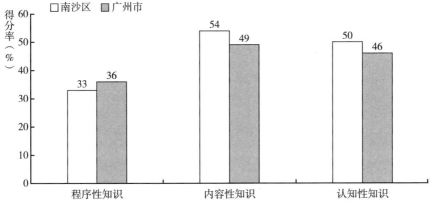

图9　南沙区与广州市五年级学生科学知识得分率比较

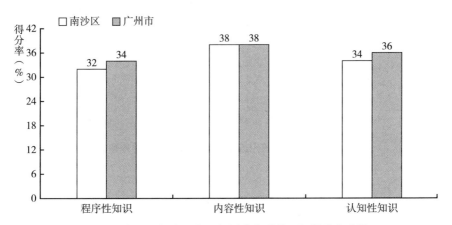

图10　南沙区与广州市九年级学生科学知识得分率比较

2. 科学能力

科学能力涵盖了识别科学问题、解释科学现象、运用科学证据的能力。这三种能力之所以被选中，是因为它们对科学实践有重要意义，例如归纳推理和演绎推理、系统性思维、批判性决策、信息转换都是上述三种能力的体现。对三种能力的界定如下：识别科学问题能力：能够识别科学问题与非科学问题，对科学问题进行检验、论证提出改进意见；解释科学现象能力：包括在特定情况下应用科学知识，科学地描述或解释现象，进行预测；运用科学证据能力：包括解释科学结论、理解结论背后的假设和推理、反思科学技术发展给社会带来的意义。

通过数据发现，本区五年级学生科学能力中解释科学现象的能力得分率较高（49.19%），解释科学现象的能力、识别科学问题的能力、运用科学证据的能力得分率均高于市得分率（见图11）。本区九年级学生科学能力中识别科学问题的能力得分率较高（40.31%），在解释科学现象的能力、识别科学问题的能力、运用科学证据的能力得分率均低于市得分率，值得进一步关注（见图12）。

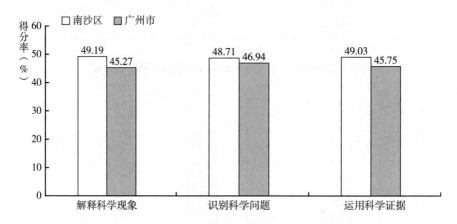

图11 南沙区与广州市五年级学生科学能力得分率比较

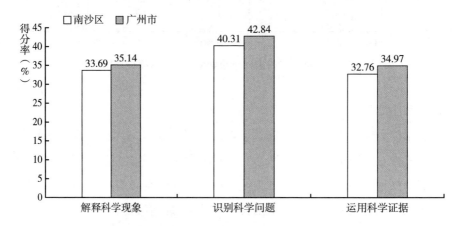

图12 南沙区与广州市九年级学生科学能力得分率比较

3. 科学态度与责任

科学态度与责任涵盖了科学信心、科学兴趣和科学态度三方面。对该三类的具体界定如下。科学信心：学生在学习过程中，体验获得成功的乐趣，锻炼克服困难的意志，建立自信心（自我效能感）；科学兴趣：指学生积极参与科学活动，对科学有好奇心和求知欲，具备科学学习过程中的情绪和动机；科学态度：学生通过了解科学的特点和价值，形成坚持真理、修正错误、严谨求实的科学态度，形成科学价值观和成长型思维。

（1）从科学信心方面来看，南沙区五年级学生科学信心高水平学生占比 51.55%，高于全市平均占比；较高水平学生占比 36.39%，高于全市平均占比；中等水平学生占比 7.76%，低于全市平均占比；较低水平学生占比 4.30%，低于全市平均占比（见图 13）。南沙区九年级学生科学信心高水平学生占比 14.78%，高于全市平均占比；较高水平学生占比 46.25%，高于全市平均占比；中等水平学生占比 22.51%，低于全市平均占比；较低水平学生占比 16.46%，低于全市平均占比（见图14）。

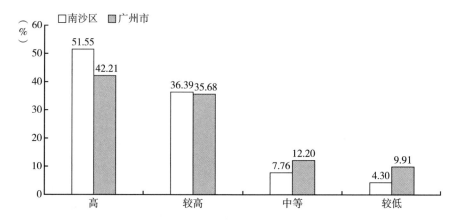

图 13　南沙区与广州市五年级学生科学信心等级占比比较

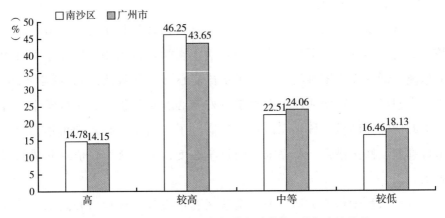

图14　南沙区与广州市九年级学生科学信心等级占比比较

（2）从科学兴趣方面来看，南沙区五年级学生科学兴趣高水平学生占比40.83%，高于全市平均占比；较高水平学生占比40.13%，高于全市平均占比；中等水平学生占比13.05%，低于全市平均占比；较低水平学生占比5.99%，低于全市平均占比（见图15）。南沙区九年级学生科学兴趣高水平学生占比15.23%，高于全市平均占比；较高水平学生占比32.14%，高于全市平均占比；中等水平学生占比37.85%，低于全市平均占比；较低水平学生占比14.78%，低于全市平均占比（见图16）。

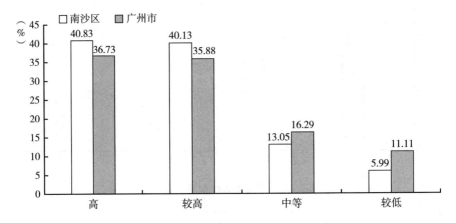

图15　南沙区与广州市五年级学生科学兴趣等级占比比较

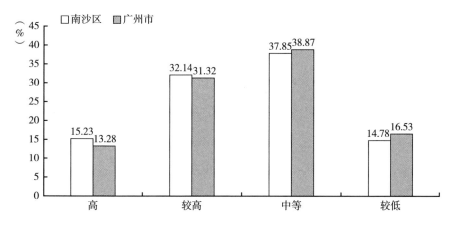

图16 南沙区与广州市九年级学生科学兴趣等级占比比较

（3）从科学态度方面来看，南沙区五年级学生科学态度高水平学生占比55.08%，高于全市平均占比；较高水平学生占比37.52%，高于全市平均占比；中等水平学生占比4.23%，低于全市平均占比；较低水平学生占比3.17%，低于全市平均占比（见图17）。南沙区九年级学生科学态度高水平学生占比33.26%，高于全市平均占比；较高水平学生占比54.65%，低于全市平均占比；中等水平学生占比4.48%，低于全市平均占比；较低水平学生占比7.61%，高于全市平均占比（见图18）。

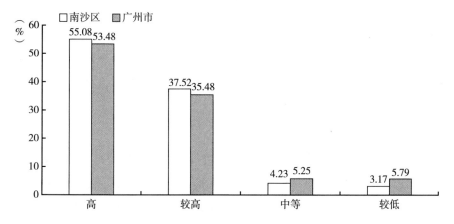

图17 南沙区与广州市五年级学生科学态度等级占比比较

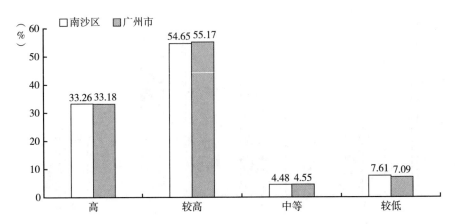

图18　南沙区与广州市九年级学生科学态度等级占比比较

（三）科学素养现状及其可能原因

1. 学生总体科学素养水平较分散，且在性别上存在差异

本研究发现：一是南沙区五年级学生科学素养高水平占比与全市占比相近，中水平占比高于全市占比，低水平占比低于全市占比；九年级学生科学素养高水平占比高于全市占比，中水平占比低于全市占比，低水平占比高于全市占比。可见随着学段增长，学生总体科学素养水平发生了变化，高水平和中水平学生占比减少，低水平学生占比增加，导致学生总体科学素养水平较分散。二是南沙区学生各水平科学素养存在性别差异。五、九年级高水平学生中男生多于女生，五、九年级中等水平学生中女生多于男生，五年级基础水平学生中女生多于男生。究其原因可能由于不同性别的学生的心理发展水平不同，导致男女抽象思维水平不均衡，呈现男生科学素养发展相对更快的现象，需引起教师对女生科学学习的关注。

2. 五年级学生程序性知识水平低于市平均得分率，其他方面表现良好

南沙区五年级学生测评结果显示：一是在科学知识中，仅有程序性知识低于市平均得分率，内容性知识、认知性知识均高于市平均得分率，且程序性知识得分率低于内容性知识、认知性知识。二是科学能力中，解释科学现

象的能力、识别科学问题的能力、运用科学证据的能力均高于市得分率。三是在科学态度与责任中，五年级学生科学信心、科学兴趣、科学态度在高水平和较高水平的占比均高于全市占比，中等水平和较低水平均低于全市占比，说明五年级学生的科学态度与责任的整体表现优于市平均水平。究其原因，可能是南沙区五年级学生处于具体运算阶段，其抽象思维发展不完全，虽能够理解事物的因果关系，找到解决问题的方法，但运用推理、分析、归纳和演绎等思维方法的能力还处于一般水平，分析证据得出结论的逻辑思维和推理能力也有待提升。程序性知识是将科学知识与实践结合的关键，因此，教师要注重对程序性科学知识的培养，以进一步增强学生运用知识的能力。

3. 九年级学生认知性知识水平低于市平均得分率，科学能力、科学态度仍需提高

南沙区九年级学生测评结果显示：一是在科学知识中，程序性知识与认知性知识得分率均低于全市占比，内容性知识占比与全市占比持平。二是在科学能力中，解释科学现象的能力、识别科学问题的能力、运用科学证据的能力得分率均低于市得分率。三是在科学态度与责任中，南沙区九年级学生科学信心和科学兴趣在高水平和较高水平的占比高于全市占比，中等水平和较低水平低于全市占比。说明南沙区九年级学生在科学信心和科学兴趣表现优于市平均水平；科学态度虽在高水平和较低水平高于全市占比，较高水平和中等水平却低于全市占比，因此南沙区科学态度的表现较为分化。究其原因，可能是南沙区九年级学生正位于升学的关键阶段，学校、教师、家长甚至学生自身都更关注学业成绩的提高，课堂中过度重视陈述性知识的传授，因此相对忽视了对学生科学素养整体的发展，导致九年级学生在科学知识、科学能力、科学态度与责任的表现均存在弱于全市平均水平的情况。新课程素质教育关注学生的素养提升，培养学生科学素养与提升成绩并不冲突，而是相辅相成的关系。由于解决问题的思维方式可以迁移至不同学科，故在教学过程中，教师应聚焦培养学生运用科学思维方式、科学态度，切实加强科学素养教育，实现"提高学生科学素养"的科学教育课程目标。

四　教学发展建议

（一）关注全体学生，提升整体科学素养

南沙区科学教育应落实《广州市南沙区全民科学素质行动规划纲要实施方案（2022—2025 年）》，遵循学生的身心发展规律，针对不同性别的心理发展水平，选取适宜的教学策略、教学方法，关注学生多样化、个性化的学习需求，落实因材施教的课堂教学。科学教师应开展有针对性的教研活动，开发科学课程资源，采用大单元教学模式，提出具有适度挑战性的问题[①]。特别是，可结合项目式教学策略，围绕大概念组织科学教育内容，注重创设真实的教学情境，引发学生的认知冲突，激发学生在探究与实践中积极思考[②]，落实对学生科学知识、科学能力、科学态度与责任的培养，全面提升青少年科学教育水平，激发青少年好奇心和想象力，增强科学兴趣、创新意识和创新能力。

（二）强化实验教学，提升科学实践能力

教师不应将课堂局限于阐述概念和概念之间的关系，切勿过于重视内容性知识、认知性知识而忽视程序性知识，而是要形成结构化的知识体系[③]。学校要积极创造科学实验室条件，把知识传授与动手操作有机结合起来，指导学生开展探究性实验和课外科技活动[④]，建立校内外科学教育资源有效衔接机制，办好南沙区中小学生科普知识竞赛、科创节展演活动、科学实验活

---

① 李雁冰：《科学探究、科学素养与科学教育》，《全球教育展望》2008 年第 12 期，第 14~18 页。

② 胡卫平：《在探究实践中培育科学素养——义务教育科学课程标准（2022 年版）解读》，《基础教育课程》2022 年第 10 期，第 39~45 页。

③ 杨向东：《以科学探究为例看素养与知识的关系》，《基础教育课程》2018 年第 3 期，第 19~23 页。

④ 张士元：《小学科学实验教学存在的问题及对策》，《中国教育技术装备》2013 年第 20 期，第 146~147 页。

动，强调学习的探究过程，提高实验课的开设率，在实践探究中丰富学生的程序性知识，落实对实验技能的培养，发展技术意识和操作能力，而非将探究流于形式。

（三）拓展思维训练，培养科学探究能力

加强中小学段科学教育内容和思维的衔接，层层递进地培养识别科学问题、解释科学现象、运用科学证据的能力，达到循序渐进的学习进阶。在日常教学和评价当中，应该关注学生的认知过程，而不仅仅关注结果[1]，加强运用已有知识向未知领域的迁移能力，结合开放的讨论策略、探究策略，关注对批判性思维、逻辑思维和推理能力的培养。南沙区教育局可整合科普资源，组织南沙区中小学科技劳动教育暨学生信息素养提升实践活动，引导学生在一定的社会情境中解决科学问题，制作高质量的科创作品，促进科学探究能力的生成与发展[2]。

（四）渗透品德教育，形成正确科学态度

应将思想品德教育有机融入科学教育课程，系统构建具有学校特色的课程体系。在传授知识、发展能力的同时，通过实验数据处理等教学环节培养学生严谨务实的求知态度[3]，进一步挖掘由科学知识延伸到科学精神的科学教育功能，形成科学态度与责任[4]。此外，南沙区科技局还应设计丰富多彩的育人活动，如加强对南沙区科技活动周的宣传展示，通过科技成果展示、科学家科普讲座、生态科普活动、人工智能教育进校园等活动，完善正向多元的评价体系，整体性发展科学素养，传播科技知识、倡导科学方法、激活

---

[1] 张莉娜：《PISA2015科学素养测评对我国中小学科学教学与评价的启示》，《全球教育展望》2016年第3期，第15~24页。

[2] 王泉泉、魏铭、刘霞：《核心素养框架下科学素养的内涵与结构》，《北京师范大学学报》（社会科学版）2019年第2期，第52~58页。

[3] 孙冬怀：《小学科学素养的整体化培养路径》，《人民教育》2020年第Z3期，第96~98页。

[4] 刘庆昌：《人文底蕴与科学精神——基于〈中国学生发展核心素养〉的思考》，《教育发展研究》2017年第4期，第35~41页。

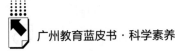
创新动力，培育科学精神①，树立热爱科学、崇尚科学的社会风尚，形成浓厚的科学态度与责任。

参考文献

刘长铭：《我们为什么需要项目式学习?》，《中小学管理》2020 年第 8 期。

石晓芸、郑珊珊：《高质量项目式教学赋能核心素养培育——以八年级下册"公民义务"为例》，《中学政治教学参考》2023 年第 14 期。

王丽丽、丁邦平、王萍：《中小学科学实验教学的演变与改革：国际经验及其启示》，《课程·教材·教法》2022 年第 11 期。

武青华、宋晓萱：《趣味化学实验在小学科学教学中的应用——评〈小学科学教学变化与展望〉》，《应用化工》2023 年第 4 期。

温小勇、周玲、刘露等：《小学科学课程思维型教学框架的构建》，《教学与管理》2020 年第 24 期。

---

① 唐彩斌、沈华：《让科学家精神照亮校园》，《人民教育》2022 年第 19 期，第 23~25 页。

学 校 篇

Schools Reports

B.14

荔湾区环市西路小学：学校科学素养
测评分析报告

罗志荣　刘素忠*

摘　要： 本文依托广州市智慧阳光评价·科学素养测评结果报告，以广州市荔湾区环市西路小学五年级2班学生科学素养的养成及发展为例，论证如何借助评价体系，通过数据分析、归因，寻找教学改革突破口，进行"大单元教学+作业评价"等创新型课堂教学策略的探究；以表现性评价引导学生自主学习，以"实践作业评价"为手段创新对科学学科的学业评价，端正学生科学态度，强化学生科学实验习惯，形成正确科学观念，养成初步的科学思维能力和探究实践能力，逐步提升学生的科学能力素养，助力学校实现"双减"背景下科学教学的高质量发展。

---

* 罗志荣，广州市荔湾区环市西路小学科学教师，一级教师，主要研究方向为科学教学评价；刘素忠，广州市荔湾区环市西路小学副校长，高级教师，主要研究方向为信息技术与科技教育。

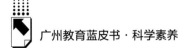

关键词： 科学素养测评 科学素养 科学能力 荔湾区

一 问题提出

2014 年教育部印发的《关于全面深化课程改革落实立德树人根本任务的意见》明确提出"核心素养体系"概念，并把核心素养作为研究学业质量标准、修订课程方案和课程标准的依据。2016 年，国家发布核心素养体系，如何评价学生的核心素养和学科核心素养，直接关系着基于核心素养的基础教育改革的成效。

2021 年 6 月，国务院印发《全民科学素质行动规划纲要（2021—2035年）》，指出科学素质是国民素质的重要组成部分，对于公民树立科学的世界观和方法论，对于增强国家自主创新能力和文化软实力、建设社会主义现代化强国，具有十分重要的意义。

2022 年 10 月，党的二十大报告首次将教育、科技、人才进行统筹部署、整体谋划，从基础性、战略性支撑的角度强调教育、科技、人才一体发展。

2023 年 2 月，中共中央总书记习近平在主持中共中央政治局第三次集体学习时强调，要在教育"双减"中做好科学教育加法，激发青少年好奇心、想象力、探求欲，培育具备科学家潜质、愿意献身科学研究事业的青少年群体。

2014 年起，广州全面启动中小学生综合素质评价改革，探索建立破解"唯分数"顽疾的阳光评价体系。2020 年初，阳光评价依托教育信息化升级转型为智慧阳光评价，开发一套综合性的教育质量评价工具，实现对学生学习过程的科学诊断与有效指导，深化对学生个体综合素质发展的科学指引。[1]

---

[1] 韦英哲、穗教研：《智慧阳光评价，破解"唯分数"顽疾——中小学教育质量综合评价改革的广州方案》，《广东教育》（综合版）2022 年第 1 期，第 7~11 页。

长期以来，荔湾区教育局承担阳光评价"系统质量观下的区域质量综合评价实践效果"研究任务。作为区属小学，环市西路小学五年级 2 班学生从 2020 年开始参与智慧阳光评价的连续追踪。通过纵向比较 2021~2022 年评价数据发现，科学素养高等级学生（A–B 级）占比略有下降（3.08 个百分点），中等级学生（C–D 级）占比大幅度提升（14.86 个百分点），基础等级学生（E–F 级）占比明显下降（11.79 个百分点）。总体体现出 2 班学生的科学素养呈上升态势（见图 1）。

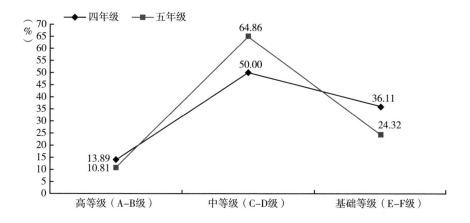

图 1 学生科学素养等级比值

说明：以下图表数据均为同一来源，资料来源于 2021~2022 年《广州市智慧阳光评价项目中小学教育质量综合评价班级学生报告》。

如何正确解读智慧阳光评价报告，有效运用结果反馈、分析相关测评数据（尤其是科学素养评价数据），发现年级、班级存在的学习优劣势，科学归因，对学生科学学习状况和素养形成、发展进行诊断，从而研判教学效度，依据 2022 年版新课标，融合 STEM、大单元教学等教学理念，合理调整教学方式方法，创新运用教学措施和策略，在"双减"大背景下真正做到科学教学减量提质，切实提升学生的科学探究实践能力，成为环市西路小学科学教师提高教学质量的新课题。

二 研究设计

（一）科学素养评价发展背景

"科学素养"是 20 世纪 70 年代在教育领域出现的一个新词语，主要包含科学知识与概念、科学方法与技能、科学精神与态度、对科学本质的认识以及科学的价值。

《义务教育科学课程标准（2022 年版）》明确界定：科学课程核心素养主要指学生在学习科学课程的过程中，逐步形成的适应个人终身发展和社会发展所需要的正确价值观、必备品格和关键能力，包括科学观念、科学思维、探究实践、态度责任等方面。①

2020 年，广州中小学生智慧阳光评价体系结合国际 PISA（国际学生评估项目）评价模式，增设科学素养水平测量评估，测评学生是否能够有效地应用从书本所学的知识，并能从不同角度分析与解决问题，将知识应用到与其生活环境密不可分的各种情境及挑战中。

广州智慧阳光评价·科学素养测评的区域性教育质量年度报告，高效助力学校和教师对学生学习过程的科学诊断，同时为科学课堂教学变革成效提供有效判断依据。

（二）研究对象

环市西路小学五年 2 班共有 37 名学生参与测评，其中男生 20 人、女生 17 人（2021 年四年 2 班参测学生 36 人，男 19 人、女 17 人）。连续两年参测学生 35 人。学校生源为地段户口招生，随机分配，不存在按学习水平梯度分班情况，该评价样本对了解环市西路小学 5~6 年级学段学生整体科学素养状况具有代表性。

---

① 中华人民共和国教育部：《义务教育科学课程标准（2022 年版）》，北京师范大学出版社，2022，第 4~6 页。

（三）研究工具

广州智慧阳光评价·科学素养测评主要借鉴 PISA 的整体理念和模式作为科学素养结构模型的理论支撑，以国家教育政策为导向，通过大数据、云计算等新一代信息技术与教育评价改革的融合创新，构建中小学科学素养评价指标体系，并选择相应的评价方法，设计科学素养测评工具。

广州智慧阳光评价·科学素养测评中"科学素养"的界定为：具有参与和科学相关问题与思想的能力。通过"科学知识""科学能力""科学态度与责任"三方面 8 个指标项的测评，将能力水平划分为 6 个级别（A-F级），从而区分学生科学素养水平层次。

（四）研究过程

1. 数据分析归因

研读 2021 年智慧阳光评价"科学素养"评价结果数据，分析学生科学素养发展态势，科学归因。

2. 策略调整实施

根据评价结果数据分析，对研究对象年级科学教学进行策略调整，科组尝试"大单元教学"设计并在课堂落地验证。改进"作业评价"方式，从生活出发，以小组合作学习为本，降低作业难度，增加作业趣味性和可操作性，引导学生"做中学""学中做"。

3. 数据对比分析

研读 2022 年智慧阳光评价"科学素养"评价结果数据，结合 2021 年数据纵向同比，分析学生一年来科学素养发展态势变化，科学归因。

4. 策略调整验证

通过评价数据同比分析，对研究对象年级科学教学再次进行策略调整。根据 5~6 年级学段学习特征，在作业评价中融合"STEM 活动+工程技术教学"内容，侧重学生"科学能力"提升的教学实践研究。

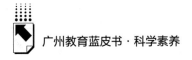

三 结果分析

（一）测评概况

环市西路小学五年 2 班共有 37 名学生参与学科素养中"科学素养"测试以及非学业量表测试。学生通过集中登录智慧阳光评价网站，在 50 分钟内线上完成选定的学业与非学业内容选择题，完成科学素养的整体测评。

（二）测评结果分析

1.等级水平与均值

综合 2021~2022 年数据分析，连续两年的成绩均值均高于区、市水平。同批学生在四年级时高等级和中等级比值均高于区、市水平，而五年级时高等级比值低于市水平。纵向比较之下，可以清楚看到五年级学生 C 级比值大幅提高，而 D~E 级呈现下降趋势，F 级下降尤为明显（见图 2）。同时，离散系数显示学生群体学习等级越来越集中于中等级层次。

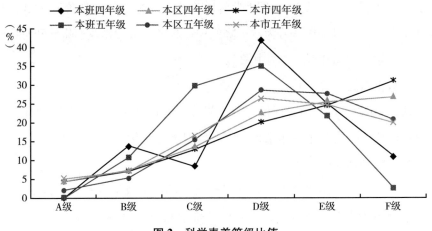

图 2 科学素养等级比值

由此可见，在经历 2022 年疫情反复、线上学习不断增多、教师指导和小组合作骤减的大环境下，学生的科学素养仍呈现缓慢提升状态。

2. 科学能力

科学能力涵盖了科学的识别科学问题、解释科学现象、运用科学证据的能力。它们对科学实践有重要意义。学生的科学能力持续高于区、市水平。同比四年级学生科学能力表现较为突出，而五年级学生"运用科学证据"能力略低于市水平。纵向比较之下，看到五年级学生在"解释科学现象""运用科学证据"能力发展明显滞后（见图 3）。

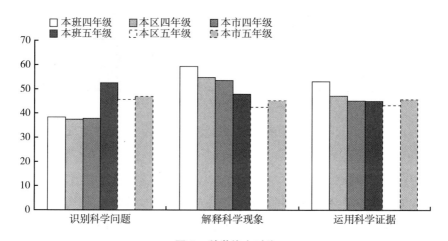

图 3　科学能力对比

高阶的科学能力需要充足时间和空间进行训练，2022 年的疫情对科学教学、学生高阶能力提升都产生显著的影响。由此可见，线上教学的目标、内容设计应更倾向于科学能力培养，特别是解释、运用这类思维和实践有机统一的高阶能力养成和发展。课堂教学中教师教学仍以讲授主导为主，一定程度上束缚了学生的思维发展和探究能力提升。

3. 科学态度

学生的主观态度在一定程度上会影响科学素养的发展水平。学生的科学兴趣和科学信心均高于区、市水平。且随着年级的升高，学生的科学态度提升更明显。在主观因素上体现出学生对科学学习的积极性随着学业的加重没有减弱反而继续正态发展（见图4）。充分体现了科学课堂内容生动、有趣，学习环境宽松、愉快，学习压力小，学业负担轻的特点。

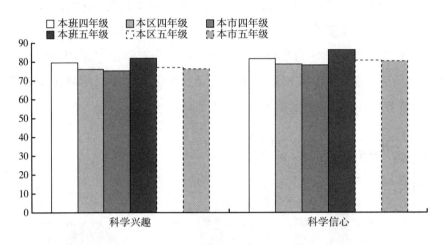

图4 科学态度对比

4. 课堂教学方式

教师课堂教学会使用不同的教学方法，结合科学课学习的特点可分为教师主导教学、探究实践式教学、适应性教学、师生双向反馈式教学。

虽然学生整体持续认为课堂上师生双向反馈频率低，但五年级的数值有明显上升，且学生认知从四年级的主导教学频率高到五年级的探究实践频率高，体现了科学课堂上教学方式的转变起到积极作用，特别是作业评价让课堂教学"教—学—评"一体化和趣味化得到学生的认同，提升了学生学习兴趣和积极性（见图5）。

5. 时间投入

环市西路小学按相关文件规定3~6年级每周开设2节科学课，"时间投入"是学生每周完成科学作业投入的总时长。整体而言，五年级完成作业的时长有所缩短（见图6）。

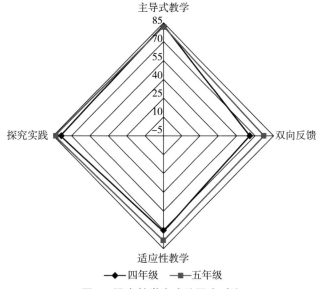

图 5　课堂教学方式认同度对比

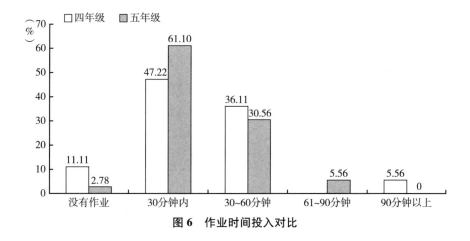

图 6　作业时间投入对比

四　策略实施

综上分析，2021~2022 年 2 班学生的科学知识、科学能力、科学态度与责任等科学素养测评指标大体高于区、市水平，在市内处于中等水平。五年级阶段（上学期）测评成绩高等级（A-B级）与基础等级（E-F级）下降明显，中等级（C-D级）上升突出并趋于正态密集分布；平均成绩略有下滑；科学知识（尤其是程序性知识）、科学能力（尤其是运用科学证据能力）同比均有明显降幅；作业用时与成绩关联上表现为用时越长成绩越高的倾向线。

针对学生科学知识、科学能力同比下降，作业用时越长成绩越高的情况，我们尝试革新学业评价机制，在原有的作业评价模式基础上，在课堂教学中融合"大单元教学"理念，强化操作/实践作业评价、小组合作学习等具体措施，完善"作业评价+课堂表现+特殊表现"的表现性评价体系，促进学生科学核心素养进一步提升。并从解决生活实际问题出发，降低作业难度，强化协同合作，从增强过程趣味性入手，减少作业用时，提升学习质量。

（一）革新作业评价，促进科学探究能力发展

环市西路小学自 2012 年起，依照《义务教育小学科学新课程标准（2011 版）》，以建构主义为理论依据，开展"动手能力"评价模式研究，在不断摸索探究中形成"作业评价模式"。针对小学科学中生命科学、物质科学、地球与宇宙、技术与工程四大领域以及科学探究、情感态度与价值观、科学知识三个维度，抽取 3~6 年级《科学》（人教版实验版）部分单元的实践探究活动，制定评价内容和指标（见表 1、表 2），以真实的日常教学为基础，以探究实践活动为评价内容，以长短周期作业结合为主要评价手段，以综合评定量表、教师观察和杰出表现记录为整体评价形式，充分利用正常的课堂教学活动和课外实践活动，对学生的动手动脑"做"科学的兴趣、技能、思维水平和活动能力，对科学概念和技能的理解过程和应用情况以及对科学学习的态度进行全面的过程性评价。结合智慧阳光评价数据分析，作业评价所构建的科学课堂对于促进学生的科学素养形成、能力进阶起到一定的作用。

表1 作业评价内容及指标（上学期）

环市西路小学上学期科学作业（考查）量表

年级	考查内容	合作形式	形式
三年级	连续观察记录天气4周	个人	长周期作业
四年级 （4选3）	制作过山车	个人	长周期作业
	制作弹奏乐器	个人	短周期作业
	设计餐单	个人	短周期作业
	制作气球（橡皮筋）小车	2~3人小组	短周期作业
五年级 （4选2）	观察绿豆发芽	1~3人小组	长周期作业
	制作太阳能热水器	1~3人小组	长周期作业
	用橡皮筋驱动小车	1~3人小组	短周期作业
	用气球驱动小车	1~3人小组	短周期作业
六年级 （4选3）	制作保温杯	个人	长周期作业
	制作杆秤	个人	长周期作业
	做框架	2~3人小组	短周期作业
	纸桥承重	2~3人小组	长周期作业
	制作电磁铁	2~3人小组	短周期作业

四年级上学期科学考查评价标准

考查内容	A	B	C	D
过山车	轨道与设计图基本近似；有直线和曲线轨道，有斜面；运动过程流畅、正常，不脱轨	轨道与设计图基本近似；有直线和曲线轨道，有斜面；运动过程不太流畅，不脱轨	轨道与设计图基本近似；有直线和曲线轨道，有斜面；运动过程中脱轨	无设计图或轨道不符合要求
弹奏乐器	外观美观，能弹奏出3个以上的音高	外观整齐，能弹奏出2~3个音高	外观简陋，测试（或听）不出音高变化	未上交作业
营养餐单设计、烹制	餐单设计完整，营养充足，搭配合理，有图片佐证实践过程	餐单设计简单，营养成分有缺失，有图片佐证实践过程	餐单设计有不合理之处，或无图片佐证实践过程	餐单设计不合理，营养成分缺失多
气球（橡皮筋）小车	结构美观，5秒内运输2块B橡皮，直线运动超1米为A；运输A橡皮1块，直线运动超1米为A+	结构简单，5秒内运输B橡皮2块，直线运动0.5~0.99米	结构简单，5秒内运输B橡皮2块，直线运动0.5米以内	车体分离或无法运输橡皮

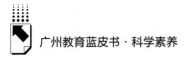

表2 作业评价内容及指标(下学期)

环市西路小学下学期科学作业(考查)量表

年级	实验/操作作业 (1~14周)	百分比	实践活动作业 (线上学习)	百分比	课堂表现/线上学习 参与度(百分比)
三年级	"过山车"轨道	60%	了解其他动物的一生有趣的事情,制作手抄报	15%	25%
四年级	1. 植物种植观察记录 2. 制作红绿灯 二选一	60%	1. 植物结构观察 2. 用文字或者用绘画的方式记录下来,出一份保护土壤的小报 二选一	15%	25%
五年级	1. 纸船承重 2. 自制保温杯 3. 自制钟摆(30秒摆动30下) 三选一	60%	根据地球两种运动方式的特点制作手抄报(图文并茂,内容包括方式、方向、周期和特点)	15%	25%
六年级	1. 制作结晶体 2. "微小世界"资料集 3. 自制汽水 三选一	55%	1. 各国垃圾处理调查导图/新型垃圾填埋场设计 2. 家庭垃圾小调查 3. 家庭用水量调查/家庭节水方案设计 三选一	30%	15%

说明:期末考查总评=实验/操作作业+实践活动作业+课堂表现/在线学习率+竞赛/活动参与(加分项)。

四年级科学考查评价标准

单元	考查内容	评价要求				作品要求
		A	B	C	D	
A 线下学习	种植凤仙花	掌握种植技巧,植株经历开花、结果阶段	掌握种植技巧,植株经历生长发育阶段	没有掌握种植技巧,种子没有萌发	未完成	个人完成凤仙花的种植和观察记录
	制作红绿灯	通过控制开关达到控制两盏灯的亮与灭;当红灯亮时,绿灯灭;绿灯亮时,红灯灭;开关灵敏;整个电路中导线与元件之间连接是稳固的	通过控制开关达到控制两盏灯的亮与灭;当红灯亮时,绿灯灭;绿灯亮时,红灯灭;开关不够灵敏;导线与元件的连接比较松动	开关不灵敏,时有接触不良或连接松动	未完成	小组完成红绿灯制作

单元	考查内容	评价要求				作品要求
		A	B	C	D	
B 线上学习	植物结构观察	记录完整，观察部位准确	记录完整，观察部位不准确	记录不完整，观察部位不准确	未完成	自行选择一种植物，细心观察它的结构构成，完成记录表
	保护土壤小报	小报主题明确，内容丰富，图文并茂	小报主题明确，不够丰富，比较单一	小报主题不明确，内容单一，没有做到图文并茂	未完成	搜集岩石与土壤资料，自学并以"土壤的呼声"或"岩石和土壤的故事"为题，制作一份手抄报或电子小报

总评标准：每项选取成绩最好的一个作业，总评＝A×60%＋B×15%＋平时表现×25%；不完成作业的总评可视平时线下线上学习情况评为 C 或 D。

备注：若学生对上交单元作业的评价成绩不满意，可在学期内（19 周前）修改或重新制作作业，多次进行评价测试，选取最高的评价成绩作为终评成绩。

《义务教育科学课程标准（2022 年版）》的推行，让学科核心素养成为本轮新课程改革的重要方向和目标。2022 年版课标中明确指出：构建素养导向的综合评价体系。强化过程性评价，重视"教—学—评"一体化，关注学生在探究和实践过程中的真实表现与思维活动。

有鉴于此，我们再次对"作业评价"进行革新摸索，尝试"表现型评价"实践，以教科版新编教材为素材，以发展学生科学核心素养为出发点，有机整合教学要点和难重点，对课内外学生探究实践活动中科学观念和态度的形成、科学思维的运用、科学实践的实效进行深入评价，融合 STEM 教育理念和活动模式，侧重提升学生高阶思维和解释现象、解决问题的科学能力。

五年级科学作业多为探究、实践等可操作性强的作业，所需课外时间较多，由于适度应用了 STEM 教育模式，倡导生生协作，实践内容丰富，评价方式开放，学生在合作中作业时长得以缩减，在课内外有更充裕的时间和空间深入探究实践，能力锻炼得到一定量的延伸，作业质量有所提高。从而使得认真完成作业的同学对科学知识、科学能力的习得更显著，扭转了四年级"没有作业"不需对科学知识进行迁移运用，对科学思维和探究能力进行训练巩固和延伸的学生测评成绩反而更高不合理的现象（见图7）。

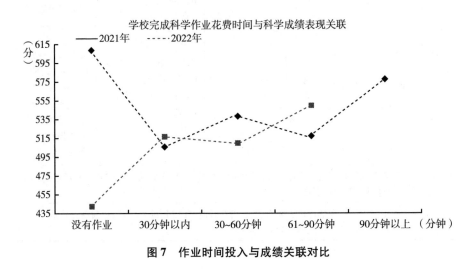

图7　作业时间投入与成绩关联对比

只有深研课标，抓准学科核心概念，不囿于教材，贴近学生的生活认知，符合学生实际水平，思考衡量科学作业内容的安全性、可行性、开放性、时效性、趣味性、创新性等，合理细化分层评价标准，设计开放型、实践型、创新型的科学作业，正确引导孩子们动手动脑、在"学中做""做中学"，才能真正有效提升教与学的质量，促进师生的共同成长。

（二）探索"大单元教学+作业评价"融合，加强迁移运用培养

大单元教学以及大单元教学设计是近年来国内基层教育研究的热点。科学科组将大单元教学与实践作业有机融合于教学全程，形成"以科学核心素养为中心，以实践作业为主线，以探究活动为主要形式，以大主题（任务、项目）统筹教学全过程，以学生学习为出发点，对教学单元内容进行

二次开发和整体设计（逆向设计），让核心素养落地”的校本学科教学模式。

以教科版三年级下册“物体的运动”单元为例，我们从学生的认知入手，以大单元教学角度对单元教材进行重新整合，先从设计作业内容和评价指标入手，为孩子们“量身定做”一个活动化的实践主题（见图8），引导学生从提炼知识、分析问题、迁移运用开始，经历一个趣味性强、流程完整的工程技术实践活动。从而让学生边“学中做”边“做中学”，调动已有科学概念，综合运用思维和能力，达成“产品”生成目的，建构个性化的能力素养训练体系（见图9）。

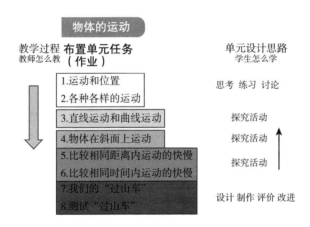

图8 “物体的运动”单元教与学设计流程

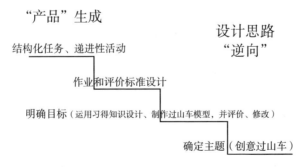

图9 “物体的运动”大单元设计思路流程

科学教学中，科组一直坚持以作业评价为基础的表现性评价引导学生学习科学，尤其在4~6年级实践探究活动中注重以"操作作业评价"激发学生科学态度，强化学生科学实验习惯，形成正确科学观念，养成初步的科学思维能力和探究实践能力。

近年来科组涉足"大单元设计与实践"研究，在工程与技术领域教学中尝试大单元教学与作业评价有机整合，引入STEM教育内涵，对课堂教学方式以及策略运用进行了调整和改进，使科学教学更适应时代教育需求，更适用于"双减"环境，更有效达成对学生科学核心素养的培养和发展目标，促进学生整体科学素养的平稳提升（见表3）。

表3 学生科学素养发展概览

分级	三年级→四年级			四年级→五年级		
	本区	本校	本班	本区	本校	本班
A	↑+4(19.73%)	—	—	—	—	—
B	↑+2(49%)	—	—	↑+2(26%)	↑+1.64(7.89%)	↓-3.08(10.81%)
C	↓-6(-31%)	↓-6(-26%)	→0(-4.17%)	↑+8(47%)	↑+7.61(23.68%)	↑+21.40(29.73%)
D	↓-11(-33%)	↓-18(-32%)	↓-19(-31.55%)	↓-1(-2%)	↓-0.67(37.72%)	↓-6.53(35.14%)
E	↑+3(11%)	↑+11(84%)	↑+21(475.00%)	↓-1(-6%)	↓-1.28(21.93%)	↓-3.38(21.62%)
F	↑+8(44%)	↑+7(74%)	↓-15(-57.41%)	↓-7(-45%)	↓-7.30(8.77%)	↓-8.41(2.70%)

说明：↑增长、→平稳、↓下降。

五　反思与建议

（一）优势

1. 快速归因，及时调整

智慧阳光评价利用大数据优势，整合、分析有效数据，形成高效的教学效能分析，有助于教师从数据的变化及数据印证中快速找到低效教学的成因，及时调整教学策略，实现高效教学。

2.多维考查，全面评价

依托智慧阳光评价体系，通过创新"作业评价"实践推动评价多元化，全面涵盖科学素养，既考察了学生对科学概念与事实的理解，又考察了学生在情感态度与价值观、科学探究的方法与能力、科学的行为与习惯、合作意识等方面的变化与进步。

3.以生为本，以学为本

改变传统的教师"一言堂"课堂模式，打破"唯分数"论，创新"建构科学知识、培养科学兴趣、形成科学能力"的学习模式。师生的共同参与、共同探究，教师的引导，激发了学生学习的好奇心、主动性和求知欲，真正把"要我学"转向"我要学"的自主能动性上，体现了学生的学习主体地位，凸显科学课程的独特性、全面性、探究性、开放性和评价的综合性、发展性、导向性。

（二）劣势

学生的学习效能成因是多元的，尤其在作业评价的实施过程中，智慧阳光评价无法识别学生个体的情绪变化、认知变化、操作技能变化，因此，数据的收集与分析存有一定的差异性。教师要善用评价工具，理性地考虑多方因素，关注非学业因素与素养养成的关联，才能给予学生公平公正的学力评价，对不同学力的学生予以不一样的教学策略，才更有利于提升教学质量。

（三）建议

1.合理运用评价工具，融合统整

利用智慧阳光评价体系，对班级学生进行多学科学力的综合评价与分析。进行跨学科学材融合统整，多元化共融评价，挖掘学生无尽学力。

2.依据课程的开放性，创新表现性评价机制

尝试"作业评价标准师生共拟，作业评价过程师生互动"的评价革新。探究：在教学前组织学生选取、确定学期考查作业内容，并在各班成立作业

考查评比小组，每次作业先由学生全体共同沟通协商制定评价标准，并按指标要求自评，然后由考查评比小组让学生互评，最后教师根据学生自评与互评的结论，参照观察记录、考试与作业情况，作出综合评定。

构建一种"师生共同制定评价标准—学生自评—小组评价—教师综合评价"的考查评价机制，减轻教师的工作负担，同时也让学生在参与评价过程中更多地进行反思、感悟、探究，从而使其科学素养得到进一步的发展。

3. 加大 STEM 教育活动的融合，构建"课内+课外""课堂+活动"学习模式

科学是一门综合性实践课程，科学学习不限于课堂，且应超越课堂，因此表现性评价的应用，不应局限于课堂和每周 1~2 节课。STEM 教育多以活动形式呈现，侧重学生科学思维/科学能力的综合应用培训。将科学学习与 STEM 活动深度融合，既在课堂教学"工程和技术"领域中加大 STEM 教育落地应用，又需将作业设计延伸到课外活动中，这将会对学生的科学能力素养，尤其是发散思维、实践操作、迁移运用等素养的培养和提升起到作用。

4. 加强对科学教育新理念和测评工具的学习，不断提升专业水平

新课程标准的颁布，再次强调科学教师在教学中要充分发挥主导作用，以生为本、以学为本，让学生真正成为学习的主人。教师从教到导、从扶到引，需要在教学实践中不断完善知识结构，充实知识内涵，改变教学思维方式，进一步提升自身科学素养水平。如对智慧阳光评价·科学素养测评工具的使用，对结果数据的分析、解读和应用，需要上级教研部门进行更深入更细致的指导，使科学教师充分了解评价工具的测评指标及其标准，掌握评价工具的分析、解读方式方法，结合新课标的落实，为自身和学校的科学教学改进所用，让智慧阳光评价·科学素养测评为科学教育高质量发展发挥更大更高效的作用。

参考文献

〔美〕约翰·杜威：《我们怎样思维：经验与教育》，姜文闵译，人民教育出版社，2005。

本刊编辑部：《聚焦中小学教育质量综合评价改革》，《教育科学论丛》2015 年第 8 期。

裴娣娜：《教育创新与学校课堂教学改革论纲》，《中国教育学刊》2012 年第 2 期。

王姗姗：《中小学教育质量评价改革的着力点——基于〈关于推进中小学教育质量综合评价改革的意见〉的思考》，《教育测量与评价》（理论版）2014 年第 7 期。

姚春艳、张勇：《建立健全中小学教育质量综合评价指标体系》，《湖北教育》（综合教育）2016 年第 1 期。

B.15
荔湾区金兰苑小学：学校科学素养测评分析报告

肖玲　黎慧娟　梁敏玲*

摘　要： 广州市荔湾区金兰苑小学2021年、2022年追踪随机抽取119名学生参加广州市智慧阳光评价·科学素养测评。测评结果发现，学生科学素养两年来总体指标水平存在波动情况。进一步调查分析发现，学生科学学习目的明确，态度积极，喜欢实验课型和动手操作，但在使用对比、分析、综合、推理等方法时存在畏难情绪，在探究实践、科学思维方面仍需进一步培养。学校基于问题提出围绕新课标加强理论学习、开展任务驱动方式助推学生深度学习、注重营造氛围和跨学科学习三项对策和建议，促进学生科学核心素养发展。

关键词： 科学素养测评　科学教育　教学改进　荔湾区

《深化新时代教育评价改革总体方案》明确指出，"教育评价事关教育发展方向，有什么样的评价指挥棒，就有什么样的办学导向""提高教育评价的科学性、专业性、客观性""加强监测结果运用，促进义务教育优质均

---

* 肖玲，广州市荔湾区金兰苑小学教导主任，一级教师，主要研究方向为科学教育；黎慧娟，广州市荔湾区金兰苑小学校长、书记，高级教师，主要研究方向为德育教育；梁敏玲，广州市荔湾区教育发展研究院小教中心教研员，高级教师，主要研究方向为科学教育。

衡发展"。[①] 广州智慧阳光评价·科学素养测评（以下简称"广州科学素养测评"）基于学生核心素养和科学全面质量观，结合国际 PISA 评价模式，运用测评平台、大数据，采用专业系统测评题目，大量样本采集，通过全面数字刻画、描述学生的样貌，为学校提供精准的学生整体发展水平数据，为精准地分析学情、引导树立正确的教育观和课程观、精准改进教育教学提供了科学的依据。

一 广州科学素养测评与科学新课标核心素养指标分析

科学素养测评维度与新课标（2022 年版）核心素养内涵要素具有一致性。科学课程新课标（2022 年版）中学生核心素养包括科学观念、科学思维、探究实践、态度责任等方面。广州科学素养测评包含科学知识（内容性知识、认知性知识、程序性知识）、科学能力（识别科学问题、解释科学现象、运用科学证据）、科学态度与责任（科学兴趣、科学信心）三个维度。

由图 1 可见，广州科学素养测评数据在一定程度上可以作为检验学生核心素养水平指标数据。通过数据分析发现各种因素与核心素养达成度之间的关系，即提升相关各因素发展水平能够发展学生相应的核心素养。

二 金兰苑小学科学素养测评现状及结果分析

（一）测评对象

2021 年、2022 年追踪随机抽取同一群体学生共 119 名，2021 年为四年级学生，2022 年追踪为五年级学生。其中男生 56 人，女生 63 人。

[①] 《中共中央国务院印发〈深化新时代教育评价改革总体方案〉》，中华人民共和国教育部网站（2020 年 10 月 13 日），http://www.moe.gov.cn/jyb_ xxgk/moe_ 1777/moe_ 1778/202010/t20201013_ 494381.html，最后检索时间：2023 年 5 月 21 日。

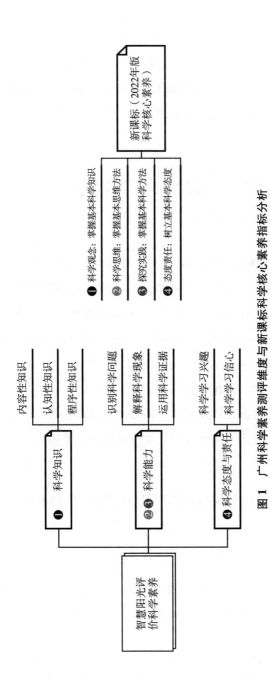

图 1 广州科学素养测评维度与新课标科学核心素养指标分析

（二）学校科学素养测评数据指标分析

以下是学校 2021 年、2022 年测评整体数据，对各指标进行总项和分项的横向、纵向对比分析，从数据变化中了解学生素养水平发展趋势，为教育教学工作提供抓手。

1. 科学等级水平对比分析

（1）测评根据学生成功完成的科学任务，将能力水平划分为 6 个级别（A-F 级），从 F 级到 A 级科学任务的难度逐步增大。最高等级（A 级和 B 级）的受测学生能够熟练掌握知识点或技能，独立进行分析和推理，并在生活场景中将知识点灵活运用。中等级（C 级和 D 级）的受测学生基本能够掌握知识点或技能，在一定条件下可以进行分析或推理，能够将部分知识或技能应用在生活场景中。基础等级（E 级和 F 级）的受测学生所具有的科学知识及能力相当有限，只能应用于极少数的熟悉环境，且只能提出显而易见的、具有明确逻辑关系的相关证据的科学议题的解释和说明。该校学生科学等级水平具体见表 1。

表 1 科学等级水平对比分析

单位：%

| 2021 年数据 | | | | 2022 年数据 | | | |
科学素养	高等级占比	中等级占比	基础等级占比	科学素养	高等级占比	中等级占比	基础等级占比
市	11.48	32.94	55.58	市	12.24	43.11	44.64
区	11.81	35.98	52.21	区	7.49	44.03	48.48
校	4.17	65.83	30.00	校	2.52	54.62	42.86

由表 1 数据来看，同一样本校内纵向比较，科学等级水平测评 2022 年比 2021 年高、中等水平学生占比减少了 12.86 个百分点，基础等级学生占比增多了 12.86 个百分点。校与区、市横向对比，高等级学生占比与区、市有较大的差距，中等水平学生是重点发展群体。

（2）测评报告呈现了市、区、校科学素养平均成绩，具体见表 2。

表 2 科学素养平均成绩数据对比

	2021 年数据			2022 年数据	
科学素养	学生均值	离散系数	科学素养	学生均值	离散系数
市	499.99	0.44	市	499.99	0.36
区	506.07	0.42	区	486.39	0.34
校	530.84	0.25	校	494.14	0.24

由表 2 数据可见，市均值两年是一致的，离散度在缩小。同一样本学生平均成绩校内纵向比较，2022 年比 2021 年分数低了 36.7。与区横向对比，2021 年均值较区均值高 24.77，2022 年均值较区均值高 7.75，虽然均值仍高于区均值，但与区均值差距在缩小。与市横向对比，2021 年高于市均值 30.85，2022 年低于市均值 5.85。校均值与区、市数据差，反映学校科学成绩整体呈下降趋势。

2. 科学知识对比分析

科学知识涵盖三方面的测评数据，见表 3。

表 3 科学知识测评数据对比

	2021 年数据				2022 年数据		
分类	内容性知识	认知性知识	程序性知识	分类	内容性知识	认知性知识	程序性知识
市	51.65	50.18	40.73	市	49.76	46.08	36.31
区	52.47	52.19	41.38	区	47.91	43.51	33.89
校	57.77	61.85	39.14	校	48.21	44.89	31.72

根据表 3 数据可见，学生内容性知识方面，2021 年校得分率均高于市、区得分率，2022 年校得分率高于区得分率，低于市得分率。在认知性知识方面，2021 年校得分率高于市 11.67、高于区 9.66，2022 年校得分率低于市 1.19，比区高 1.38。程序性知识方面两年都低于市、区值。

3. 科学能力对比分析

科学能力 2021 年、2022 年三方面测评数据如表 4 所示。

表4　科学能力测评数据对比

2021 年数据				2022 年数据			
分类	识别科学问题	解释科学现象	运用科学证据	分类	识别科学问题	解释科学现象	运用科学证据
市	37.38	53.57	45.16	市	46.94	45.23	45.75
区	37.43	54.77	47.18	区	45.65	42.48	43.21
校	38.54	61.59	51.49	校	44.90	41.68	47.34

由表4数据对比，识别科学问题方面，2021年校得分率较区、市均值高，2022年校内得分率较区、市均值低，可见学生识别科学问题的能力呈下降趋势。解释科学现象方面，2021年校得分率高于市8.02，高于区6.82，2022年校得分率低于区、市均值。运用科学证据方面，测评数据校得分率均高于区、市均值。测评对比分析可见，学生整体科学能力呈现下滑趋势，在运用科学证据这一项科学能力方面是有一定优势的。

4. 科学态度对比分析

学生态度对科学素养有一定的影响。新课标中提出，科学态度体现在保持好奇心和探究热情，乐于探究和实践；有基于证据和逻辑发表自己见解的意识，严谨求实；不迷信权威，敢于大胆质疑，追求创新；尊重他人的情感和态度，善于合作，乐于分享[1]。测评中科学态度是从科学兴趣和科学信心两方面开展的。具体数据见表5。

表5　科学态度测评数据对比

2021 年数据			2022 年数据		
分类	科学兴趣	科学信心	分类	科学兴趣	科学信心
市	75.28	78.26	市	76.30	80.37
区	76.07	78.70	区	77.03	80.74
校	77.87	80.06	校	79.31	82.48

---

[1]　中华人民共和国教育部：《义务教育科学课程标准（2022年版）》，北京师范大学出版社，2022，第5页。

根据表 5 数据对比可见，2021 年、2022 年数据都超区、市均值，说明学生对科学学习是感兴趣和有信心的。

5. 关联因素对比分析

为探索非学业指标对学业表现的影响关系，测评对非学业指标与素养之间的关系开展了测评。

（1）非学业发展方面主要从学习策略、学习能力、劳动实践、学习动机、健康生活方式、美术能力、情绪智力、安全意识与行为、学业负担等方面开展。2022 年较 2021 年减少了劳动实践和学业负担两项。2021 年测评中发现学习策略、学习能力、劳动实践与学生的学业表现之间存在密切关系，2022 年测评中发现学习能力、健康生活方式、美术能力与学生学业表现之间存在密切关系。

（2）教师在课堂上会使用不同的教学方法，测评从教师主导教学、师生双向反馈、适应性教学、探究实践四个方面开展。详细数据见表 6。

表 6　课堂教学方式测评数据对比

2021 年数据				2022 年数据			
群体	教师主导教学	师生双向反馈	适应性教学	探究实践	群体	教师主导教学	师生双向反馈	适应性教学	探究实践
市	73.07	68.51	69.40	74.15	市	76.68	70.10	70.66	76.49
区	72.43	68.33	69.00	74.03	区	76.41	71.71	71.90	76.79
校	77.57	64.02	65.93	74.51	校	83.89	75.26	73.67	82.25

由表 6 数据可知，教师主导教学方式两年都高于区、市均值，2022 年较 2021 年数据增长了 6.32，说明教师主导的方式在强化；师生双向反馈值 2022 年较 2021 年高，且高于区、市值，说明教学中有效反馈是双向的；适应性教学 2022 年较 2021 年高，且高于区、市值，说明教师能根据实际情况即时调整课堂内容；探究实践教学方式 2022 年较 2021 年高，且高于区、市值，说明教师采用探究式教学方式较 2021 年有提高。

6. 性别数据对比分析

测评从男生和女生科学素养整体水平进行分类比较。具体数据如表 7 所示。

表 7 性别测评数据对比

	2021 年数据			2022 年数据	
分类	男生均值	女生均值	分类	男生均值	女生均值
市	500.48	499.42	市	502.51	497.13
区	506.36	505.73	区	491.83	480.04
校	533.65	528.29	校	507.33	482.41

由表 7 数据可知，男生科学素养水平 2021 年、2022 年整体高于女生。2021 年男生、女生数值较区、市均值高，2022 年男生数值高于区、市均值，女生数值较区均值高、较市均值低。

（三）结论及分析

《义务教育科学课程标准（2022 年版）》指出"以评价促进学生核心素养发展""以评价改进和优化教学"。总结该校广州科学素养测评，对学生科学素养水平现状和问题分析如下。

1. 科学素养总体呈现波动状况，男生整体发展水平较好

从数据可知，科学素养总体情况较 2021 年呈现下降趋势，各指标呈现的升降状态不同。男生科学素养发展水平明显比女生发展水平好。分析原因是多种的，一是因疫情原因上网课或无法前往功能室授课，二是教师未能开展丰富多彩的课外活动，三是学生未能善于运用科学思维和科学方法来解决具体问题。

2. 科学知识平均水平与市区平均水平趋同，程序性知识发展水平需重点关注

测评表明，学生在事实、概念等知识和解决实际问题的知识发展水平高于区均值，在运用推理、分析、综合、概括等程序性知识方面较为薄弱。究其原因学生面对科学问题不愿意主动、深入思考，教师在课堂教学中开展自主、深度学习不足。教师应在新课标理念下，加强科学大概念、大情景、大任务的教学，注重学生对科学方法的迁移运用，以提升学生水平。

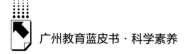

3. 科学能力指标接近市、区平均水平,运用科学证据能力较强

测评结论可知,学生在对科学问题进行检验、论证提出改进意见等的能力水平接近均值,在解释科学结论等方面能力下降。分析原因可能在于,一是学生没有正确掌握科学学习方法,二是科学实验课上学生提出问题、假设猜想、设计实验、改进反思等环节的学习不够扎实。教师应该立足学生核心素养发展,明确探究和实践任务,放手让学生通过自主与合作方式开展活动。

4. 课堂教学方式多样,学生科学态度优于区、市水平

分析相关因素,课堂教学方式对学生科学素养水平是有影响的。该校师生教师主导、双向反馈、适应性教学、探究实践等课堂教学方式测评数据高于区、市平均水平。校内横向对比,师生双向反馈、适应性教学测评数据相对较低。由分析可知,在今后的教学中教师应充分运用好学生对科学的兴趣和信心,结合学生知识能力现状,灵活使用各种教学方式,增加双向反馈频率,加强开展适应性教学,根据学生学习表现实时调整课堂内容,让学生经历有效科学学习过程。

三 进一步成因调查与分析

针对学生在广州科学素养测评中的现状与问题,学科团队进一步对五年级学生在科学学习目的、科学知识运用、科学能力、科学态度等方面开展了问卷调查,试图从学习者角度了解相关反馈数据,为后期课堂实施铺垫。本次发放问卷共 161 份,实际收到 161 份,回收率 100%,有效问卷 100%。对有效问卷结果进行统计分析,结果如下。

(一)关于科学学习目的的调查

根据学生在科学等级水平的数据表现,高等级水平学生占比与区、市有较大的差距,中、低等级水平学生占比较大的现状,进一步开展了科学学习目的调查。调查结果见图 2。

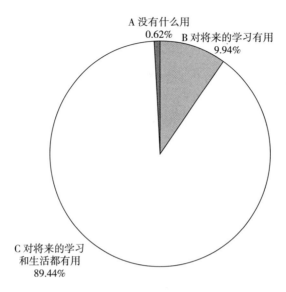

A 没有什么用
0.62%　B 对将来的学习有用
9.94%

C 对将来的学习
和生活都有用
89.44%

图 2　学生科学学习目的调查

调查结果表明，89.44%学生认为科学学习对将来学习和生活都有用，9.94%学生认为知识对将来的学习有用，0.62%学生认为学习科学没有用。从调查情况看，学生们科学学习目的是明确的。

（二）关于科学知识喜好的调查

根据科学知识测评中内容性、认知性知识得分率下降，程序性知识得分率未达到区、市得分率的情况，开展了以下两个问卷调查，具体结果如下。

1.关于科学知识喜好的调查

调查结果表明，科学知识喜好方面，41.61%的学生喜欢生物世界的知识，38.51%的学生喜欢宇宙世界的知识，14.91%的学生喜欢工程技术的知识，4.97%的学生喜欢其他类型的科学知识。从调查结果可知，学生们更加喜欢可直观感知的科学知识，对于工程技术类知识感兴趣的占比不大。

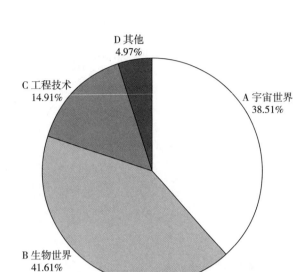

图3 科学知识喜好调查

2. 关于实验环节困难度的调查

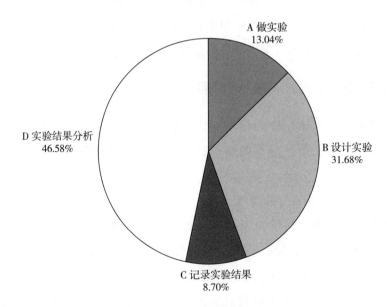

图4 实验环节困难度调查

　　调查结果表明，46.58%的学生认为实验结果分析是最困难，31.68%的学生认为设计实验最困难，13.04%的学生认为做实验最困难，8.7%的学生认为记录实验结果最困难。从调查数据可知，学生在以"运用推理、分析等方法得出结论""使用证据和科学理解来分析、综合和概括"为内涵的程序性知识方面存在畏难情绪。

（三）关于运用科学知识和实验环节喜好的调查

　　根据科学能力测评中呈现的解释科学现象、运用科学证据得分率下降情况，开展了以下相关问卷调查，具体情况如下。

　　1.关于生活中运用科学知识解决问题的调查

　　调查结果表明，53.42%学生在生活中会将所学科学知识进行运用，39.75%的学生有时会有时不会使用所学知识，6.83%学生不会使用（见表8）。

表8　关于生活中运用科学知识解决问题的调查

选项	小计	比例
A 会	86	53.42%
B 不会	11	6.83%
C 有时会有时不会	64	39.75%
本题有效填写人次	161	

　　2.关于实验环节喜好的调查

　　调查结果表明，74.53%的学生喜欢动手操作实验，而"喜欢分析数据、发现问题""喜欢收集数据和对比数据""代表小组发表意见"选项占比分别为11.8%、8.08%、5.59%。由此可见，学生们喜欢动手操作实验，但在解释科学现象、运用科学证据等能力方面的喜好占比不多（见图5）。

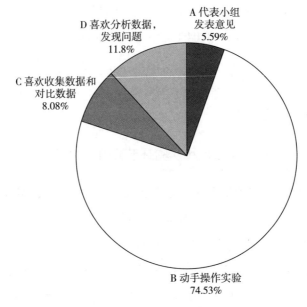

图5 实验环节喜好调查

（四）关于科学态度的调查

测评中显示学生的科学兴趣和科学信心超区、市均值，为进一步了解学生的科学态度，开展了以下调查，具体情况如下。

1. 关于对科学课的喜好调查

调查结果表明，74.53%的学生喜欢科学课，24.22%的学生态度呈现一般，1.24%的学生不喜欢科学课。该数据呈现与测评水平相近的结果（见表9）。

表9 关于科学课喜好调查

选项	小计	比例
A 喜欢	120	74.53%
B 一般	39	24.23%
C 不喜欢	2	1.24%
本题有效填写人次	161	

2.关于学习过程的态度调查

为了解学生是否初步形成严谨求实的科学态度，开展了"对某一科学现象，大家认识不同时，你认为哪一种说法是对的?"相关调查，具体情况见图6。

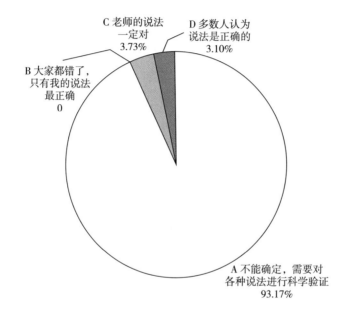

图6　关于学生科学态度调查

调查结果表明，93.17%的学生认为"需要进行科学验证"，3.10%的学生认为"多数人的说法是正确的"，3.73%的学生认为"老师的说法一定是对的"。从调查结果可知，93.17%的学生对待以上调查问题是严谨科学的。

从以上问卷数据可知，学生明确知道科学学习对生活和未来学习都是有用的，尤其喜欢实验课型和动手操作，在科学观念学习、科学态度方面都是积极的，但对于需要使用对比、分析、综合、推理、设计等方式的环节存在畏难情绪，在探究实践、科学思维方面仍需进一步培养。

四　对策与建议

（一）构建学习型教师队伍，建立校本教研范式

1. 研读新课标，促进专业技能发展

《义务教育新课程标准》于 2022 年 4 月发布，它强化了育人导向、优化了课程结构、研制了学业标准、增强了指导性、加强了学段衔接。一线教师应认真研读，对于新理念、新课程、新评价要加强学习，客观剖析自身专业技能优劣势，不断完善知识结构，积极投身教育教学实践，以理论指导实践，用实践验证理论，努力提升专业素养和实践能力。

2. 建立基于问题研究的校本教研范式

严格遵守校本教研制度，定期开展教研活动。加强教师个人反思，发现学校科学教育工作普遍性、共性的问题，开展课例研究、校本研讨。聚焦教学问题，基于学情分析，制定有针对性的问题解决校本策略，进行"实践—问题—反思—研讨—再实践"的教学过程，建立"课程实施—教学问题—实证研究—反思改进"的校本研究范式，扎扎实实解决校本教学问题。

（二）开展任务驱动方式，助推学生深度学习

根据广州科学素养测评现状和问卷调查的分析结果，学校以探究实践为主要方式开展科学教学活动，强调在真实情境中设计任务活动，学生围绕任务展开学习，在问题解决过程中渗透思维、探究方法，注重评价和总结梳理环节，强调凸显学习过程实践性，使学生经历完整科学探究活动，帮助学生深度学习、深度探究、深度应用、深入思考，以形成科学核心素养。

1. 以学生为主体进行活动设计

鉴于学生在探究过程中，对于高阶思维类活动存在畏难情绪，教师应注重活动设计。教科版科学教材一般的活动流程为"聚焦—探索—研讨"。探索部分是课程的重点，教师在这部分应围绕课程目标和课程内容开展由概念、实验、协商到得出结论、联系生活实际应用等的活动，让活动呈现层层

递进、由浅入深、由表象到规律的进阶，增加师生双向反馈和适应性教学频率，注重小组建构、对比分析、归纳总结等提升学生高阶思维能力，助推学生进行深度学习。

2. 以探究实践为主要方式开展教学活动

探究和实践是科学学习的主要方式，能够促进学生深度学习。在教学过程中，教师应基于学生认知水平，创设真实情境并提出问题，引发认知冲突，激发探究欲望。学生是探究活动的主体，教师是主导。根据问题教师引导学生经历"猜想假设—设计方案—实施验证—共建共商—反思总结"的探究过程，既自主独立学习，又合作交流共建学习。

（三）营造科学学习氛围，跨学科学习共同促进

1. 创设科学展示平台，营造浓厚学习氛围

学校应该运用科普讲座、比赛、科技节、优秀作品展示等活动形式营造浓厚科学学习氛围。教师充分运用学科优秀作业展示、学校科技节、学校公众号、升旗仪式等展示途径，轮流展示学生们的作品，让学生们有更多绽放自己的舞台，激发学生持久的学习兴趣。此外，教师组织学生参加各级各类相关的比赛信息，以赛促学，让学生学习到更多优秀作品的思考方向、思维方式和表达方式。

2. 跨学科学习共同促进

学生对客观世界充满着各种各样的好奇。小学生的兴趣爱好在这个阶段并没有完全固定下来。单一的科学课堂知识往往不能满足他们对客观世界认识的渴望。任何学科都不是单独存在的，各学科存在各种各样的联系，通过跨学科学习，引导学生多学科建立连接点。学生们从不同角度、不同内容、不同形式地学习，可强化其对科学知识的掌握、对科学能力的提升、态度责任的形成。

五　结语

《义务教育科学课程标准（2022 年版）》中指出"以课程目标和学业

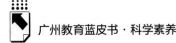
质量标准为依据，构建素养导向的综合评价体系，发挥评价与考试的导向功能、诊断功能和教学改进功能"①。广州科学素养测评的目的在于促进学生对现实生活中的机遇和挑战做好准备，不在于甄别学生都有效地记忆已知的学科知识和掌握学校课程的精熟程度，而在于测评学生能否有效地应用从书本所学的知识，并且能够从不同角度分析和解决问题，将知识应用到与其生活环境密不可分的各种情境和挑战中。在小学科学教学中，教师不仅要将评价作为一种"促学"的手段，更要将"评价"纳入科学教学，使其成为科学教学的有机组成部分。一线教师应建立正确的教学评价观念，以评价改进教学，紧扣课标要求，在教学中注重教学评一体化，切实提升学生的核心素养。

参考文献

韦英哲、穗教研：《智慧阳光评价，破解"唯分数"顽疾——中小学教育质量综合评价改革的广州方案》，《广东教育》（综合版）2022 年第 1 期。

王玉祥：《创建"智慧课堂"让科学"教学评一体化"》，《黑龙江教育》（教育与教学）2022 年第 5 期。

谢玉球、李荣荣、赵春杰等：《与时俱进，探讨综合评价体系下学校教育的新思路——2015 年广州市阳光评价项目广州市南国学校分析报告》，《教育导刊》2018 年第 1 期。

周云科、许燕春：《在综合评价体系下探索学生阅读素养的培养——以广州市白云区景泰中学为例》，《教育导刊》2018 年第 1 期。

张懿、叶宝生：《小学科学"教—学—评"一致性的设计要点与实施》，《中小学课堂教学研究》2023 年第 3 期。

① 中华人民共和国教育部：《义务教育科学课程标准（2022 年版）》，北京师范大学出版社，2022，第 120 页。

B.16

海珠区大江苑小学：学校科学素养测评分析报告

陈绮蕙　李蕴芝*

摘　要： 为了解学生的科学素养发展水平，落实"以评促建"，促进科学教学改革，广州市海珠区大江苑小学于 2022 年组织五年级 116 名学生参加广州市智慧阳光评价·科学素养测评。测评发现，该校五年级学生科学素养总体水平及具体指标均高于广州市和海珠区平均水平，但仍存在学生程序性知识掌握薄弱和科学学习兴趣有待提升等具体问题。立足学情，聚焦问题，本文尝试以"项目式学习"的教学模式开展科学教学改进的实践探索，从模型建构、设计实施和多元评价等方面进行教学改进，并取得初步成效。

关键词： 科学素养测评　项目式学习　教学改进　海珠区

广州市智慧阳光评价·科学素养测评（以下简称"广州科学素养测评"）对科学教学改进发挥着重要的导向作用，旨在落实"双减"政策，摆脱单纯基于学业成绩的单一评价方式，客观、多元地评估和分析学生的科学素养，广州科学素养测评是教育评价改革的重要探索。

广州科学素养测评是广州市智慧阳光评价体系的重要维度，包括科学知

---

* 陈绮蕙，广州市海珠区大江苑小学教师，主要研究方向为科学教育；李蕴芝，广州市海珠区大江苑小学副校长，高级教师，主要研究方向为教育教学管理。

识、科学能力和科学态度与责任三个评价指标，旨在基于大数据科学地分析和呈现学生的科学素养水平，了解学生在科学领域的发展水平及其影响因素，为教育工作者优化科学教学的方法和策略提供参考依据。

2022 年，广州市海珠区大江苑小学（以下简称"大江苑小学"）参与广州科学素养测评的对象为五年级学生，共 116 人，其中男生 57 人、女生 59 人，测评对象已连续三年参与测评。测评采用了发展指数进行统计，致力于通过多指标和多视角对学生的科学素养进行评估，综合全面地描述学生的发展情况。

一 科学素养测评现状及分析

（一）科学素养表现总体分析

广州科学素养测评是衡量学生在科学领域的综合素质和能力的一种方法，评价数据的分析主要从科学等级水平、科学知识、科学能力、科学态度四个维度开展。

1. 科学素养表现良好，但学生个体间存在差异

从总体上看，测评对象的科学素养平均得分为 641.95，比广州市均分高 141.96，高于海珠区均分 96.79 分。可见，大江苑小学在科学素养方面的教学质量较高，学生具备较扎实的科学基础知识和较突出的科学能力。参与测评的三个班级的平均成绩均高于市、区均分，2 班总体水平略高，各班平均水平差异不大，说明参与测评的三个班级在教学质量方面具有较高的稳定性，也在一定程度上说明该校教育资源分配较均衡。

数据显示，市、区和大江苑小学的得分离散系数较低，反映出测评结果的集中程度较高，评价标准和难度相对合理，评价数据具有代表性。测评对象平均得分的离散系数为 0.21，低于市、区数值，前 5% 学生的平均分和后 5% 学生的平均分之差为 347.81，学生水平呈现榄核形结构。具体来说，学生的科学水平较为一致，学生的个体差异性不高，但部分学生的潜能仍有待

进一步激发。其中五 1 班和五 3 班后 5% 的学生均分与五 2 班相差较大，需重点关注。分析市、区数据发现，该差异现象在广州市普遍存在（见图 1）。

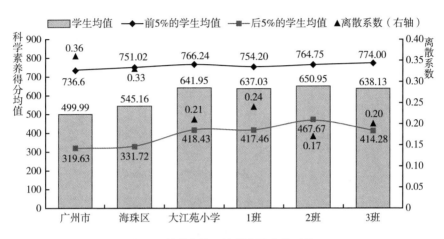

图 1　科学素养平均得分及离散系数

科学等级水平占比数据显示，大江苑小学科学素养表现高等级的学生人数占比为 68.11%，中等级的学生人数占比为 25.86%，基础等级的学生人数占比为 6.03%。该校达到高等级水平的学生占比较高，总体科学素养达标情况较好。通过校内数据对比发现，五 2 班科学素养表现总体较好，五 1 班处于基础等级的人数相对较多，五 3 班的高等级水平率相对不突出（见图 2）。

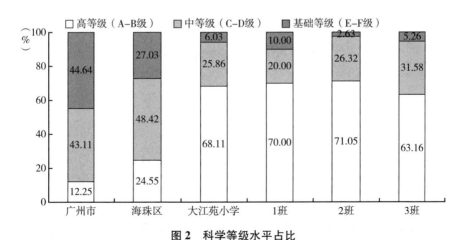

图 2　科学等级水平占比

2. 科学知识总体扎实，但程序性知识掌握薄弱

科学知识从认知过程角度进行测评，涵盖了内容性知识、认知性知识、程序性知识三项指标。总体上看，测评对象能熟悉掌握各类型科学知识，总体水平超市、区平均水平。测评对象对内容性知识和认知性知识的掌握程度较高，能识别科学事实、关系和概念等知识，基于科学知识解释生活现象、解决实际问题的能力较强。需要注意的是，测评对象的程序性知识的得分相对较低，表明其实验操作技能、综合概括和知识迁移的能力相对薄弱，这也是广州市科学教学面临的共性问题之一，需重点关注和改进（见图3）。

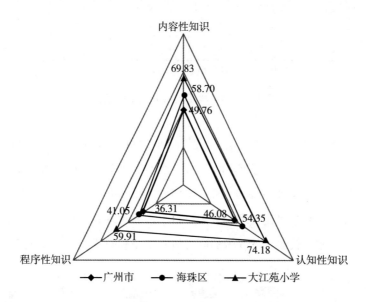

图3　不同类型科学知识得分分析

3. 科学能力综合发展，且各项指标呈均衡态势

科学能力涵盖了识别科学问题、解释科学现象、运用科学证据的能力三个层面。值得肯定的是，市、区和大江苑小学学生的科学能力均呈现全面均衡发展的态势。测评对象在解释科学现象、识别科学问题和运用科学证据能力方面得分率均高于市、区均值，反映出学校五年级学生归纳演绎、系统性思维、批判性决策和信息转换等方面科学思维能力的发展突出（见图4）。

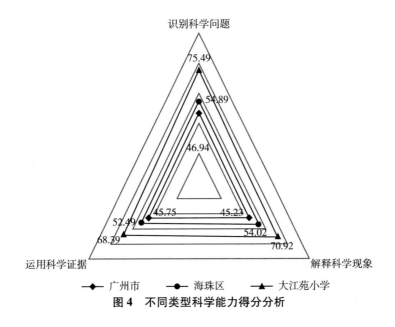

图4 不同类型科学能力得分分析

4. 科学态度积极端正，但学习兴趣仍有待提升

科学态度包括科学学习兴趣和学习信心（自我效能感），具体分析学生的科学态度表现，发现测评对象科学态度积极端正，平均表现处于市、区之上，其学习科学的自我效能感高，但对科学的学习兴趣仍有提升空间。其中，五3班学生对学习科学的兴趣低于全市平均水平，学习兴趣的激发成为亟须解决的问题（见图5）。

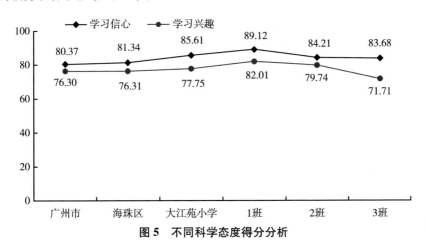

图5 不同科学态度得分分析

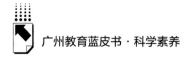

（二）科学素养关联因素分析

影响学习科学素养水平的因素很多，包括遗传、环境、教育和人的主观能动性等方面。其中人的主观能动性起到决定性作用，教育起主导作用，分析影响学生学业表现的关联因素，对一线教育有现实指导和操作意义。

1. 非学业指标与科学素养相关程度分析

广州科学素养测评采用相关分析研究非学业指标与学生科学素养之间的数量关系，结果发现学习能力与学习相关程度指数为 0.38，美术能力的相关程度指数为 0.33，反映出学习能力与美术能力的发展水平与学生学业表现之间关系密切，该校可考虑以该指标作为教学着力点，助力提升学生科学素养。

2. 教学方式对科学素养水平的影响分析

数据显示，大江苑小学科学教师更倾向于实施以教师主导教学为主，探究实践教学为辅的课堂教学，师生双向反馈和适应性教学频率较低。其中，五 3 班的课堂教学方式各项得分均低于其他班级，说明该班学生认为在课堂中接收到更多的是单向传授知识的教学方式，教师忽略了学生的反馈和需求，缺乏适应性教学可能使得教师无法根据不同学生的特点和需求进行个性化教育，从而影响到该班学生科学素养的发展（见图6）。

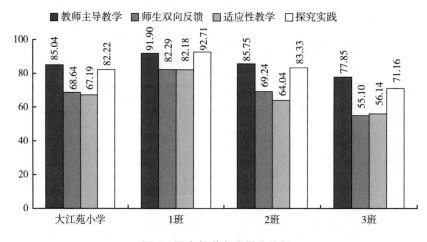

图6 课堂教学方式得分分析

3. 不同性别学生的科学素养水平分析

测评对象中男生的科学素养均分为 631.69，女生的科学素养均分为 651.86。值得关注的是，各班女生科学素养水平均高于男生。教师可以通过该数据了解不同性别学生在科学素养方面存在的差异，从而更关注需要帮助的学生群体。基于该数据，教师可以针对不同性别学生的特点和需求进行个性化教育以提高整体班级科学素养水平，也可以引导男、女生之间相互交流与合作，结合男、女生性别优势，形成互助小组，促进彼此之间的共同进步（见图 7）。

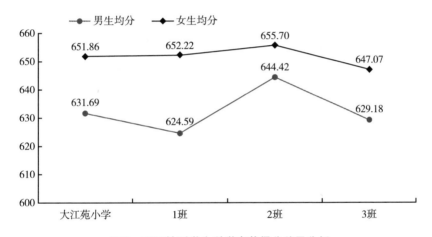

图 7 不同性别学生科学素养得分差异分析

（三）结论及分析

硕果固然令人鼓舞，但数据背后呈现的教学问题更值得深思和关注。《深化新时代教育评价改革总体方案》要求通过评价改革发展素质教育，促进学生的全面发展[1]。聚焦问题，以评促建，是广州科学素养测评的重点。总结测评数据，将该校学生科学素养水平的现状及问题总结如下。

---

[1] 《中共中央国务院印发〈深化新时代教育评价改革总体方案〉》，2020 年 10 月 13 日。

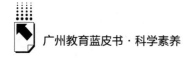

1. 科学素养总体处于中上水平，各指标的表现情况均在市、区的平均水平之上

这得益于该校坚持"绿色江苑 阳光儿童"的办学理念，践行德智体美劳全面发展的教育理念。教师在教育教学过程中创设了更加和谐和民主的气氛，寓学于乐，让学生在愉悦的环境中体验学习。

2. 学生的个体间存在差异，需注重全体学生的全面发展

在实际教学中，教师应更关注学生的个体差异性，采用师生双向反馈的授课方式，增强师生之间的交流，设计层次化和个性化的必修和选修探究活动，尽最大可能鼓励潜能生积极向上，勇于追求突破，提高学生的主观能动性。同时为学有余力的学生提供更高层次、更具挑战性的任务。

3. 科学基础知识较为扎实，程序性知识明显较为薄弱

原因可能在于，教材配套的科学材料袋中实验材料有限，扩班导致科学室面积缩减，部分实验难以开展，导致学生对于科学实验的掌握程度不高，缺乏足够的机会体会实验过程。针对此问题，该校从 2022 学年第一学期起为每个年级配备了配套的专业科学实验材料，旨在增加实验探究课的开展，给予学生更多直观体验科学的机会，引导学生在实践中灵活运用科学知识。

4. 学生学习科学的自我效能感较强，学习兴趣仍有提升的空间

分析关联因素得知，学生学习兴趣不高的原因可能在于教师的教学方式缺乏互动性和多元性，适应性教学和师生双向反馈课堂频率较低，学生得到的教师指导和正向反馈较少。因此，教师在今后教学中应注重适应性教学，关注学生的"最近发展区"，依据学生的反应实时调整课堂，给予正反馈，鼓励学生在学习中取得成就感，避免负面评价对学生的影响。同时，采取项目式学习、跨学科教学和大单元教学等教学模式提高课堂的多元性，设计有趣和实用的教学内容，提高探究科学的热情。

二 指向科学素养的项目式学习改进教学实践

项目式学习以建构主义理论为指导，指向学生自主建构和生成核心知

识，即学生能基于实际的问题情境，小组合作探究，实现知识的建构和迁移，并在真实情境中合作，提出、分析和解决问题。项目式学习可以激发学生学习的内在动机，提高学生的探究能力和创新意识，促进多元智能发展，提高科学素养。

结合广州科学素养测评呈现的教学问题，为了激发学生的学习兴趣，提高学生探究科学的主观能动性，提高学习的知识迁移和应用能力，在科教版科学五年级下册第二单元《船的研究》的教学中，大江苑小学以"了解、设计和制作我们的小船"为学习项目开展教学。

（一）项目式学习的设计模型

项目式学习以学习项目为核心，将学生置于一个问题情境中，通过自主探究、发现问题、解决问题等方式来促进学生的深度学习。结合项目化学习的特征和学生的实际学情，以"了解、设计和制作我们的小船"为例，设计了基于科学素养提升的项目式学习改进科学教学的教学模型（见图8）。

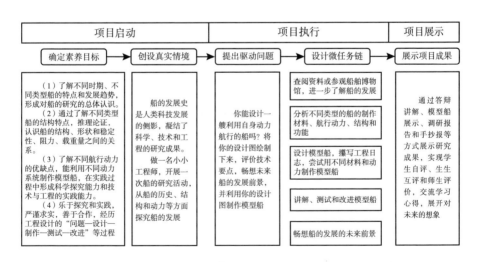

图8 "了解、设计和制作我们的小船"项目式学习教学模型

（二）项目式学习的实施过程

1. 立足核心素养，确定教学目标

项目式学习注重素养目标的落地，指向的目标是综合统整的。结合学生的实际情况，从《义务教育科学课程标准（2022年版）》出发，将教学目标确定如下。

（1）了解不同时期、不同类型船的特点和发展趋势，形成对船的研究的总体认识。

（2）通过了解不同类型船的结构特点，推理论证，认识船的结构、形状和稳定性、阻力、载重量之间的关系。

（3）了解不同航行动力的优缺点，能利用不同动力系统制作模型船，在实践过程形成科学探究能力和技术与工程的实践能力。

（4）乐于探究和实践，严谨求实，善于合作，经历工程设计的"问题—设计—制作—测试—改进"等过程。

2. 基于素养目标，创设问题情境

项目式学习是一种基于真实问题情境的探究性学习，只有聚焦真实世界，才能激发学生的探究兴趣，推动学习项目的进程。为了让学生获得感性认识，项目式学习从播放船的发展简史科普视频展开学习。船的发展史是人类科技发展的侧影，凝结了科学、技术和工程的研究成果。在学习项目中，学生以"小小工程师"的身份，开展一次船的研究活动，从船的发展历史、结构、动力等方面探究船的发展，并利用所学知识设计、制作、测试和改进模型船，让学生深入扮演"工程师"的角色，每一步都感受到项目式学习的真实性和实践性，充分激发学生的学习热情。

3. 结合学生兴趣，提出驱动问题

在播放船的发展简史科普视频后展开系列谈话，"你对视频中哪一类型的船最感兴趣？""船有什么特点？它是怎样航行的？""你从船的发展简史中了解到了什么？关于船，你还想了解什么？"……通过头脑风暴和归纳总结，得出项目式学习的驱动问题。在此基础上，教师围绕课题提出驱动性任务：做一个小小工程师，展开一次关于船的研究的探究活动，从船的发展史、类型、结构、动力和未来前景探究船，并尝试设计、制作和测试模型船，畅想船的未来发展前景等。

4. 设计微任务链，搭建学习支架

项目式学习主张建构性的深度学习，帮助学生实现高阶学习的目标。这要求教师为学生建构核心知识提供学习支架，为高质量的项目设计负责。在项目式学习开展的过程中，学生的思维经历了"具体—抽象—具体"的高阶认知发展，而设置微任务链可以将大项目划分为多个微项目，各微项目环环相扣，为学生的高阶认知过渡提供脚手架，构成整个项目的内在逻辑关系。微项目的划分很大程度影响了项目的完成过程。

明确了项目式学习的任务和主要问题后，将探究问题转化为微任务，借助线上和线下的科学资源，逐个击破，完成项目。"了解、设计和制作我们的小船"学习项目具体划分为五个微任务：一是查阅资料或参观船舶博物馆，进一步了解船的发展；二是分析不同类型的船的制作材料、航行动力、结构和功能；三是设计模型船，撰写工程日志，尝试用不同材料、动力制造模型船；四是讲解、测试和改进模型船；五是畅想船的发展的未来前景。在项目式学习过程中，教师需要及时跟进各个小组的学习情况，及时给予帮助，提供必要的学习资源，协助学生搭建学习支架，完成项目任务。

5. 实施多元评价，促进全面发展

学生的成果展示不仅是分享交流的过程，更是学生科学素养达成和高阶认知发展的体现。教学评价强调育人导向作用，评价的目的不在于量化学生的研究成果，给学生划分等级，而在于评价学生在项目完成过程中思维认知发展和素养达成情况。

在项目展示环节，学生通过答辩讲解、模型船展示、调研报告和手抄报绘制等方式展示研究成果。通过评价量表，结合过程性评价和结果性评价，实现学生自评、生生互评和师生评价，交流学习心得，展开对未来的想象。评价量表主要从微任务阶段成果、分工合作和表达能力三个层面对学生进行评价（见表1）。

表 1 "了解、设计和制作我们的小船"评价量表

一级指标	二级指标	★★★	★★	★	学生自评	生生互评	师生评价
微任务阶段成果	对船的发展、动力、结构、功能的了解程度	非常了解	基本了解	不了解			
	设计和制作模型船,撰写工程日志	设计图清晰规范,模型船与设计图完全一致	设计图基本清晰规范,模型船与设计图基本一致	设计图不清晰,模型船与设计图不一致			
	汇报研究成果,讲解模型船	能生动具体汇报研究成果和讲解模型船	能基本汇报研究成果和讲解模型船	无法汇报研究成果和讲解模型船			
	测试和改进模型船	模型船顺利完成航行任务	模型船基本完成航行任务	模型船无法完成航行任务			
	畅想船的发展的未来前景	能生动畅想船的发展前景	能基本想象船的发展前景	无法想象船的发展前景			
分工合作	参与程度	参与程度高	参与程度一般	参与程度低			
	组内分工	分工合理,任务明确	有分工,但仍有不明确任务的成员	分工不明确,有推脱或争抢现象			
表达能力	语言表达	仪态自信,表述清晰	仪态较自信,表述较清晰	仪态不自信,表述不清晰			
	文字表达	能撰写规范的工程日志和研究报告,语言条理清晰	能撰写规范的工程日志和研究报告,语言条理欠清晰	不能撰写规范的工程日志和研究报告			

(三)项式学习探索的初步成效

1.跨学科融合,促进核心知识的深度建构

该项目式学习涉及科学、技术、工程、艺术和数学等多个领域的知识,涵盖技术、工程与社会和工程设计与物化两大核心概念。将"船的研究"

的单元项目拆分为多个微项目，了解和探究船的制作材料、结构和动力，应用跨学科知识解决问题，形成对船的总体认识，发展技术与工程的思维。基于获得的知识经验构思应用于实际生活的船并绘制设计图，提高工程设计能力。借助生活中常见的材料制作模型船，强化工程物化能力。畅想船的未来发展方向，培养创新思维。以项目统整多学科，分散的知识得以重新建构和整合。通过跨学科的知识整合，学生能在实践中整合和应用各学科的核心知识，创造性地完成对船的研究的知识建构和关联。

2. 微任务开展，提供丰富的实践探究机会

项目式自主探究和合作探究意味着学生需要像科学家一样思考，像工程师一样解决问题。该项目为学生提供丰富的实践平台，引导学生从船的发展史中了解船的动力、结构等各方面的演变，分析不同船的优缺点，引导学生提出设计船的技术要点和难点，激发学生的创造力，设计符合要求的模型船。在这个过程中学生进行了许多创造性的尝试，科学探究和实践操作的能力得到了进一步的提升。

3. 多元化课堂，激发学生的学习内驱力

项目式学习强调"以生为本"，注重学生自我引导，在具有挑战性和实践性的情境中自主探究、发现问题和解决问题，学生有更多的选择权，对项目的投入感也更强烈。多元化的课堂能让学生走出教师单向讲授的传统课堂，自行选择不同的学习方式解决问题。项目的设计涉及多学科和多领域，能满足学生探究各学科的好奇心。每个微任务都有明确的目标，当任务完成时，学生的成就感和认同感就会增强，能激发其学习的积极性和内驱力。

三 结论及展望

在"双减"的背景下，广州科学素养测评在一定程度上解答了如何深化新课程改革、如何落实教育综合素质评价、如何践行"五育并举"教学理念的问题，能及时准确地反馈教学存在的问题，帮助教师有针对性地调整教学策略。在广州科学素养测评中，该校测评对象的科学素养总体表现优

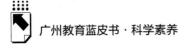

秀，但学生间存在个体差异性，且表现出程序性知识掌握薄弱和学习兴趣有待提高等具体问题。

项目式学习作为目前主流的教学模式，强调自主探究和团队合作解决问题，给予学生较大的学习选择性，在很大程度上提高学生的学习积极性。层级递进的微任务也能提高学生对程序性知识的掌握，促进低阶思维到高阶思维的转化融合，提高学生理解、运用、转化和迁移知识的能力，促进学生科学素养的形成与发展。

基于项目式学习改进科学教学的探索初见成效，结合学情，指向提升学生的科学素养，提出以下的展望：第一，基于校本特色，深化学科融合。大江苑小学重视劳动、科学、科技相结合，结合学校特色，可以开设科学校本课程或社团课程，加强科学的实践性，让课堂更多元化。第二，推进智慧教育，优化学习平台。充分利用学校微官网，开设科学教育板块，教师通过录制和发布微课视频，提供多元化的学习平台。重视家校共育，在科学教育板块开放投稿，鼓励家长和孩子积极投稿，开展科普活动。

参考文献

朱华伟、李柯柯、张海水：《让阳光评价的理念在广州落地生根——广州市实施国家中小学教育质量综合评价改革的进展》，《教育导刊》2015 年第 11 期。

侯肖、胡久华：《在常规课堂教学中实施项目式学习——以化学教学为例》，《教育学报》2016 年第 4 期。

夏雪梅：《指向核心素养的项目化学习评价》，《中国教育学刊》2022 年第 9 期。

郁波：《科学教师教学用书（五年级下册）》，教育科学出版社，2020。

杨明全：《核心素养时代的项目式学习：内涵重塑与价值重建》，《课程·教材·教法》2021 年第 2 期。

B.17

白云区永兴小学：学校科学素养
测评分析报告

陈幼玲 黎燕婷[*]

摘 要： 基于广州市白云区永兴小学 2021 年参加广州市智慧阳光评价·
科学素养测评结果发现，四年级学生科学素养整体水平及具体
指标数据弱于区、市平均值。进一步分析发现存在教师科学课
堂教学能力有待提升、课堂教学方式较为单一、作业设计与评
价缺乏层次性、学生科学态度与探究热情不足四大问题，于是
采取了提升团队教研、改进课堂教学、创设学习条件、优化评
价设计等策略进行教学改进。结果发现，2022 年参与同批测评
的五年级学生科学素养水平得到全方位的提升。

关键词： 科学素养测评 教学改进 科学教育 白云区

培养小学生科学素养，能不断影响和改变学生对科学日益精进的现实生
活的价值观和看法，能够培养小学生对科学产生兴趣并渴望探索，能发挥学
生质疑、验证的科学精神。因此，探索提升学生科学素养水平、探索高效的
科学素养教育措施，对学校及教师在教学实践中有着至关重要的作用。本文
以广州市白云区永兴小学四年级 134 名学生为样本，通过科学素养教育的实
际案例来展开探索。

---

* 陈幼玲，广州市白云区永兴小学教导主任，小学二级教师，主要研究方向为科学、数学教
育；黎燕婷，广州市白云区永兴小学副校长，小学一级教师，主要研究方向为教育教学管理。

一 数据分析

（一）整体水平分析

根据学生在科学素养的表现，测评分为 6 个水平和 3 个等级，A 级、B 级属于高水平；C 级、D 级属于中等水平；E 级、F 级属于基础水平，对应等级学生的水平情况如表 1 所示。

表 1　2021 年广州科学素养测评学生科学素养等级表现内容

水平	该水平最低分数	达到该水平的学生能够做什么
A	697	A 级学生可以从物理、生命、地球和空间科学中汲取一系列相互关联的科学思想和概念，并使用内容、程序和认知性知识，为新的科学现象、事件和过程提供解释性假设或作出预测；在解释数据时，可以区分基于科学理论、证据的论点和基于其他考虑的论点；能够评估复杂的科学实验、进行实地研究或模拟设计
B	632	B 级学生可以使用抽象的科学思想或概念来解释不熟悉或更复杂的现象、事件；能够利用理论知识解释科学信息或作出预测；可以评估科学探索的方法，识别数据解释的局限性，解释数据中不确定性的来源和影响
C	567	C 级学生可以使用更复杂或更抽象的知识，解释生活中的事件和过程；可以在受约束的环境中进行科学实验，能够证明实验设计的合理性；可以解释从实验中提取的数据，得出适当的科学结论
D	502	D 级学生可以利用中等复杂的科学知识来识别或解释生活中熟悉的现象；在不太熟悉或更复杂的情况下，可以用相关的提示来构建解释；能够利用科学知识进行简单的实验；能够辨别科学问题和非科学问题，找出简单的支持科学主张的证据
E	437	E 级学生能够运用科学知识或数据解决简单科学实验中的问题；可以利用基本的或日常的科学知识，从简单的图标或数据中得出一个有效结论
F	248	F 级学生在支持下，可以进行不超过两个变量的结构化科学调查；在科学问题中能够识别简单的因果关系、解释简单的图形或数据；无法使用科学知识对简单科学现象做解释

根据 2021 年测评的数据，广州市白云区永兴小学四年级学生的科学素养中，高水平（A 级、B 级）占比为 0，中等水平（C 级、D 级）占比8.21%，基础水平（E 级、F 级）占比91.79%（见表 2）。

表2 2021年广州科学素养测评学生科学等级测评情况

单位：%

科学素养	高等级占比（A-B级）	中等级占比（C-D级）	基础等级占比（E-F级）
本市	11.48	32.94	55.58
本区	3.26	22.08	74.65
本校		8.21	91.79
1班		8.89	91.11
2班		6.67	93.33
3班		9.09	90.91

从表2数据来看，首先，学校高水平科学素养基数为0，与广州市、白云区高水平均值相比，学校缺乏高水平科学素养的学生；其次，学校中等水平学生仅为市均值的1/4、区均值的1/3，中等水平科学素养的学生与市、区相比相差甚远，90%以上学生科学素养水平停留在基础水平。广州市白云区永兴小学需进一步加强学生的科学素养，提升中等水平学生的科学素养，实现高水平科学素养学生"零突破"，同时减少科学素养基础水平学生数量，进一步增加中等水平的中坚力量。

（二）具体评价指标分析

科学素养主要涵盖三个方面内容，一是科学知识，二是科学能力，三是科学态度与责任。本文从这三方面的具体指标展开2021年数据分析，探析具体问题，寻找教学改进策略。

1."科学知识"评价指标分析

科学知识从认知过程角度进行测评，涵盖了内容性知识、认知性知识、程序性知识三方面。从2021年测评数据来看，广州市白云区永兴小学四年级学生测评的科学知识情况不理想（见表3）。

表3 2021年广州科学素养测评学生科学知识测评情况

分类	内容性知识	认知性知识	程序性知识
本市四年级	51.65	50.18	40.73
本区四年级	42.51	40.08	32.98
本校四年级	40.00	34.10	26.19
1班	36.97	33.13	27.30
2班	40.87	33.06	25.33
3班	42.22	36.16	25.91

根据表3数据，首先，学生内容性知识与区均值相差不大，仅相差2.51，但与全市均值相差较大，分数差为11.65，这显示了学校与区学生在对事实、关系、过程、概念和设备的认知程度上相对持平，但全市学生对这方面的知识认知明显更加深入；其次，学生认知性知识、程序性知识与市均值、区均值有明显的差距，认知性知识分数仅为34.10，与区相差5.98、与市相差16.08；程序性知识与区相差近6.79、与市相差近14.54。认知性知识、程序性知识是学生解决实际问题的知识，包括运用推理与分析方法得出结论后，概括新领域的知识。广州市白云区永兴小学学生在这两方面的数据较差，表明学生利用科学知识解决问题、探索新领域知识上的缺失或不足，学校应在加强科学知识教学的基础上，不断开发学生的科学思维、激发探索欲望，进而持续性地提升学生的基础科学知识。

2."科学能力"评价指标分析

科学能力涵盖了识别科学问题、解释科学现象、运用科学证据三个方面的能力，广州市白云区永兴小学2021年四年级学生科学能力测评数据如表4所示。

表4 2021年广州科学素养测评学生科学能力测评情况

分类	识别科学问题	解释科学现象	运用科学证据
本市四年级	37.38	53.57	45.16
本区四年级	29.05	44.21	35.73
本校四年级	23.81	40.36	29.24

分类	识别科学问题	解释科学现象	运用科学证据
1班	24.00	37.36	30.56
2班	26.00	41.37	25.02
3班	21.36	42.39	32.27

从数据上来看，四年级学生无论是识别科学问题、解释科学现象还是运用科学证据的能力，均低于市、区学生均值。这从侧面表明了，首先学生在识别科学与非科学问题，对科学问题开展检验、论证提出改进意见上存在明显短板；其次是对科学现象的成因，用科学知识描述的能力较弱；最后则是对科学问题缺乏运用科学结论进行推理、验证的实际运用能力。学校在塑造学生科学素养的过程中，要着重考虑学生运用科学知识进行实际操作、验证、推理的各项能力。

3. "科学态度"评价指标分析

学生的主观态度在一定程度上会影响学生科学素养的发展水平，学生在科学素养方面的态度主要分为科学兴趣、科学信心两方面。通过监测 2021 年广州市白云区永兴小学四年级学生科学态度的数值指标发现：学校四年级学生在科学兴趣方面基本与区均值持平，相较于市均值，分数差仅为 4.14；相对来说，科学信心方面则相差较大，与区均值相差 0.91，与市均值相差近 6。从数据上分析，四年级学生在对科学的认知上是有浓厚兴趣的，但对学习科学知识、运用科学知识解决问题、在解决问题的基础上推理新的领域知识，则缺乏明显的信心。学校在培养学生科学素养的过程中，可着重培养学生科学信心，以及提高学生对待科学的认知态度（见表5）。

表5 2021 年广州科学素养测评学生科学态度测评情况

分类	科学兴趣	科学信心
本市四年级	75.28	78.26
本区四年级	71.17	73.25
本校四年级	71.14	72.34

续表

分类	科学兴趣	科学信心
1班	62.89	65.89
2班	76.44	76.36
3班	74.15	74.92

4."其他关联因素"评价指标分析

其他影响学生科学素养水平的关联因素，从报告中来看，主要包括课堂教学方式以及作业时间投入两方面。

（1）课堂教学方式的呈现影响学生科学兴趣

从课堂教学方式的测评数据（见表6）上来看，学校运用探究实践频率最高，这与市、区的情况保持一致，主要看重学生通过开展探究实践活动去认识科学；但学校运用教师主导教学频率最低，这则与市、区相反。科学是趣味性较强、知识面较广、交叉性较复杂的学科，知识内容丰富、与其他学科融合是科学学科的特点。因此，学习科学需要教师帮助梳理、引导、教授。在科学课堂上，要较为偏重教师主导教学的方式来进行。

表6 2021年广州科学素养测评科学课堂教学方式测评情况

群体	教师主导教学	师生双向反馈	适应性教学	探究实践
本市四年级	73.07	68.51	69.40	74.15
本区四年级	65.01	64.08	66.31	68.82
本校四年级	60.90	63.20	64.80	65.76
1班	51.89	54.03	55.74	54.44
2班	65.74	70.14	70.37	73.89
3班	64.96	65.48	68.37	69.03

（2）作业时间投入的时长与科学成绩表现的关系

从图1看，学生科学成绩较为优秀的学生，平时作业的投入时间，主要分布在0分钟和30分钟及以内；31~60分钟的学生表现较弱。分析学校与

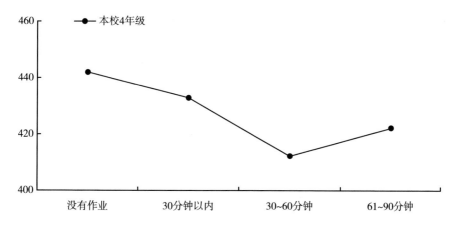

图1 学校完成科学作业花费时间与科学成绩表现关联

分析学校与区、市的情况发现，绝大部分学生的作业时间分布在 30 分钟及以内，仅有少部分的学生长于 30 分钟，而广州市白云区永兴小学长于 30 分钟作业的学生比例比区、市学生多；没有作业的比例比区、市高，30 分钟及以内的比例与区基本持平、比市低得多。对照学校与区、市的学生科学素养水平来分析，若从作业着手培养学生的科学素养，教师应注重设计合理高效、探索性的作业，时间安排在 30 分钟及以内完成，既帮助学生巩固科学学科知识，也让学生在探索过程中不断增强科学认识、提升科学解决问题的能力。

表7 2021 年广州科学素养测评学生科学作业投入时间测评情况

单位：%

群体	没有作业	30 分钟及以内	31~60 分钟	61~90 分钟	90 分钟以上
本市四年级	31.96	51.85	9.56	3.50	3.12
本区四年级	42.14	37.76	10.32	4.93	4.85
本校四年级	44.36	37.59	12.03	6.02	—
1 班	54.55	22.73	15.91	6.82	—
2 班	35.56	42.22	15.56	6.67	—
3 班	43.18	47.73	4.55	4.55	—

小结：对广州市白云区永兴小学四年级学生 2021 年测评的科学素养水平数据进行分析，学校四年级学生科学素养整体水平呈现高位零、中位少、低位重的趋势，学校缺少科学素养高质量学生，以及凸显学校科学素养水平的中坚力量。

二 问题分析

综合分析 2021 年广州市白云区永兴小学科学素养水平数据，学生科学素养发展水平低于区、市平均水平，主要表现在：教师专业知识与能力不够全面；课堂教学内容与形式单一；作业设计与评价缺乏针对性；学生学习兴趣与动力不足。以存在的问题作为导向，结合学校在科学学科教学方面的现状和教师执教能力的实际情况看，从以下几个方面深挖内在原因。

（一）教师专业知识与能力不够全面

从 2021 年的评价数据来看，目前学生在科学学科课堂接受最多的是内容性知识，而对认知性知识、程序性知识接触较少，尤其是程序性知识最少（见表 8）。

表 8 2021 年广州科学素养测评学生科学知识测评情况

分类	内容性知识	认知性知识	程序性知识
本市四年级	51.65	50.18	40.73
本区四年级	42.51	40.08	32.98
本校四年级	40.00	34.10	26.19
1 班	36.97	33.13	27.30
2 班	40.87	33.06	25.33
3 班	42.22	36.16	25.91

科学学科是一门内涵丰富、知识面广的学科，同时也是一门解决科学问题、注重科学知识论证新领域的运用性、实操性学科。因此，培养学生的科

学素养，要求教师不仅是教授学生基础性的知识，更多的是要求教师引导学生掌握科学知识并解决实际问题，例如使用图标或模型演示过程，找到解决问题的方法，利用科学概念解释文本、表格、图片和图形信息，运用科学原理观察并解释自然现象，这些知识运用同样需要教师积极引导。教师还需更进一步教会学生运用推理、分析等方法得出结论，使用证据和科学理解去论证、解析、综合和概括，将结论扩展到新领域的知识。因此，提高学生科学素养，不仅要求学生掌握更多科学知识，也同样要求教师掌握更加专业的科学知识。

（二）课堂教学内容与形式单一

从 2021 年数据上看，学校探究实践的教学运用频率最高，但与区、市仍然存在较大的差距，教师主导教学的运用则与区、市相反，运用频率最低，课堂上教师引导、梳理的作用发挥不明显，容易导致学生学习科学过程中产生知识混乱，进而降低学习兴趣。同时师生双向反馈与适应性教学本校仍有不足。教师需要及时了解、引导、纠正，让学生朝着正确方向去探究，因此课堂教学的方式、学生与教师的双向反馈是今后教学改进的重点。

（三）作业设计与评价缺乏针对性

立足"双减"政策，学校不断研究和改进作业的形式与内容，目的是让作业切实做到减负增效。从学校科学作业的内容、形式来看，学校在科学学科上更偏重于学生自由发展，44.36%学生没有科学作业，其他学生的作业内容更多是偏向于课本作业，或偏向于课本基础内容知识的指向性作业，教师对作业本身提高学生学习兴趣、自主探索、自主研究及验证方面考虑不足，作业的作用明显发挥不足。

（四）学生学习兴趣与动力不足

学习氛围是提高学习动力、促进学习效果的重要因素。首先，教师在营

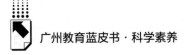

造科学学习氛围方面缺少动力和手段，缺少浓厚的相关科学课程的学习氛围渲染。其次，教师在对学生开展学科学习评价方面，缺乏足够的耐心和精力开展创新性的评价方式，无法提高学生在科学学科学习的兴趣和信心。

三　对策与建议

（一）以提升专业能力为起点，开展师资培训

广州市白云区永兴小学科学教师均是兼职教学，未设专职教师。因此，执教科学的教师专业素养不高。学校后续将鼓励教师以"走出去"原则，多听各级教研课，进一步倡导教师参与各级培训，同时将培训内容在科组教研活动中进行汇报，以点带面，促进全体教师提高专业水平。

同时应重点加强对教材的解读，明确编者的编写意图，了解小学阶段应达到的学习目标，了解本册科学课程的重难点。在科组教研活动中，通过交流对教材的理解、教学中遇到的问题，以集体的智慧去解决问题，通过这些措施逐渐提高全校科学教师的教学水平。

（二）以研讨项目化教学为策略，优化教学模式

项目化教学是以团队形式开展，将学生分成若干小组，通过团队协作完成教师设计的项目化方案的学习，这种学习方法要求学生在小组内要积极开展交流、互相促进学习，也要求教师设计合理、渐进的学习项目，既能培养学生团队合作能力，也能培养学生探索科学、解决科学难题的欲望与兴趣。

例如在教导《植物》课程时，教师结合生活情境中出现的植物，设计学习内容，把学生按照学情情况分成恰当的若干小组，要求各小组根据学习单内容找找生活中各种场景出现的植物，拍照取景、记录在册、观察成长环境、花叶生长过程状态、探索植物价值等。以项目化的学习方式让学生进入学习状态，丰富探索交流、相互督促学习进度，渲染的是浓厚的科学学习氛围。在项目化教学过程中，教师要起到良好的引导与保障作用，了解学生小

组的项目化学习情况，及时引导正确的学习方向；调节小组学习中出现的矛盾与问题，让学生在小组学习中不断培养团队合作学习的能力。在不久的将来，小学生团队合作的项目化学习，将发挥出更高效的教学效果。

（三）以提升作业成效为目标，改进作业设计与评价方式

为改善科学作业成效，组织教师开展学习调研，倡导结合生活实际开展生活化项目作业。例如开展《金属》课程时，教师以实际情况设计生活化情境进行课后探究：一是指导学生总结和归类生活中常见的金属物品，以此了解学习的目标；二是设计作业单，让学生对自己找出的金属物品进行观察、分析、总结，思考和探究这些金属物品的外观、特性、作用等科学知识，这种生活化的学习过程项目教学法，让学生结合生活实际情景完成课堂项目学习，既陶冶学生探索科学的思想，也为学生积累科学知识夯实基础，同时也提高了学生运用所学解决生活问题的能力。知行合一的学习提高了学生的学习效率，从而很好地塑造学生的科学素养。

（四）以增强学习兴趣为根本，创设科学学习氛围

首先，良好的学习氛围是提高学习效果的有效措施，在校园里加强对相关课程的学习环境氛围的设置，可以提高学生的学习兴趣。例如在提升学生对中华优秀传统文化的了解上，环境布置极为关键。校园及班级是学生学习和生活的主要场所，环境建设应凸显传统文化特色，使学生对中华传统文化产生亲近感，也可以将学生的传统文化作品在校园展示，促进学生对中华传统文化的认识与理解。

其次，科学课程有科学课的特点，科学课堂常常是探究性学习，最直接的探究活动就是实践性实验。因此，提高科学课程的教学效果，要在科学课堂中尽可能地多做实验。多开展实践性试验，一方面可以增强学生学习科学的兴趣；另一方面通过实验，可以帮助学生更好地理解相关的科学概念，发展科学素养。因此，在后续的科学课堂教学上，需要在科组教研活动中与执教老师们强调：科学课要多去实验室上课，要多做实验。同时做好教师实验

室上科学课的相关统计，要让学生在科学课堂中既要动脑，也要动手，还要调动身体的眼睛、鼻子、嘴巴等多种感觉器官参与到学习活动中去。

四　效果评价追踪

针对 2021 年四年级学生科学素养阳光评价数据导向的问题与成因，广州市白云区永兴小学通过 2022 年实施一系列教学改进的措施，促进学生科学素养的全面提升。

（一）科学素养综合发展水平显著提升

2022 年测评的五年级学生与 2021 年测评的四年级学生为同一批次测评学生。从 2022 年广州科学素养测评的科学素养等级水平数据来看，学生科学素养水平有了显著提升：高等级水平学生实现"零突破"，占比 1.49%，中等水平学生占比相比 2021 年提升了 20.15 个百分点，科学素养中坚力量得到显著改善（见表9）。

表9　2022 年广州科学素养测评学生科学等级测评情况

单位：%

科学素养	高等级占比（A-B级）	中等级占比（C-D级）	基础等级占比（E-F级）
本市五年级	12.24	43.11	44.64
本区五年级	4.35	34.96	60.70
本校五年级	1.49	28.36	70.15
1班	2.22	15.56	82.22
2班	—	36.36	63.64
3班	2.22	33.33	64.44

（二）科学知识认知得到有效改善

2021 年四年级学生科学知识认知多集中在内容性知识，灵活运用、推理分析、论证的认知性知识、程序性知识明显呈弱势。经过实施 2022 年措施，同批次 2022 年五年级学生科学知识认知有所改善。内容性知识相对持平稍显下降，认知性知识提升 0.5、程序性知识提升 1.98（见表 10）。

表 10 2022 年广州科学素养测评学生科学知识测评情况

分类	内容性知识	认识性知识	程序性知识
本市五年级	49.76	46.08	36.31
本区五年级	43.43	39.63	30.04
本校五年级	39.93	34.60	28.17
1 班	36.67	31.58	25.56
2 班	42.33	34.09	29.55
3 班	40.83	38.13	29.44

（三）学生科学能力显著提高

追踪 2022 年五年级学生的科学能力测评数据我们可以看到，学生识别科学问题、解释科学现象、运用科学证据的能力测评数值，与区、市均值间的差距进一步缩小，同时与 2021 年四年级学生的数值相比，识别科学问题，分值提升了近 11 分。侧面反映出学生对科学与非科学问题的认知得到进一步提升。学生的实践运用、推理科学知识能力也得到提升（见表11）。

表 11 2022 年广州科学素养测评学生科学能力测评情况

分类	识别科学问题	解释科学现象	运用科学证据
本市五年级	46.94	45.23	45.75
本区五年级	40.00	39.31	38.90
本校五年级	34.75	35.97	34.08
1 班	26.98	35.56	30.37
2 班	36.04	35.30	35.86
3 班	41.27	37.04	36.05

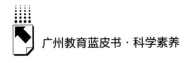

五 结语

　　培养小学生科学素养是全面实施素质教育的基本要求，是时代和民族振兴、科学技术飞速发展对未来人才的需要。科学素养的培养对学校及教师来说，是教育的一大重要任务，在培养学生核心素养的教育教学道路上，学校要充分利用教学资源、教育力量，不断探索课堂教学模式的改变、总结更好的学习方法、开发更适宜学生学习的方案和项目，不断改进科学教育的方式方法。

参考文献

　　朱玉军：《基础教育课程改革中科学素养目标面临的问题和对策》，《全球教育展望》2015 年第 3 期。

　　占小红、杨润、杨笑：《中国与韩国科学影子教育时间对科学素养的影响研究——基于 PISA2015 测评数据分析》，《基础教育》2021 年第 1 期。

　　雷万鹏、向蓉：《学生科学素养提升之家庭归因——基于中国 PISA 2015 数据的分析》，《全球教育展望》2020 年第 9 期。

　　姚昊、蒋帆：《家庭背景、学校教师质量如何影响学生学科素养？——基于 PISA 2018 的实证分析》，《教育经济评论》2022 年第 5 期。

　　彭文波、刘电芝：《学习科学研究对课程设计与教学的启示》，《课程·教材·教法》2019 年第 1 期。

Abstract

In June 2021, the State Council issued the *Outline of the Action Plan for Improving Scientific Literacy of the Whole People（2021-2035）*, which emphasizes that scientific literacy is an important component of national quality and the foundation for social progress. Enhancing scientific literacy is great significance for citizens to establish a scientific world views and methodology, and for enhancing the independent innovation capacity, cultural soft power, and building a socialist modernized strong nation. In May 2023, the Ministry of Education and 18 other departments jointly issued the *Opinions on Strengthening Science Education in Primary and Secondary Schools in the New Era*. The document provides systematic arrangements for carrying out science education as an addition in the context of the double reduction in education. It aims to support and facilitate the integrated advancement of high-quality development in education, science and technology, and talents.

Over the years, Guangzhou has been committed to exploring the comprehensive evaluation of the quality of primary and secondary education. Starting from 2014, as a reform experimental zone designated by the Ministry of Education, Guangzhou initiated the reform of comprehensive quality evaluation for compulsory education students（also known as Guangzhou Sunshine Evaluation）. In 2019, Guangzhou was selected as one of the first national Smart Education Demonstration Zones. In order to implement the *Overall Plan for Deepening the Educational Evaluation Reform in the New Era*, as issued by the Central Committee of the CPC and the State Council. And to achieve the overall goal of constructing a Smart Education Demonstration Zone with high quality, Guangzhou intends to establish a scientific educational evaluation system. Continuing to deepen the evaluation reform, Guangzhou has upgraded the Guangzhou Sunshine Evaluation to the Guangzhou Smart Sunshine Evaluation.

In 2020, building upon the achievements of previous comprehensive quality assessments for primary and secondary school students in Guangzhou, the Guangzhou Smart Sunshine Evaluation embarked on the iterative development of evaluation indicators. Taking into account the future talent development needs, especially in light of the new college entrance examination system, the focus was shifted towards fostering and developing students' subject competencies. In terms of evaluation format, the evaluation system incorporated elements from the Programme for International Student Assessment (PISA). The updated evaluation system introduced three new domains: mathematical literacy, scientific literacy, and reading literacy. The Guangzhou Smart Sunshine Evaluation has upgraded its assessment of scientific literacy to Guangzhou Smart Sunshine Evaluation · Assessment of Scientific Literacy. This assessment combines two well-known evaluation projects, namely the PISA and the Trends in International Mathematics and Science Study (TIMSS). Based on the structural division of scientific literacy and the requirements for cultivating scientific and technological talents both domestically and internationally, scientific literacy is divided into three aspects: scientific knowledge, scientific skills, and scientific attitudes and responsibilities. Additionally, the evaluation examines the status of science education and teaching methods through the comprehensive application of methods such as factor analysis, K-means clustering, multiple linear regression and value-added assessment.

This book is primarily based on the data from the 2022 Guangzhou Smart Sunshine Evaluation · Assessment of Scientific Literacy. It focuses on the results of scientific literacy assessment among students in compulsory education in Guangzhou. By providing comprehensive and detailed information, the book describes the developmental status of students, thoroughly analyzes and interprets the influencing factors of scientific literacy. It aims to provide accurate guidance and recommendations for the development of students' scientific literacy, as well as to offer direction and strategies for precise improvements in scientific education and teaching methods at schools.

Contents

I General Report

B.1 Report on the Development of Scientific Literacy of
Compulsory Education Students in Guangzhou in 2022
Fang Xiaobo, *Li Zhanxian and Chen Zhuo* / 001

Abstract: In 2022, the Guangzhou Smart Sunshine Evaluation · Assessment of Scientific Literacy conducted assessments on 24,882 students in compulsory education stage across the city of Guangzhou. This report is based on an in-depth analysis of various indicators such as scientific knowledge, scientific abilities, scientific attitudes and responsibilities. It has been found that scientific literacy exhibits a positive correlation with assessment levels in a step-by-step manner. Furthermore, scientific literacy is positively correlated with learning abilities, learning motivation, learning strategies, and school culture, while it shows a negative correlation with academic burden. There are certain differences in scientific literacy levels among students in different administrative districts of Guangzhou. In order to enhance the quality and effectiveness of scientific education, Guangzhou should further develop a highly qualified and specialized teaching workforce, establish a favorable ecological environment for science education in families, establish long-term and sustainable mechanisms for scientific education in schools, and improve the allocation of public facilities for extracurricular science education. These measures will contribute to the continuous optimization of students' scientific literacy development.

Keywords: Compulsory Education; Scientific Literacy Assessment; Scientific Education; Guangzho

II   Influencing Factors Reports

B.2   A Study on the Influence of Learning Ability on the Scientific Literacy of Junior High School Students in Guangzhou

Zhou Yingqian, *Zhang Haishui* / 030

Abstract: Based on the Guangzhou Smart Sunshine Evaluation · Assessment of Scientific Literacy Data obtained in 2022, this study explores the impact of learning ability on junior high school students' scientific literacy from five aspects. Studies have shown that: (1) the level of scientific literacy of junior high school students is relatively low, with only 35.4% of junior high school students having a level of scientific literacy above grade D; (2) junior high school students performed well in learning ability, and scored above average in all indicators; (3) the attention, working memory, visuospatial ability, speech comprehension ability, and reasoning ability indicators of learning ability have a positive effect on the interpretation of scientific phenomena, identification of scientific problems, and application of scientific basis by junior high school students; (4) scientific confidence and scientific attitude have a positive impact on junior high school students' scientific literacy. Therefore, this paper suggests that educators and teachers should continuous attention to the development of students' scientific literacy, enhance junior high school students' scientific confidence and learning ability, so as to effectively promote the improvement of junior high school students' scientific literacy.

Keywords: Learning Ability; Junior High School Students; Scientific Literacy; Guangzhou

Contents ↖↘

B.3 A Study on the Influence of Learning Motivation and

Scientific Literacy on Primary and Secondary School Students

Li Zhanxian, *Zhao Lumei and Fang Xiaobo / 047*

Abstract: This research provided an in-depth interpretation of the 2022 Guangzhou Intelligent Sunshine Evaluation-Science Literacy Assessment Program report. Based on the data on learning motivation and science literacy of 34, 613 students in grades 5 and 9, it conducted descriptive statistics, correlation analysis and regression analysis. We found that: (1) Primary school students' learning motivation levels were better than junior high school students, but the science literacy levels of primary and junior high school students were similar; (2) There was a general difference between primary and junior school students' scientific literacy and learning motivation levels in terms of demographic characteristics such as gender and the situation of only child; (3) There was a significant predictive effect of primary and junior school students' learning motivation on their scientific literacy. In this regard, we suggested that teachers should guide students to improve their learning motivation, schools should connect science education, increase the reform of science education, strengthen home-school cooperation, cultivate students' scientific literacy and promote the development of high-quality science education.

Keywords: Science Literacy; Learning Motivation; Scientific Evaluation System; Guangzhou

B.4 A Study on the Impact of Academic Burden on the Scientific

Literacy of Primary School Students in Guangzhou

Zhou Yingqian, *Hou Yuqun and Fang Xiaobo / 072*

Abstract: Based on the 2022 Guangzhou Smart Sunshine Evaluation ·
Assessment of Scientific Literacy Data, this study conducted an in‑depth analysis of

the academic burden (subjective academic burden, time investment) and scientific literacy data of 14, 655 students in the fifth grade. The results found that: (1) primaryschool students' scientific literacy performance was moderately low, and there were significant differences in gender and only and non-only child. (2) subjectiveacademic burden has a significant negative impact on primary school students' scientific literacy achievements; (3) there are differences in the impact of different time investment on primary school students' scientific literacy achievements. Therefore, this study suggests that educators and teachers should implement the "double reduction" policy, effectively improve the quality of science literacy education, so as to promote the development of students' scientific literacy.

Keywords: Academic Burden; Primary School Students; Scientific Literacy; Guangzhou

B. 5　A study on the lnfluence of School Identity on the Scientific Literacy of Primary and Secondary School Students

Yang Li, *Zhang Xiaojie* / 088

Abstract: Based on the Guangzhou Smart Sunshine Assessment · Scientific Literacy Assessment in 2022, this study selects the school identity and scientific literacy data of students in primary school (grade five) and junior high school (grade nine), and discusses the influence of school identity on the scientific literacy of primary and secondary school students from three dimensions: school identity (including school culture identity, teaching method identity and teacher-student relationship identity). It is found that school cultural identity and teacher-student relationship identity positively predict the scientific literacy of primary and secondary school students. Based on this, this study puts forward the following suggestions: schools should enhance students' school cultural identity, teachers should pay attention to the optimization of teaching methods and the construction of good teacher-student relationship, so as to improve the school identity and scientific literacy level of primary and secondary school students.

Keywords: School Identity; Middle and Primary School Students; Scientific Literacy; Guangzhou

B.6 A Survey Report on the Relationship Between Teachers' Use of Instructional Practices and Scientific Literacy of Regional Junior High School Students

Tu Qiuyuan, Mai Yuhua, Pang Xinjun and Yao Zhengxin / 105

Abstract: By analyzing the assessment data of junior high school students form District L in GuangZhou smart sunshine assessment · scientific literacy assessment, this study aimed to understand the students' scientific literacy performance, perceived frequency of teachers' use of instructional practices and the relationship between them. The research results show that the junior high schools in District L were clustered into 4 groups. Students in each group were in the middle or basic levels of scientific literacy, with middle or lower level of scientific competencies, more positive attitude towards science. Teachers mainly implemented teacher-directed instruction. There were significant differences among all groups in the performance of scientific literacy and the frequency of teachers' use of instructional practices. There was no acceptable correlation between the frequency of teachers' use of instructional practices and students' scientific literacy total score and scientific competencies, but there was a significant moderate correlation with students' attitudes towards science. In order to promote the development of students' scientific literacy, it is suggested to establish the effective connection of science subject curriculum, increase the effective implementation of multiple instructional practices and strengthen the effective organization of regional subject teaching and research.

Keywords: Scientific Literacy; Scientific Competencies; Attitudes towards Science; Instructional Practices; Guangzhou

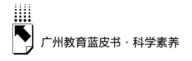

III Tracking Research Reports

B.7 Report on Scientific Literacy of Students in Compulsory

Education in Guangzhou from 2020 to 2022

Fang Xiaobo, *Li Zhanxian and Chen Zhuo* / 121

Abstract: From 2020 to 2022, the Guangzhou Smart Sunshine Evaluation · Assessment of Scientific Literacy conducted scientific literacy assessments on students in compulsory education. This article presents an in-depth analysis of students who participated in the scientific literacy assessment for three consecutive years. By describing the three-year development of students' scientific literacy, it analyzes the regional balance performance in Guangzhou. Furthermore, it provides a comprehensive interpretation of the influence of gender, learning engagement, students' personal development, teachers' instructional behaviors, and school culture on scientific literacy. The study recommends that teachers focus on students' psychological development and learning engagement, optimize their instructional behaviors, and strengthen teacher-student interaction. Additionally, the educational administration departments should establish mechanisms for balanced regional development of scientific education in schools. The findings of this report can serve as a valuable reference for precise improvements in scientific education and teaching in schools.

Keywords: Compulsory Education; Scientific Literacy; Scientific Education; Tracking Analysis; Guangzhou

Ⅳ   Teaching Reform Reports

B.8   A Study on Improving Junior High School Physics Teaching

Based on Scientific Literacy Assessment Data in Guangzhou

Xie Guiying, *Tu Qiuyuan*, *Yao Zhengxin*,

Pang Xinjun and Huang Xiaoyan / 157

Abstract: Literacy assessment of compulsory education serves as a crucial avenue for education authorities to diagnose regional education, with the purpose of analysing, improving, and enhancing educational quality. This study undertakes a comprehensive interpretation of scientific monitoring data in response to the pressing issues and challenges in effectively utilizing literacy assessment data to provide accurate guidance for practical teaching in our district. It conducts investigations focusing on three major issues: "poor level of students' physics academic performance" "low level of teachers' inquiry skills" and "limited hands-on experiments in physics classes". A solution based on curriculum standards is sought to propose effective recommendations for teaching research that emphasizes strengthen-ing experimental teaching, which efforts aim to propose practical recommendations for improving teaching research and promoting a comprehensive enhancement of the quality of junior high school physics education within the region.

Keywords: Scientific Literacy Assessment Data; Junior High School Physics; Teaching Improvement Research; Guangzhou

B.9   Investigation Report of Project-Based Learning of "Exploring

Child in Research" to Improve the Scientific Literacy of

Primary School in Guangzhou   *Deng Bei*, *Zheng Qi* / 172

Abstract: In order to further expand the methods and sharing platform for students' scientific learning, Huayang Primary School in Guangzhou Tianhe District, relies on the "Huayang Junior Academy of Science" to carry out project-based learning of "Exploring Child in Research". This project-based learning breaks time constraints, breaks space barriers, creates a display platform, improves the evaluation mechanism, and designs, implements, evaluates through three sub-projects: experimental amusing sharing, make fun of invention, and data transmission. The results of the 2022 GuangZhou Smart Sunshine Assessment · Scientific Literacy Assessment showed that the students' procedural knowledge related to inquiry practice and their ability to use scientific evidence were significantly improved, which indicates that the implementation of project-based learning of "Exploring Child in Research" plays an important role in improving students' scientific literacy.

Keywords: Project-based Learning; Scientific Literacy; Science Education; Guangzhou

B.10 A Report on the Application of Science Literacy Assessment in Primary School Science Life-oriented Teaching Practice under the Policy of "Double Reduction"
—*A case study of Guangzhou*

Huang Wanjun, Liu Shaojun / 191

Abstract: Primary school science education that focuses on real-life applications is directly linked to the development of morality and the cultivation of talents. Exploring teaching models that integrate real-life experiences can provide valuable guidance for teachers in the classroom. This study examines the practical implementation of scientific literacy assessment in primary school science education, specifically in the context of the "double reduction" education policy, using the concept and criteria of the Guangzhou Smart Sunshine assessment. The findings reveal that teachers mainly rely on textbooks for lesson preparation, overlooking the potential of real-life materials available to students. The emphasis on students' academic achievements overshadows the importance of fostering their practical skills. The existence of a narrow focus on select topics within the science curriculum hinders the overall development of scientific literacy among primary school students. To address these issues, it is recommended that primary school science teachers reform and innovate their teaching approaches, incorporating real-life applications into their curriculum, and adopting new methods of assessment that align with the goals of life-oriented teaching.

Keywords: "Double Reduction"; Smart Sunshine Assessment; Elementary School Science; Life-oriented Teaching; Guangzhou

B. 11 Research on the Implementation Path of Interdisciplinary Integrated Large Unit Teaching of "Chinese + Science"

Xia Ling / 205

Abstract: Through the analysis of the scientific elements and contents contained in the scientific texts in the Chinese textbooks for junior high school, this paper provides content preparation for the practice of "Chinese + science" education, and carries out the design and practice of "Chinese + science" large unit in junior high school by combining the large unit teaching mode and integrating the interdisciplinary teaching concept. Practice has proved that the implementation path of Chinese science literacy cultivation in junior middle school can promote the interdisciplinary integrated development of "Chinese + science" from the perspectives of reading teaching infiltration of scientific knowledge, writing cultivation of scientific thinking, inquiry transmission of scientific methods, activities to develop scientific attitude, etc., and then look forward to the evaluation methods and suggestions of science reading projects, science writing system, scientific inquiry activities, etc.

Keywords: "Language + Science"; Large Unit Teaching; Guangzhou

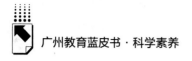
V Regional Reports

B.12 Huadu District, Guangzhou City: A Study on the Strategies of Science Literacy Assessment to Promote the Development of Scientific Thinking Among Junior High School Students

Xu Minhong, Yang Huandi / 221

Abstract: Scientific thinking is a way of understanding the essential properties, intrinsic laws, and interrelationships of objective things from a scientific perspective, and is an important part of core literacy. Based on the results of the Guangzhou Smart Sunshine Assessment-Scientific Literacy Assessment in Huadu District, this article explores and conducts practical research on modeling and argumentative teaching strategies, taking the strategies for developing scientific thinking as an entry point. This study shows that the modeling and argumentation teaching strategies can, to a certain extent, promote the development of scientific thinking among junior secondary school students and enhance their scientific literacy.

Keywords: Middle School Students; Science Literacy Assessment; Scientific Thinking; Huadu District

B.13 Nansha District, Guangzhou: Analysis Report on the Assessment of Scientific Literacy of Compulsory Education Students in 2022

Li Zhanxian, Yang Li, Chen Zhuo,
Zhou Yingqian and Zhang Haishui / 234

Abstract: Based on the data of Guangzhou Smart Sunshine Evaluation ·

Assessment of Scientific Literacy in 2022, this paper analyzes the current situation of scientific literacy of students in compulsory education in Nansha District, Guangzhou. The findings are as follows: (1) The overall level of scientific literacy of students in Nansha District, Guangzhou is relatively decentralized. and there are gender differences; (2) The procedural knowledge of fifth grade students is lower than the city average score rate, and they perform well in other aspects; (3) The cognitive knowledge of ninth grade students is lower than the city average score rate, and their scientific abilities and attitudes still need to be improved. Based on these findings, the study proposes targeted teaching development suggestions: paying attention to all students, strengthening experimental teaching, expanding thinking skills training, integrating moral education, and cultivating scientific practical skills, scientific inquiry abilities, and scientific attitudes to promote the development of students' scientific literacy.

Keywords: Scientific Literacy; Compulsory Education; Science Education; Nansha District

VI Schools Reports

B . 14 Huanshixilu Primary School, Liwan District: Reseach on the Status, Causes and Counter of Schoo-level Science Literacy Assessment

Luo Zhirong, *Liu Suzhong* / 251

Abstract: Base on the evaluation result report of the Guangzhou Smart Sunshine Assessment · Scientific Literacy Assessment. this paper takes the cultivation and development of scientific literacy of students in Class 2, Grade 5, Huanshi West Road Primary School, Liwan District, Guangzhou as an example to demonstrate how to use the evaluation system, through data analysis and attribution, to find a breakthrough in teaching reform and explore innovative classroom teaching strategies such as " large unit teaching + homework evaluation". To guide students'independent learning by performance evaluation, to innovate academic evaluation of science subjects by means of "practical work evaluation", to stimulate students' scientific attitude, strengthen students' habit of scientific experiments, form correct scientific concepts, develop preliminary scientific thinking ability and exploratory practice ability, and gradually improve students' scientific ability and accomplishment. To help schools achieve high quality development of science teaching in the context of "double reduction".

Keywords: Scientific Literacy Assessment; Scientific Literacy; Scientific Ability; Li Wan District

B. 15　Jinlanyuan Primary School, Liwan District: Research on the Status, Causes and Countermeasures of School-level Science Literacy Assessment

Xiao Ling, Li Huijuan and Liang Minling / 270

Abstract: Jinlangyuan Primary School in Liwan District, Guangzhou City, China tracked 119 students randomly selected to take the Guangzhou Smart Sunshine Assessment · Scientific Literacy Assessment in 2021 and 2022. The results of the assessment found that the overall index level of students' scientific literacy fluctuated in the past two years. Further investigation and analysis found that students have clear scientific learning objectives, positive attitudes, and like experimental lessons and hands-on operations, but they are afraid of difficulties when using the abilities of comparison, analysis, synthesis, and reasoning, and still need to be further cultivated in inquiry practice and scientific thinking. According to the reasons for the problems, the school proposed to strengthen theoretical learning around the new curriculum standards, carry out task-driven methods to promote students' deep learning, and pay attention to creating an atmosphere and interdisciplinary learning, so as to promote the development of students' core scientific literacy.

Keywords: Science Literacy Assessment; Science Education; Teaching Improvement; Liwan District

B . 16   Dajiangyuan Primary School Liwan District: School Science Literacy Assessment and Analysis Report

Chen Qihui, Li Yunzhi / 287

Abstract: In order to understand the development of students' scientific literacy, implement "assessment for construction" and promote science teaching reform. Dajiangyuan Primary School organized 116 fifth grade students to participate the Guangzhou Smart Sunshine Assessment · Scientific Literacy Assessment in 2022. The assessment found that the overall level and specific indicators of scientific literacy of the participants were higher than that of Guangzhou and Haizhu District, but there were still specific problems such as students' weak mastery of procedural knowledge and the interests in learning science need to be improved. Based on the learning situation, focusing on the problems, this paper carried out practical exploration of science teaching improvement using the "project-based learning" teaching mode. Teaching improvement were carried out from the aspects of model construction, design and implementation, and multiple evaluation, and achieved initial effect.

Keywords: Scientific Literacy Assessment; Project-based Learning; Teaching Improvement; Haizhu District

B . 17   Yongxing Primary School in Baiyun District: Analysis Report on Current Situation of School Scientific Literacy Assessment

Chen Youling, Li Yanting / 301

Abstract: Based on the results of the Scientific literacy assessment of

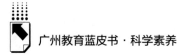

Guangzhou Smart Sunshine Assessment in 2021 by Yongxing Primary School in Baiyun District, Guangzhou, it is found that the overall level and specific index data of the fourth grade students' Scientific literacy are weaker than the district and city average. Further analysis reveals that teachers' scientific classroom teaching ability needs to be improved, classroom teaching methods are relatively single, homework design and evaluation lack hierarchy, and students' scientific attitude and exploration enthusiasm are insufficient. Teaching improvement is carried out through strategies such as enhancing team teaching and research, improving classroom teaching, creating learning conditions, and optimizing evaluation design. The results show that the level of Scientific literacy of fifth grade students participating in the same assessment in 2022 has been improved in all aspects.

Keywords: Scientific Literacy Assessment; Teaching to Improve; Scientific Education; Baiyun District

权威报告·连续出版·独家资源

皮书数据库
ANNUAL REPORT(YEARBOOK)
DATABASE

分析解读当下中国发展变迁的高端智库平台

所获荣誉

- 2020年，入选全国新闻出版深度融合发展创新案例
- 2019年，入选国家新闻出版署数字出版精品遴选推荐计划
- 2016年，入选"十三五"国家重点电子出版物出版规划骨干工程
- 2013年，荣获"中国出版政府奖·网络出版物奖"提名奖
- 连续多年荣获中国数字出版博览会"数字出版·优秀品牌"奖

皮书数据库　　　　"社科数托邦"
　　　　　　　　　微信公众号

成为用户

　　登录网址www.pishu.com.cn访问皮书数据库网站或下载皮书数据库APP，通过手机号码验证或邮箱验证即可成为皮书数据库用户。

用户福利

- 已注册用户购书后可免费获赠100元皮书数据库充值卡。刮开充值卡涂层获取充值密码，登录并进入"会员中心"—"在线充值"—"充值卡充值"，充值成功即可购买和查看数据库内容。
- 用户福利最终解释权归社会科学文献出版社所有。

数据库服务热线：400-008-6695
数据库服务QQ：2475522410
数据库服务邮箱：database@ssap.cn
图书销售热线：010-59367070/7028
图书服务QQ：1265056568
图书服务邮箱：duzhe@ssap.cn

社会科学文献出版社　皮书系列
SOCIAL SCIENCES ACADEMIC PRESS (CHINA)

卡号：245615585225
密码：

基本子库
SUB DATABASE

中国社会发展数据库（下设 12 个专题子库）

紧扣人口、政治、外交、法律、教育、医疗卫生、资源环境等 12 个社会发展领域的前沿和热点，全面整合专业著作、智库报告、学术资讯、调研数据等类型资源，帮助用户追踪中国社会发展动态、研究社会发展战略与政策、了解社会热点问题、分析社会发展趋势。

中国经济发展数据库（下设 12 专题子库）

内容涵盖宏观经济、产业经济、工业经济、农业经济、财政金融、房地产经济、城市经济、商业贸易等 12 个重点经济领域，为把握经济运行态势、洞察经济发展规律、研判经济发展趋势、进行经济调控决策提供参考和依据。

中国行业发展数据库（下设 17 个专题子库）

以中国国民经济行业分类为依据，覆盖金融业、旅游业、交通运输业、能源矿产业、制造业等 100 多个行业，跟踪分析国民经济相关行业市场运行状况和政策导向，汇集行业发展前沿资讯，为投资、从业及各种经济决策提供理论支撑和实践指导。

中国区域发展数据库（下设 4 个专题子库）

对中国特定区域内的经济、社会、文化等领域现状与发展情况进行深度分析和预测，涉及省级行政区、城市群、城市、农村等不同维度，研究层级至县及县以下行政区，为学者研究地方经济社会宏观态势、经验模式、发展案例提供支撑，为地方政府决策提供参考。

中国文化传媒数据库（下设 18 个专题子库）

内容覆盖文化产业、新闻传播、电影娱乐、文学艺术、群众文化、图书情报等 18 个重点研究领域，聚焦文化传媒领域发展前沿、热点话题、行业实践，服务用户的教学科研、文化投资、企业规划等需要。

世界经济与国际关系数据库（下设 6 个专题子库）

整合世界经济、国际政治、世界文化与科技、全球性问题、国际组织与国际法、区域研究 6 大领域研究成果，对世界经济形势、国际形势进行连续性深度分析，对年度热点问题进行专题解读，为研判全球发展趋势提供事实和数据支持。

法律声明

　　"皮书系列"（含蓝皮书、绿皮书、黄皮书）之品牌由社会科学文献出版社最早使用并持续至今，现已被中国图书行业所熟知。"皮书系列"的相关商标已在国家商标管理部门商标局注册，包括但不限于LOGO（🖐）、皮书、Pishu、经济蓝皮书、社会蓝皮书等。"皮书系列"图书的注册商标专用权及封面设计、版式设计的著作权均为社会科学文献出版社所有。未经社会科学文献出版社书面授权许可，任何使用与"皮书系列"图书注册商标、封面设计、版式设计相同或者近似的文字、图形或其组合的行为均系侵权行为。

　　经作者授权，本书的专有出版权及信息网络传播权等为社会科学文献出版社享有。未经社会科学文献出版社书面授权许可，任何就本书内容的复制、发行或以数字形式进行网络传播的行为均系侵权行为。

　　社会科学文献出版社将通过法律途径追究上述侵权行为的法律责任，维护自身合法权益。

　　欢迎社会各界人士对侵犯社会科学文献出版社上述权利的侵权行为进行举报。电话：010-59367121，电子邮箱：fawubu@ssap.cn。

社会科学文献出版社